职业教育精品教材·电子商务专业

岗课赛证融通教材

Wangluo Yingxiao Tuiguang

网络营销推广

杜丽萍　主　审

蔡元萍　主　编

赵　欣　刘　清　黄　芳　副主编

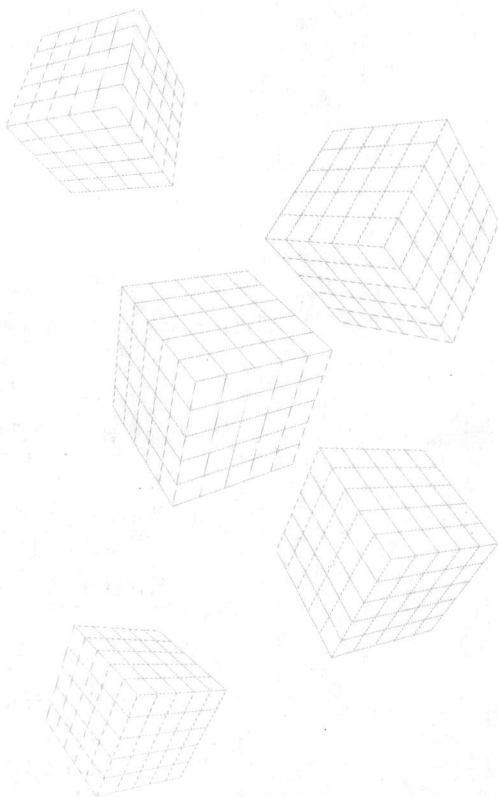

东北财经大学出版社　大连
Dongbei University of Finance & Economics Press

图书在版编目（CIP）数据

网络营销推广 / 蔡元萍主编. —大连：东北财经大学出版社，2023.9
（职业教育精品教材·电子商务专业）
ISBN 978-7-5654-4935-2

Ⅰ. 网… Ⅱ. 蔡… Ⅲ. 网络营销–高等职业教育–教材 Ⅳ. F713.365.2

中国国家版本馆 CIP 数据核字（2023）第 156872 号

东北财经大学出版社出版
（大连市黑石礁尖山街 217 号　邮政编码　116025）
网　　址：http：//www.dufep.cn
读者信箱：dufep@dufe.edu.cn

大连日升彩色印刷有限公司印刷　东北财经大学出版社发行
幅面尺寸：185mm×260mm　　　字数：341 千字　　　印张：14.5
2023 年 9 月第 1 版　　　　　　　2023 年 9 月第 1 次印刷
责任编辑：郭海雷　时　博　　　责任校对：石建华　刘　佳
封面设计：原　皓　　　　　　　版式设计：原　皓
定价：38.00 元

教学支持　售后服务　　联系电话：（0411）84710309
版权所有　侵权必究　　举报电话：（0411）84710523
如有印装质量问题，请联系营销部：（0411）84710711

前　言

党的二十大报告提出"加快发展数字经济，促进数字经济和实体经济深度融合，打造具有国际竞争力的数字产业集群"。当前，大数据和人工智能正在重塑网络营销格局，数字经济的发展和科学技术的进步使企业所处的营销环境发生了前所未有的变化，促进了网络营销推广模式的多样化发展。因此，精准匹配网络营销的人才需求缺口、加强网络营销人才的培养是时代赋予我们的紧迫使命。

为全面落实"立德树人"根本任务，凸显职业教育类型特色，本教材编写团队以教育部发布的《本科层次职业学校设置标准（试行）》《职业教育专业简介》（2022年修订）为指引，参照高等职业教育本科电子商务专业简介，重点组织梳理适应网络营销推广的新知识、新技术、新成果，坚持问题导向、应用导向、效果导向，围绕产教融合、校企"双元"育人，编写了这本与网络营销发展高度契合的教材。

本教材采用项目-任务式编写体例，以网络营销推广真实过程来组织学习内容，设置了学习目标、思维导图、任务描述、知识准备、任务实施、任务测评、项目实训、项目考核等模块，穿插设计了思维拓展和思政园地栏目。融教、学、做为一体的内容设计能够让学生在真实任务中探究学习、激发兴趣，在学习过程中体现互动、交流、协作的基本特征。另外，本教材内容与思政元素有机融合，突出综合职业素质的培养，突出团队协作能力、沟通能力、分析能力和创业能力的培养，确保服务电子商务专业建设。

本教材具有以下特色：

1. 以规划教材建设要求为引领。树立价值塑造、能力培养、知识传授三位一体的编写目标，以社会主义核心价值观为灵魂，以网络营销推广知识为载体，深入挖掘课程思政元素，加强价值引导、提升核心素养，构建"三全育人"格局，为学生终身发展奠定基础。强化学生家国情怀，培养学生创新思维和职业操作本领，使其具备良好的职业精神和职业道德。

2. 数字经济与教学内容深度融合。以数字化知识和信息为关键生产要素，以现代信息网络为重要载体，与俄速通数字贸易生态产业学院深度融合，不断提高数字化、网络化、智能化水平，融入短视频营销、社群营销、动态视觉搜索营销等新方式，配备多媒体教学课件、课程标准、习题答案等颗粒化信息资源，依托学校智慧教学平台，实现优质资源共享。

3.教材以真实网络营销推广项目、典型工作任务等为载体，体现电商产业发展的新技术、新工艺、新规范、新标准，反映电子商务专业本科人才培养模式改革方向，将网络营销知识、能力和正确价值观的培养有机结合，适应电子商务专业建设、课程建设、教学模式与方法改革创新等方面的需要，满足项目学习、案例学习、模块化学习等不同学习方式要求，有效激发学生学习兴趣和创新潜能。

4.突出高职高专的教材特色，涵盖高本贯通、职业教育本科教学内容。基本理论知识"以就业为导向""以专业技能体系为主"，以必需、够用为度，突出实用性，尽量用例、图、表来表达叙述性的内容，注重培养学生综合分析及应用能力。

5.教材编写与"岗课赛证"融通。结合电子商务专业订单培养、1+X职业技能等级证书考核内容等，将电子商务岗位技能要求、职业技能竞赛、职业技能等级证书标准有关内容有机融入教材。探索纸质教材的数字化改造，全书力求保持系统性和完整性，在保证基本内容的基础上，增加了最新的网络营销推广技术，并且课程内容选择尽量考虑职业性和应用性，突出重点、循序渐进，力求通俗易懂。

哈尔滨职业技术学院的电子商务专业为教育部双高院校电子商务群的牵头专业。本教材是课程改革的最新成果，可供职教本科和职教专科电子商务专业教学使用，也可供财经商贸类其他专业及从事网络营销推广教学的教师参考。

本教材由哈尔滨职业技术学院三级教授蔡元萍任主编，赵欣、刘清、黄芳任副主编，最后由全国黄炎培职业教育杰出教师、黑龙江省教学名师杜丽萍主审和定稿。本教材共分6个项目，其中项目一由黄芳编写，项目二、项目六由赵欣编写，项目三由蔡元萍编写，项目四、项目五由刘清编写。

本教材在编写过程中参阅了大量文献，特别是有关网络营销网站的资料，并得到了东北财经大学出版社的大力支持，在此一并致谢。

由于编者水平有限，教材中难免有不足之处，敬请同行、专家和广大读者批评指正。

编　者

2023年6月

目　录

项目一　认知网络营销

随着互联网的飞速发展，网络营销已成为企业营销体系中不可缺少的重要部分，它是企业走出营销瓶颈期，全面开拓市场的重要途径和工具。企业推广品牌、提升知名度、实现网上销售等都必须借助网络营销手段。网络营销以消费者为中心，让消费者有更大的选择空间，满足消费者的个性化需求。现在开展网络营销已是大势所趋，因此，不管是企业的营销人员还是从事营销相关工作的人员，都应该在了解网络营销概念和特点的基础上，结合互联网开展营销实践活动，只有这样才能取得理想的营销效果。

本项目由了解网络营销产生、整合网络营销与传统营销、明确网络营销岗位3个任务组成。通过学习，学生可以掌握网络营销基础理论，熟悉网络营销与传统营销的区别与融合，了解网络营销岗位及相关技能要求、薪酬待遇等，激发学习积极性，为日后的网络营销课程学习和将来从事网络营销相关岗位工作打下扎实的基础。

学习目标

知识目标：

1.了解网络营销，能够说出网络营销的概念和特点；

2.明确网络营销与传统营销的关系，能够辨识两者之间的区别与联系；

3.熟知网络营销的典型岗位，能够制订网络营销职业规划。

能力目标：

1.能够运用互联网查询网络营销的内容和职能；

2.能够实时收集并更新网络营销发展动态；

3.能够根据自身特点和网络营销岗位要求规划自己的职业发展。

素养目标：

1.树立科学的世界观、人生观和价值观；

2.重视营销道德，实施诚信营销；

3.具有创新意识和团队协作精神。

思维导图

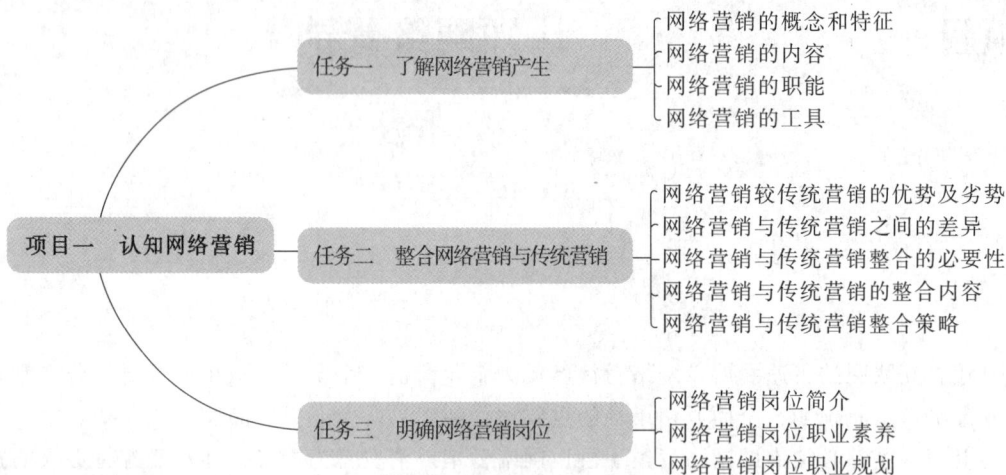

项目一　认知网络营销

任务一　了解网络营销产生
- 网络营销的概念和特征
- 网络营销的内容
- 网络营销的职能
- 网络营销的工具

任务二　整合网络营销与传统营销
- 网络营销较传统营销的优势及劣势
- 网络营销与传统营销之间的差异
- 网络营销与传统营销整合的必要性
- 网络营销与传统营销的整合内容
- 网络营销与传统营销整合策略

任务三　明确网络营销岗位
- 网络营销岗位简介
- 网络营销岗位职业素养
- 网络营销岗位职业规划

任务一　了解网络营销产生

任务描述

随着市场经济、信息技术、营销渠道、移动智能设备等的迅速发展，网络营销已经步入新时代，在市场营销活动中越来越受到重视。

通过学习网络营销的概念、特征、内容和职能等基础知识，加深对网络营销的认知，能够初步制订网络营销学习计划。

知识准备

网络营销是随着互联网技术进入商业领域而产生的，尤其是在万维网（WWW）、电子邮件（E-mail）、搜索引擎、社交软件等信息工具得到广泛应用之后，网络营销的价值体现得越来越明显。网络营销有多种实现方式，如E-mail营销、微信营销、微博营销、搜索引擎营销、网络广告、视频营销、媒体营销、竞价推广等。

一、网络营销的概念和特征

（一）网络营销的概念

网络营销是企业利用网络进行品牌宣传、商品或服务营销的一种商务活动，其最终目的是吸引消费者进入目标网站并购买商品或服务。网络营销借助互联网（包括移动互联网）满足消费者需求，为消费者创造价值，它不是某种方法或某个平台的应用，而是包括规划、实施、运营和管理等多项职能在内的整体活动，且贯穿于企业的整体运营活动中。总体来讲，凡是以互联网为主要媒介开展的各种营销活动，都可称为网络营销。但需要注意以下几点：

1.网络营销不等于网络销售。

网络营销是网络销售的一种形式，它不仅可以促进网络销售，还有助于提升企业的品牌价值、加强企业与消费者的联系、改善消费者服务的质量等。网络销售的推广手段除了网络营销，还包括传统媒体广告、印发宣传册等传统方式。

2.网络营销不等于电子商务。

网络营销和电子商务均基于互联网开展，电子商务的核心是电子化交易，强调的是交易方式和交易过程；而网络营销不是一个完整的交易过程，它只是电子商务的一个重要环节，为促成电子化交易提供服务支持，起到重要的信息传递作用。

3.网络营销是手段而不是目的。网络营销是综合利用各种网络营销方法、工具、条件并协调它们之间的相互关系，从而更加有效地实现企业营销目的的手段。

（二）网络营销的特征

网络营销随着互联网的变化而发展衍生。相比于传统市场营销手段，网络营销具有以下特征：

1.全球性。

互联网具有超越时间和空间限制的特点，任何企业的营销活动通过互联网都能够扩展到很大的市场范围，并且可以随时随地向消费者提供全球性的营销服务，以尽可能多地占有市场份额。但同时，企业也需要考虑如何开发网络营销的潜力，并制定合理的营销战略。

2.交互性。

网络营销具有良好的交互性，一方面消费者能通过网络平台自主查看与搜索信息；另一方面企业能更加直接地与消费者交流和沟通，拥有更多展示自身的机会，同时也有助于提升企业的应变能力。

3.个性化。

网络营销是一种由消费者主导的、非强迫性的和循序渐进的低成本与人性化的营销方式。在这种方式下，消费者可以根据自己的需求自由选择是否接受企业的产品或服务或通过信息主动寻找，并提供需求和反馈，以方便企业提供更加个性化的产品或服务。

4.成长性。

互联网的使用人数逐渐递增，其消费群体涵盖了各个阶层，其中以年轻、高收入水平的消费群体占主导地位。这部分消费群体的购买能力强且极具影响力，是一个极具潜力与成长性的市场。

5.经济性。

网络营销通过互联网交换信息，改变了传统的交易方式，减少了交易成本，如店面费、印刷费、水费、电费和人工成本费等。同时，它还提高了交易的效率，减少了多次交易带来的损耗。

6.高效性。

网络营销通过计算机存储信息，并进行信息的查询与筛选，其信息传输的速度快、数量多、精确度高，能根据市场需求及时更新产品或调整价格，以满足消费者的需求。

7.技术性。

企业进行网络营销必须先具备互联网基础和一定的技术投入与支持，并且根据需要改变传统的组织形态，提升企业内部管理水平，招聘熟练运用计算机技术、网络技术和营销手段的复合型人才，以使企业在激烈的市场竞争中保持优势。

二、网络营销的内容

网络营销涉及的范围十分广泛，具体来说，主要包括以下几个方面的内容：

（一）网络营销环境分析

企业营销活动是在复杂的社会环境中进行的，环境的变化既可以给企业带来市场机会，也可能对企业形成某种威胁。因此，分析网络营销环境有助于企业制定网络营销战略和策略。

（二）消费者行为分析

互联网的发展，尤其是电子商务的快速发展推动了网络消费的发展。与传统市场相比，消费者在网上购物过程中占据了更主动的地位，也更加自由，拥有更多的权利。因此企业就要分析消费者网络消费的特点和规律，充分了解消费者的购物行为，做到有的放矢，以吸引更多消费者、扩大市场占有率。

（三）网络市场调查

企业开展网络营销活动不是盲目和随意的，通常会提前进行周密详细的网络市场调查，尤其是在研发新产品、投放新广告前。通过详细的网络市场调查，企业能根据获得的信息，做出符合市场需求的营销决策。网络市场调查的重点是充分利用互联网的特长，提高调查的效率，以求在海量的网络资源中快速获取有用的信息。

（四）制定网络营销战略

网络营销战略是以互联网为基础，利用数字化信息和网络媒体交互性辅助营销目标实现的一种新型市场营销战略。换言之，网络营销战略是企业科技战略与营销战略的整合，最终形成企业网络营销战略。制定网络营销战略是企业以消费者需求为导向，对企业网络营销任务、目标及实现目标的方案、措施做出总体的、长远的谋划，并付诸实践与控制的过程。

制定网络营销战略一般有四项原则，在战略层面上，网络营销战略应体现其与公司整体理念和经营目标的一致性；在经营层面上，网络营销战略应反映企业实施该战略后产生的结果；在技术层面上，网络营销战略应体现所使用新技术如何与现有信息技术整合；在财务层面上，网络营销战略应包含成本效益分析，并采用恰当的标准衡量指标。

（五）制定网络营销策略

企业开展网络营销，在战略层面进行长远规划后，还需要围绕网络营销战略制定相应的网络营销策略。网络营销策略是指企业根据自身在市场中所处的地位采取相应的网络营销组合方式，包括消费者策略、成本策略、方便性策略、沟通策略等。

（六）开展网络营销管理

网络技术的发展为企业开展网络营销创造了有利条件，企业要取得网络营销的预期效果，就需要管理好网络营销的各个环节。虽然传统营销管理的一些理念和方法仍可采用，但网络营销活动依托于网络平台，难免会遇到传统营销未遇到的新问题，如产品质量问题、消费者网上消费行为的隐私保护问题以及信息安全问题等，这些都要求企业必须做好有别于传统营销的营销管理工作。

三、网络营销的职能

（一）网络营销八大职能

实践证明，网络营销可以在网络品牌打造、网络推广、信息发布、销售促进、网络销售、客户服务、客户关系维护和网络调研这8个方面发挥作用。这8个方面也是网络营销的八大职能，网络营销策略的制定和各种网络营销手段的实施也以发挥这些职能为目的。

1.网络品牌打造。

网络营销的重要任务之一是在互联网上建立并推广企业的品牌。知名企业的线下品牌可以在线上得以延伸；一般企业则可以通过互联网快速树立品牌形象，提升企业整体形象。网络品牌的构成包括以下方面。

（1）网络名片，包括名称、Logo、网站域名、移动网站域名、第三方平台形象、网络关键品牌词等。

（2）企业官方平台，包括PC端网站、移动端网站、官方App、小程序等，具体内容包括网站名称、Logo、风格、主色调、内容等。

（3）网站的网页等级/重要性（Page Rank，PR）。

（4）企业搜索引擎表现，如付费广告、搜索结果排名等。

（5）网络上关于公司的软文、舆情和评价等。

（6）官方自媒体平台，包括企业的官方微博、官方微信公众号、直播平台、短视频平台等自媒体平台在网络中的表现及与网民互动的情况。

从网络品牌的组成可以看出来，无论是新建立的网络品牌还是传统品牌的网络拓展，都要经历从无到有，从默默无闻到具有网络知名度、网络美誉度和网络可信度的过程。因此，通过网络曝光和网络互动，企业可以提升品牌的知名度、美誉度和可信度。

2.网络推广。

这是网络营销最基本的职能之一，其目的是让更多的客户对企业产生兴趣，并通过访问企业网站、App、第三方平台内容，利用网站、App、第三方平台的服务来达到提升品牌形象、促进销售、增进企业与客户的关系、降低客户服务成本等效果。相对于其他功能来说，网络推广显得更为迫切和重要，企业平台所有功能的发挥都要以一定的访问量为基础。所以，网络推广是网络营销的核心工作。获得必要的访问量是网络营销取得成效的基础，特别是中小型企业，由于经营资源的限制，发布新闻、投放广告、开展大规模促销活动等宣传机会比较少，因此通过互联网手段进行网络推广的意义显得更为重要，这也是中小型企业对网络营销更为热衷的主要原因。即使是大型企业，网络推广也是非常有必要的，因为许多大型企业虽然有较高的知名度，但事实上网站访问量并不高。

3.信息发布。

网站是一种信息载体，通过网站发布信息是网络营销的主要方法之一。同时，信息发布也是网络营销的基本职能，所以也可以这样理解：无论选择哪种网络营销方式，结果都是将一定的信息传递给目标人群，包括客户/潜在客户、媒体、合作伙伴、竞争者等。

信息发布需要一定的信息渠道资源，这些资源可分为内部资源和外部资源。内部资源包括企业网站、官方App、小程序，以及微博、微信公众平台、短视频平台等第三方网络平台；外部资源则包括新闻网站、行业网站、搜索引擎、供求信息发布平台、网络广告服务资源、百科、问答平台、合作伙伴的网络营销资源等。掌握尽可能多的网络营销渠道资源，并充分了解各种网络营销渠道资源的特点，向潜在客户传递尽可能多的有价值的信息，是网络营销取得良好效果的前提。

4.销售促进。

营销的基本目的是为增加销售提供帮助，网络营销也不例外，大部分网络营销方法都直接或间接地与销售促进有关，但销售促进并不限于促进网上销售。事实上，网络营销在很多情况下对于促进线下交易也十分有价值。

5.网络销售。

一个具备线上交易功能的企业网站本身就是一个线上交易场所，因此网络销售是企业销售渠道在线上的延伸。网络销售渠道建设也不限于网站本身，还包括建立在综合电子商务平台上的网上商店，以及与其他电子商务网站不同形式的合作等。因此，网络销售并不仅是大型企业才能开展，不同规模的企业都有可能拥有适合自己需要的网络销售渠道。

6.客户服务。

互联网提供了更加方便的在线客户服务手段，包括形式最简单的常见问题解答（FAQ）、邮件、在线论坛以及各种即时信息服务等。在线客户服务具有成本低、效率高的优点，在提高客户服务水平方面具有重要作用，同时也直接影响网络营销的效果。

7.客户关系维护。

良好的客户关系是网络营销取得成效的必要条件。网站通过交互性、客户参与等方式在开展客户服务的同时，也增进了客户关系。客户关系是与客户服务相伴产生的一种结果，良好的客户服务才能带来稳固的客户关系。通过与客户互动，一方面可以建立良好的客户关系，另一方面可以开发满足客户个性化需求的产品。

8.网络调研。

企业不仅可以采用在线调查表等网络调研方式，还可以使用大数据调研等调研方法。与传统市场调研相比，网络调研具有高效率、低成本的特点。因此，网络调研成为网络营销的主要职能之一。

（二）网络营销各职能之间的关系

开展网络营销的意义在于：通过充分发挥各项职能，让网络营销的整体效益最大化，因此，仅仅由于某些方面效果欠佳就否认网络营销的作用是失之偏颇的。

网络营销的各项职能之间并非相互独立的，而是相互联系、相互促进的，所以网络营销的最终效果是各项职能共同作用的结果。开展网络营销需要用全面的观点，充分协调和发挥各项职能的作用。为了更直观地描述网络营销8项职能之间的关系，从其作用和效果上可将其分为两个部分（如图1-1所示），网络推广、信息发布、客户关系维护、客户服务、网络调研这5项是作用层面，属于网络营销资源的投入和建立，是基础职能，而网络品牌打造、销售促进和网络销售则表现为网络营销的效果（包括直接效果和间接效果）。

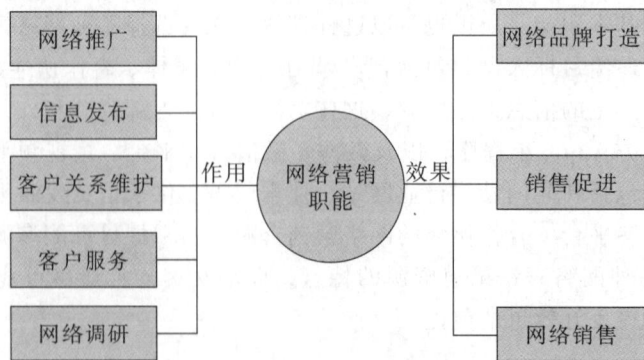

图1-1 网络营销职能关系图

四、网络营销的工具

（一）常用网络营销工具

1.搜索引擎。

搜索引擎可以带来大量的点击与关注，有利于树立企业品牌形象，提升品牌知名度，增加网站的曝光度，也可以为竞争对手制造网络推广壁垒。

2.社会化媒体。

社会化媒体是人们彼此之间用来分享意见、见解、经验和观点的工具和平台，现阶段主要包括社交网站、微博、微信、自媒体平台、问答社区、百科等。企业可以通过社会化媒体建立企业品牌，提升品牌的曝光度和知名度，维护客户关系。

3.网络视频。

网络视频、短视频及直播集中了视频和网络的优势，可通过故事、情感、娱乐等方式植入品牌、产品、促销等相关信息，目前已经成为一种营销趋势。

4.网络广告。

网络广告因覆盖面广、观众基数大、传播范围广、不受时空限制、互动性强、可准确统计受众数量等特点，目前已成为一种主流广告形式。

（二）常用网络营销工具体系

每一种常用的网络营销工具和服务都有一定的网络营销基础，如微博、QQ、搜索引擎等，而每一种工具都会产生一种或者多种网络营销效果，如小米通过微博进行客户服务、产品信息发布、产品体验调研等。为了更好地掌握网络营销工具的特点，这里将网络营销工具和网络营销职能以示例的方式在图1-2中展示出来。

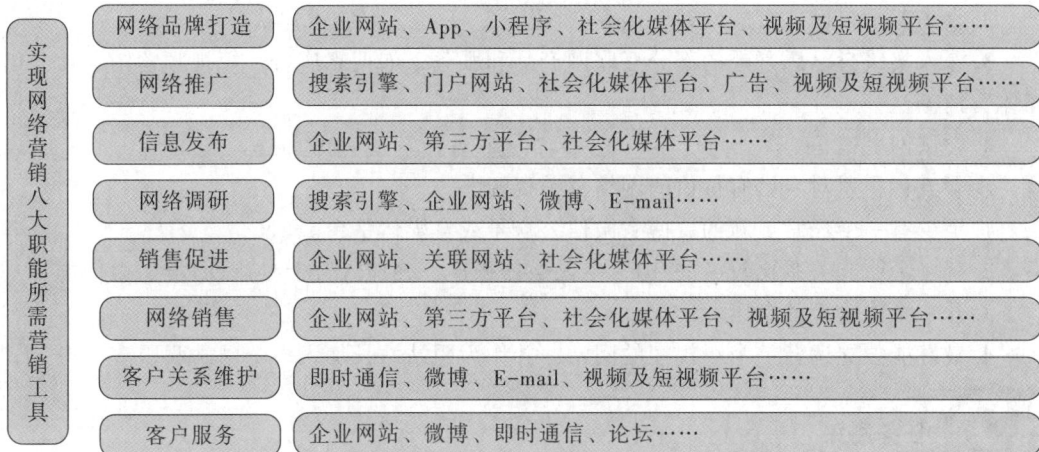

实现网络营销八大职能所需营销工具	网络品牌打造	企业网站、App、小程序、社会化媒体平台、视频及短视频平台……
	网络推广	搜索引擎、门户网站、社会化媒体平台、广告、视频及短视频平台……
	信息发布	企业网站、第三方平台、社会化媒体平台……
	网络调研	搜索引擎、企业网站、微博、E-mail……
	销售促进	企业网站、关联网站、社会化媒体平台……
	网络销售	企业网站、第三方平台、社会化媒体平台、视频及短视频平台……
	客户关系维护	即时通信、微博、E-mail、视频及短视频平台……
	客户服务	企业网站、微博、即时通信、论坛……

图1-2 常用网络营销工具体系

任务实施

制订网络营销学习计划。

步骤一：收集网络营销知识学习及实践资源网站。

1.门户网站的互联网新闻，如新浪、网易等门户网站都有关于互联网、电子商务、网络营销等方面的新闻报道及背景资料。

2.互联网行业研究报告及咨询信息,包括中国互联网络信息中心(CNNIC)每年发布两次的《中国互联网络发展状况统计报告》、艾瑞网及网经社等网站发布的研究报告及咨询信息。

3.专业网站及微信公众号,包括阿里研究院、新华网、汽车之家、人人都是产品经理等网站发布的内容。

步骤二:整理网络营销应熟练使用的网络工具。

1.搜索引擎:如百度、360搜索、搜狗等。

2.社交营销工具:如微博、微信、QQ等。

3.自媒体工具:如头条号、企鹅号、百家号、大鱼号等。

4.短视频工具:如抖音、快手等。

5.网站流量统计分析工具:如百度统计、CNZZ等。

步骤三:有必要深入了解和实践应用的网络推广平台。

1.搜索引擎:如百度搜索、360搜索、搜狗搜索等。

2.门户网站:如新浪、搜狐、腾讯等。

3.社会化媒体营销平台:如微博、QQ空间及社群、头条号等自媒体平台。

4.短视频平台:如抖音、快手等短视频平台。

5.其他:如微商平台、生活搜索引擎等。

步骤四:深入实践和研究若干网络营销活动。

1.通过个人网站、社会化媒体等创建个人网络品牌。

2.收集若干自己欣赏的网站、App、小程序,关注它们的运营状况。

3.深入实践自己感兴趣的部分互联网产品和服务,如搜索广告、短视频营销、社会化媒体营销等。

4.尝试网上销售。

步骤五:积累对自己有价值的网络营销资源。

1.至少有一个经常更新的微博、微信公众号或自媒体平台。

2.有一个朋友关系比较广的QQ、个人微信账户,并加入若干专业QQ群、微信群。

3.开一个体验型的微店。

4.最好能独立运营一个小规模的网站,并作为网站站长加入多个网站联盟。

任务测评

一、单项选择题

1.以下说法中正确的是(　　)。

A.网络营销是一个完整的交易过程,为促成电子化交易提供服务支持,起到重要的信息传递作用

B.网络营销是综合利用各种网络营销方法、工具、条件并协调它们之间的相互关系,从而更加有效地实现企业营销目的的手段

C.网络销售是网络营销的一种形式

D. 网络营销就是 SEO

2. 下面（　　）不属于网络营销基础职能。

A. 信息发布

B. 客户关系维护

C. 网络品牌打造

D. 客户服务

二、多项选择题

1. 网络营销的特点包括（　　）等。

A. 全球性

B. 交互性和个性化

C. 成长性和技术性

D. 经济性和高效性

2. 常用的网络营销工具包括（　　）。

A. 搜索引擎

B. 社会化媒体

C. 网络视频

D. 网络广告

三、简答题

1. 网络营销的职能是什么？

2. 网络营销的内容有哪些？

任务二　　　　整合网络营销与传统营销

任务描述

　　网络营销的产生和发展，使营销本身及环境发生了根本性的变革，为企业营造了崭新的营销环境。它使企业营销方便地实现全球化，使经营手段趋向虚拟化。网络营销的整合彻底重组了企业的营销理念，创新了传统营销的组合策略和手段。利用互联网这种新式媒介进行的交互营销，已经显示其突破传统、彻底改变传统营销模式的潜力。在以后很长的一段时期内，网络营销和传统营销将会互相影响、互相促进和互相补缺，直至最后实现二者的内在统一。

　　通过本任务相关知识的学习，能够初步制订网络营销与传统营销的整合方案。

知识准备

　　网络营销并没有改变营销的本质，传统营销与网络营销实质上是企业整体营销战略的两个组成部分。传统营销依靠传统媒体将产品、服务和企业品牌传播给消费者，网络营销依靠互联网将这些信息传播给消费者。营销手段的不同和消费者消费行为、习惯的改变，使得两者的营销理念、信息沟通模式等产生了一定的差异。但传统营销与网络营销不是相互排斥的，只有两者相互融合，才能更好地实现企业的营销目标。

一、网络营销较传统营销的优势及劣势

（一）网络营销的优势

网络营销作为一种全新的营销方式，与传统的营销方式相比具有明显的优势，主要有以下方面：

1. 决策的便利性、自主性。现在的人们生活在信息爆炸的社会中，无论是报纸、杂志、广播，还是电视，无不充斥着广告，而在网络营销里人们不必面对广告的轰炸，只需根据自己喜欢的方式或需要去选择相应的信息，如厂家、产品等，然后加以比较，做出购买的决定。这种轻松自在的选择，不必受时间、地点的限制，完全由自己做主，只需操作手机或电脑即可。网络营销的灵活、快捷与方便，是传统营销中商场购物所无法比拟的，尤其受到许多没有时间或不喜欢逛商场的人士的喜爱。

2. 成本优势。在网上发布信息，代价有限，将产品直接向消费者推销，可缩短分销环节，发布的信息谁都可以自由地索取，可拓宽销售范围，这样可以节省促销费用，从而降低成本，使产品具有价格竞争力。前来访问的大多是对此类产品感兴趣的顾客，受众准确，避免了许多无用的信息传递，也可节省促销费用，还可根据订货情况来调整库存量，降低库存费用。

3. 良好的沟通。可以制作调查表来收集顾客的意见，让顾客参与产品的设计、开发、生产，使生产真正做到以顾客为中心，从各方面满足顾客的需要，避免浪费。而顾客对参与设计的产品会倍加喜爱，如同自己生产的一样。商家可设立专人解答疑问，帮助消费者了解有关产品的信息，使沟通人性化、个别化。

4. 优化服务。网络营销的一对一服务，留给顾客更多自由考虑的空间，充分比较后再作决定，避免冲动购物。网上7×24小时的不间断服务，更加快捷。不仅是售后服务，在顾客咨询和购买的过程中，商家亦可及时地提供服务，从而帮助顾客完成购买。

5. 多媒体效果。网络广告既具有平面媒体的信息承载量大的特点，又具有电波媒体的视、听觉效果，可谓图文并茂、声像俱全。而且，广告发布不需要印刷，节省纸张，不受时间、版面限制，顾客只要需要就可随时索取。

（二）网络营销的劣势

与传统营销相比，网络营销的主要劣势体现在以下几个方面：

1. 缺乏信任感。人们仍然信奉眼见为实的观念，买东西还是要东瞧西瞧亲手摸摸才放心。

2. 缺乏生趣。网上购物，面对的是冷冰冰、没有感情的机器，它没有商场里优雅舒适的环境氛围，缺乏三五成群逛街的乐趣，也没有精美的商品可供欣赏。有时候，逛街并不一定非得购物，它可以是一种休闲和娱乐，还是享受。网上购物还存在着试用的不便，消费者没有切身的感受，也没法从推销者的表情上判断真假，实物总是比图像来得真实和生动。所以，对许多人来说，网上购物缺乏足够的吸引力。

3. 价格问题愈加敏感。网上信息充分披露，使消费者不必再东奔西走比较价格，只需浏览商家的站点即可货比三家。而对商家而言，则易引起价格战，使行业利润率降低，或是导致两败俱伤。对一些价格存在一定灵活性的产品，在网上不便于讨价还价，可能贻误商机。

4.企业促销被动性加剧。网上的信息只有等待顾客上门索取，不能主动出击，实现的只是点对点的传播，而且它不具有强制接收的效果，主动权掌握在消费者的手中，他们可以选择看或不看，商家无异于在守株待兔。

二、网络营销与传统营销之间的差异

网络的特性使网络营销的基础与传统营销相比产生了极大的改变。这两者之间的区别主要体现在营销理念不同、营销目标不同、信息沟通模式和内容不同、营销竞争方式不同、营销策略不同这五个方面。

1.营销理念不同。传统营销理念，如生产观念、产品观念、推销理念等，主要以企业的利益为中心，未能充分考虑消费者的需求，单纯追求低成本的规模生产，极易导致产销脱节。在网络营销中，企业的营销理念核心是消费者，该理念从消费者的个性和需求出发，寻找企业的产品、服务与消费者需求之间的差异和共同点，并在适当的时候通过改变企业的营销策略来满足消费者的需求。

2.营销目标不同。传统营销注重的是企业利润的最大化，而网络营销强调以消费者为中心，以满足消费者需求，为消费者提供更加优质与便利的服务来实现企业价值。

3.信息沟通模式和内容不同。传统营销依靠传统媒体（如广播、电视、报纸等）单向传播信息，营销者在与消费者沟通时，倾向于说服消费者接受自己的观念和企业的产品，此时消费者处于被动地位，只能根据企业提供的固定信息来决定购买意向。但网络营销通过微博、微信等新媒体实现了交互式双向信息传播，企业与消费者之间的沟通及时而充分，消费者在信息传播过程中可主动查询自己需要的信息，也可以反馈自己的意见。

4.营销竞争方式不同。传统营销是企业在现实空间中与其他企业进行面对面的竞争，而网络营销是企业在虚拟空间中与其他企业展开竞争。在网络营销条件下，具有雄厚资金实力的大规模企业不再是唯一的优胜者，所有的企业都站在同一起跑线上，这就使小公司实现全球营销成为可能。

5.营销策略不同。在传统营销策略中，利润最大化是企业追求的目标，产品、价格、渠道和促销成为企业经营的关键性内容，以上的组合被称为4P营销策略。在网络营销中，营销环境发生了变化，地域概念没有了，宣传和销售渠道统一到了网上，价格策略的运用也受到了很大限制，这就促使传统的4P组合策略向4C组合策略转化。

（1）产品（product）和消费者（consumer）。网络营销直接面对消费者，较传统营销更加便于实施差异化营销（即一对一营销）。网络营销者可以针对某一类型，甚至是一个消费者制定相应的营销策略，并且消费者可以自由选择自己感兴趣的内容观看、定制或购买，这是传统营销所不能实现的。

（2）价格（price）和成本（cost）。由于网络营销直接面对消费者，进而减少了批发、零售等中间环节，降低了销售成本和营销费用，使得商品的价格低于传统销售方式的价格，从而产生较大的竞争优势。与此同时，商品的配送费用也会在一定程度上减少。

（3）促销（promotion）和方便（convenient）。在促销方式上，网络营销本身可采用电子邮件、网页、网络广告等方式，也可以借鉴传统营销中的促销方式。网络营销为消费者提供足不出户即可挑选和购买自己所需的商品和服务的机会。

（4）渠道（place）和沟通（communication）。由于网络有很强的互动性和全球性，网络营销者可以实时和消费者进行沟通，解答消费者的疑问，并可以通过客服平台、微信、电子邮件等方式快速为消费者提供信息。因此，网络营销改变了客户关系，转变了竞争态势，重组了企业组织。

三、网络营销与传统营销整合的必要性

（一）网络营销对传统营销的冲击

网络营销作为一种全新的营销方式，具有发展速度快、实践性强的特点，特别是在当前信息化、网络化的经济社会中，具有天然的优势。相较之下，传统营销面临着巨大的冲击，一方面，传统营销活动常用的扩展各种营销渠道、大量的广告投入等被动营销方式并不适合当前的电子商务环境；另一方面，传统营销不仅使营销活动的时间和地域受到限制，还增加了企业的运营成本。

1.网络营销建立在新的时空观念之上，可以不间断地为消费者提供服务。

以往我们赖以生存的传统时空观已经不适应信息社会发展的需要，取而代之的是新的电子时空观。互联网的发展使人们的生活和工作不再受空间和时间的限制，人们随时可以通过互联网获取信息进行娱乐和商务活动。企业则可以借助互联网技术每天24小时不间断地为全球各地的消费者提供信息和服务，因此以往我们赖以生存的传统时空观已经不适应信息社会发展的需要。

2.网络传播形式多样化，营销的产品或服务更加真实、生动。

随着网络技术的发展，信息在网络上传播时，可以采用文字、表格、图像、声音、视频等多种形式。信息的传播突破了容量和时间的限制，并且具有及时、快捷、保真性好的优点。因此，企业可以利用网络的优势，更为详尽、更形象生动地展示其产品或服务，而传统营销方式真实、生动的优势逐渐削弱。

3.信息传播模式由单向传播转为双向互动，消费者参与网络营销的活动过程。

在网络环境下，信息的传播不再是传统媒介环境中的单向传播模式（如图1-3所示），而是借助互联网的交互性实现企业与消费者之间、消费者与消费者之间的双向互动传播（如图1-4所示）。在互联网环境下，企业在网络上发布信息，消费者可随时随地上网选择自己所需的信息。不仅如此，消费者还会借助网站的互动性生成内容，传播口碑，并与网友分享自己的购物经历和产品使用体验。这对于企业开展网络营销既是新的挑战，也是新的机遇。

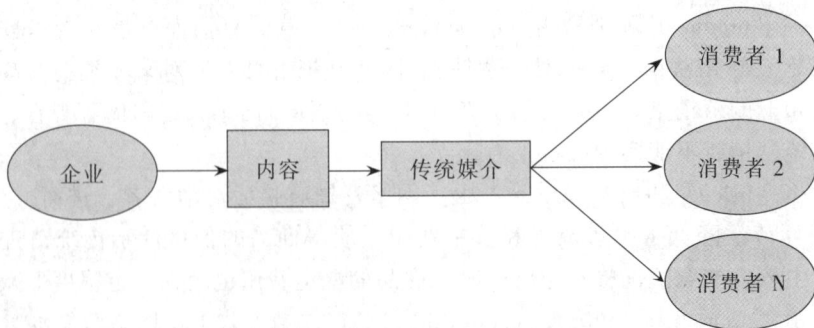

图1-3 传统媒介的单向传播模式

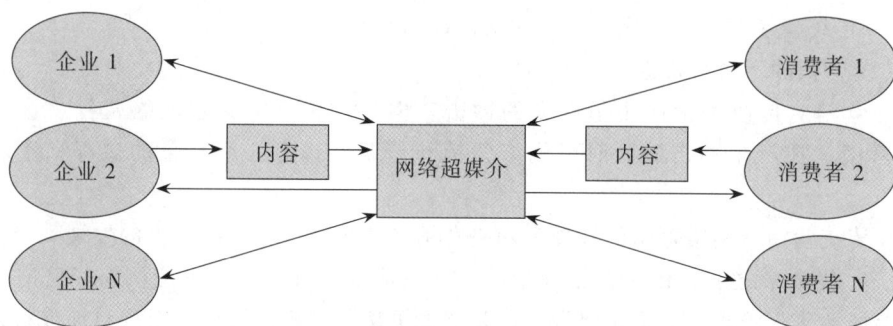

图1-4　网络超媒介下的双向传播模式

4.企业设计和生产产品的方式发生重大变化，可以为消费者提供个性化产品体验。

在网络环境下，消费者将越来越多地介入产品的设计和制造过程。在网络环境中，消费者的需求会表现出极大的个性化，无论厂家生产的产品具有多少种类、型号，都不可能完全满足消费者的个性化需求，而互联网可以使消费者直接登录企业网站或向其发送电子邮件来传递自己的需求意愿或定制满足自己需求的产品，甚至参与企业的产品设计和制造过程，从而获得个性化的产品体验。

5.网络购物可以满足消费者对购物方便性的需求，提高消费者的购物效率。

在传统的购物方式中，整个交易过程都需要消费者到售货地点完成，包括到达售货地点、选择产品、付款结算、将产品运回等一系列既耗时间又费精力的步骤。而网络购物方式可以大大地简化这个过程，并使网上购物活动充满乐趣。首先，企业在网站上发布图文并茂、丰富生动的产品或服务信息后，消费者坐在家中即可通过网络全面地比较各类信息，做出购买决定；其次，整个交易过程非常简单，只需根据网页的提示，通过鼠标或键盘进行操作便可完成整个购物过程；再次，网络购物通过快递方式送货上门，或者就近取货，这种购物方式极大地节省了消费者的购物时间和精力；最后，如果购买的产品在使用过程中出现了问题，消费者可以直接通过网络与企业联系，从而及时得到技术支持和售后服务。

6.网络营销可以降低企业的营销成本，从而使产品或服务的价格有更大的下调空间。

网络营销可以通过互联网技术实现针对目标消费者的精准传播，从而提高传播效率，并节省传播成本。此外，通过网络销售产品，可以节省零售门店的各种经营和管理成本，通过直销还可以减少对传统分销渠道商的维护和管理费用，这样，网络营销就极大地减少了流通费用。这些成本费用的降低使企业可以以极为优惠的价格向消费者提供产品或服务。

7.网络营销可以精准掌握营销效果，利于企业有针对性地进行营销推广。

通过网络技术可以使企业获得消费者的大量个人信息。例如，企业可以通过会员注册和购买行为分析等方式获得消费者的个人信息和消费情况，并将其保存到企业的数据库中，以便有针对性地进行营销推广和提供个性化服务。不仅如此，通过适当的技术手段，企业还可以发现消费者的一些重要行为特征，如某个消费者通常是在什么时间登录网站、登录的频率如何、每次访问的时间长短、在某个页面停留了多长时间等。这样，企业就可以分析网络营销的效果。

（二）传统营销的不可替代性及与网络营销的互补

1.传统营销的不可替代性。

网络营销对传统营销产生了巨大的冲击，但是这并不意味着网络营销将会完全取代传统营销，在产生冲击的同时，网络营销和传统营销有一个整合的过程，逐步互相融合。

（1）传统营销是网络营销的基础，网络营销是传统营销在网络世界的发展和延伸。当网络经济时代到来之后，传统营销理论的一些组成部分确实不再适应网络经济时代的发展，如市场调研、管理、渠道构建等。但是这些策略并非不能再用，至少目前或将来很长的一段时间，网络的出现只不过是为企业的营销增加了一种手段而已。虽然网络营销的程序手段和灵活性都有了很大的变化，但是营销实质不会改变，网络营销无法脱离传统营销的理论基础。

（2）从消费者角度来说，消费者不可能完全在任何时候都从网上购物，逛商店、逛超市等给人带来的另外一种心理效应，是网络满足不了的。

（3）网络依然存在着安全方面的脆弱性。由于网络的虚拟性，网上支付、网上信用等困惑都造成了人们不会完全改变传统的营销方式。

2.网络营销与传统营销的互补。

（1）**市场覆盖面的互补。**由于经济技术发展的差异和消费需求个性化的要求，互联网作为新兴的虚拟市场，能够弥补传统营销受时间和空间的局限的缺点。

（2）**购买方式的互补。**互联网作为一种有效沟通方式和交易渠道，有着自己的特点和优势，可以方便企业与用户之间的直接双向沟通和轻松购物。但消费者有着自己的个人偏好、习惯和生活方式，网络营销与传统营销的结合可以从不同方面迎合消费者的喜好。

（3）**渠道的互补。**传统营销的物流渠道可以作为网络营销的物流节点和物流渠道，网络营销最终还会以交易的方式完成，物流必须以真实世界的渠道来实现，在这方面二者可以互补。

因此，网络营销与传统营销是不能分开的，是互补和互相促进的。虽然网络营销对传统营销产生了巨大的冲击，但是，网络营销必须以传统营销为基础，传统营销必须以网络营销为新的手段进行有效的整合，才能适应不断发展的社会需要和不断有效满足消费者日益个性化的需求。

四、网络营销与传统营销的整合内容

（一）意识观念的整合

在意识观念上企业不能把网络营销和传统营销完全地独立开来，二者是互补的，也是相融的，都是以满足顾客的需求为目标，实质没有变。从理论基础来说，网络营销是传统营销在网络时代的延伸，4P仍然可以作为其理论基础，只不过网络营销一定程度上更加追求4C，而4P和4C本来又是不可分的，是递进的关系。只有在意识观念上达到统一，才能真正实现网络营销与传统营销的整合。

（二）顾客概念的整合

传统的市场营销学中的顾客是指与产品购买和消费直接有关的个人或组织（如产品购买者、中间商、政府机构等）。在网络营销中这种顾客仍然是企业最重要的顾客。但是，网络社会的最大特点就是信息"爆炸"。在互联网上，面对全球数亿个站点，每一个网上消费者只能根据自己的兴趣浏览其中的少数站点，而应用搜索引擎可以大大节省消费者的时间和精力。面对这种趋势，从事网络营销的企业必须改变原有的顾客概念，应该将搜索引擎当作企业的特殊顾客，因为搜索引擎不是网上直接消费者，却是网上信息最直接的受众，它的选择结果直接决定了网上顾客接受的范围。

（三）产品概念的整合

市场营销学中将产品解释为能够满足某种需求的东西，并认为完整的产品由核心产品、形式产品和附加产品构成，即整体的产品概念。网络营销一方面继承了上述整体产品的概念；另一方面比以前任何时候都更加注重和依赖信息对消费者行为的引导，因而将产品的定义扩大了：产品是提供到市场上引起注意、需要和消费的东西。网络营销主张以更加细腻的、更加周全的方式为顾客提供更完美的服务和满足。因此，网络营销在扩大产品定义的同时，还进一步细化了整体产品的构成。

它用五个层次来描述整体产品的构成：核心产品、一般产品、期望产品、扩大产品和潜在产品。在这里，核心产品与原来的意义相同；扩大产品与原来的附加产品相同，但还包括区别于其他竞争产品的附加利益和服务；一般产品和期望产品由原来的形式产品细化而来。

（四）营销组合概念的整合

网络营销过程中营销组合概念因产品性质不同而不同。对于知识产品而言，企业直接在网上完成其经营销售过程。在这种情况下，市场营销组合发生了很大的变化（与传统媒体的市场营销相比）。

第一，传统营销组合的4P中的三个——产品、渠道、促销，由于摆脱了对传统物质载体的依赖，已经完全电子化和非物质化了。因此，就知识产品而言，网络营销中的产品、渠道和促销本身纯粹就是电子化的信息。它们之间的分界线已变得相当模糊，以至于三者密不可分。若不与作为渠道和促销的电子化信息发生交互作用，就无法访问或得到产品。

第二，价格不再以生产成本为基础，而是以顾客意识到的产品价值来计算。

第三，顾客对产品的选择和对价值的估计，很大程度上受网上促销的影响，因而网上促销的作用备受重视。

第四，由于网上顾客普遍具有高知识、高素质、高收入等特点，因此，网上促销的知识、信息含量比传统促销大大提高。对于有形产品和某些服务，虽然不能以电子化方式传递，但企业在营销时可利用互联网完成信息流和商流。在这种情况下，传统的营销组合没有发生变化，价格则由生产成本和顾客的感受价值共同决定（其中包括对竞争对手的比较）。促销及渠道中的信息流和商流则是由可控制的网上信息代替，渠道中的物流则可实现速度、流程和成本最优化。在网络营销中，市场营销组合本质上是无形的，是知识和信息的特定组合，是人力资源和信息技术综合的结果。

五、网络营销与传统营销整合策略

整合营销是利用整合营销的策略，来实现以消费者为中心的传播同一性和双向沟通，采用目标营销的方法来开展企业的营销活动。如何整合网络营销与传统营销，使得比竞争对手更有效地唤起顾客对产品的注意和需要，成为企业开展网络营销成功的关键。

（一）在企业宣传方面将传统媒体与网络媒体结合起来

1. 在传统沟通媒体上提供有关网站情况。把互联网信息强制性地印到所有说明书、商品目录和各种广告、产品包装上；企业每项沟通媒体的内容中必须包括公司地址、主页地址、自动回复电子邮件地址。

2. 在网络媒体上提供企业网站建设情况。将互联网战略和传统战略集成起来，会大大提高互联网的访问量，这有助于降低支持成本，同时提高支持水平。

3. 在网站上提供有形证明，建立用户信任感。企业要用一些技巧来建立公司的信誉并提高网站的销售量。

4. 在网站上提供传统媒体宣传材料。传统媒体的宣传有助于企业扩大知名度，网站应随时跟踪传统媒体对企业的正面宣传，并及时反映在网页中。

（二）与传统市场调研相结合，在网上进行市场调研

调研市场信息，从中发现消费者需求动向，从而为企业细分市场提供依据是企业开展市场营销的重要内容。一般企业开展网上市场调研活动有两种方式：

1. 借助 ISP 或专业网络市场研究公司的网站进行调研。这对于那些市场名气不大、网站不太引人注意的企业而言是一种有效的选择。企业特定调研内容及调研方式放入选定的网站，就可以实时在委托商的网站获取调研数据及进展信息，而不仅是获得最终调研报告。这与传统委托调研方式截然不同。

2. 企业通过自己的网站进行市场调研。就知名企业而言，其网站的常客多是一些对该企业有兴趣或与企业有一定关系的上网者，他们对企业有一定了解，这将有利于为访问者提供更准确有效的信息，也为调研过程的及时双向交流提供了便利。

（三）传统营销渠道与网络分销渠道相结合

电子商务尽管在迅猛发展，但相对于传统营销而言，其份额仍然是很小的。传统的分销渠道仍然是企业的宝贵资源，双向沟通功能的确为加强企业与其分销商的联系提供了有力的平台。企业通过互联网络构筑虚拟专用网络，将分销渠道融入其中，可以及时了解分销过程的商品流程和最终销售状况，这将为企业及时调整产品结构、补充脱销商品、分析市场特征、实时调整市场策略等提供帮助，从而为企业降低库存、采用实时生产方式创造条件。而对于传统分销渠道而言，网络分销也开辟了及时获取畅销商品信息、处理滞销商品的巨大空间，从而加速销售周转。

（四）利用网上营销集成对传统营销关系进行整合

互联网络是一种新的市场环境，这一环境不仅融入了企业的某一环节和过程，还将在企业组织、运作及管理观念上产生重大影响。一些企业已经迅速融入这一环境，依靠网络与原料商、制造商、消费者建立密切联系，并通过网络收集、传递信息，从而根据消费需求，充分利用网络伙伴的生产能力，实现产品设计、制造及销售服务的全过程。这种模式被称为网上营销集成。网上营销集成是对互联网络的综合应用，是互联网络对传统商业关系的整合。它使企业真正确立了市场营销的核心地位。企业的使命不是制造产品，而是根据消费者的需求，组合现有的外部资源，高效地输出一种满足这种需求的品牌产品，并提供服务保障。在这种模式下，各种类型的企业通过网络紧密联系，相互融合，并充分发挥各自优势，形成共同参与市场竞争的伙伴关系。

任务实施

制订网络营销与传统营销的整合方案。

互联网信息时代，市场竞争日益加剧，企业需要采用多元化的营销手段，实现营销效果最大化，本任务需要大家帮助身边的中小企业整合网络营销与传统营销，制订合适的营销方案。

步骤一：确立合适的市场定位。

依据企业自身特点和产品特色，为企业考虑在某一个专门领域做精、做专、做深，也就是确立合适的市场定位，企业只有在一个业务领域建立起自己独特的竞争优势，才能在竞争中胜出。

步骤二：打造优势网络品牌。

强大的品牌是消费者做出购买决策的重要依据，建立优势网络品牌最重要的就是要建立企业信誉、产品信誉。这是一项系统而复杂的工程，是企业网络营销中的一个长期性、战略性的问题。通常，企业可从以下几个方面建立良好的信誉：

一是可靠的产品。企业要保证产品具有可靠的质量，可靠的产品质量是网络营销信誉和品牌建立的基础。

二是优质的服务。企业要随时为消费者提供真正需要的、方便的、卓越的服务。

三是价值创新。企业不仅要向消费者提供质量更好的产品，满足消费者的功利性需求，还要向消费者提供更有新意、更有特色的产品，为消费者带来更多利益，满足消费者的享乐需求。

步骤三：优化价格策略和促销策略。

价格方面，企业一方面可以实行价格标准化，另一方面也可以实行网络产品和传统产品的差异化。

促销方面，传统的促销策略主要是企业通过广告、人员促销、销售促进、公关宣传等方式进行，消费者处于被动地位。网络促销可利用网络论坛、BBS、微博、虚拟社区、电子邮件等网络工具与消费者建立互动关系，使消费者主动与企业互动。主动与被动相结合，实现全面信息传递。

步骤四：提高员工素质和服务效率。

制订企业员工培养计划与方案，注意吸引和培养复合型人才，提高员工综合素质。网络营销对企业的组织结构和服务效率也提出了更高的要求。

步骤五：搞好网站建设。

网站是企业进行网络营销的基础，企业通过建立有自己特色的网站，一方面可以树立企业形象，另一方面可以吸引新消费者，留住老消费者，而这一点会直接影响营销的效果。

步骤六：控制营销绩效。

企业应随时统计消费者访问的次数与消费者反馈的信息，做好消费者资料管理、消费者行为分析及成本效益分析，以便及时修正营销策略。

🎯 **任务测评**

一、单项选择题

1.在网络营销中，企业的营销理念核心是（　　）。

A.生产观念　　　　　　　　　　　　B.产品观念

C.推销理念　　　　　　　　　　　　D.消费者观念

2.传统营销注重的是（　　）。

A.企业利润的最大化　　　　　　　　B.满足消费者需求

C.为消费者提供更加优质与便利的服务　D.以消费者为中心

二、多项选择题

1.网络营销较传统营销的优势有（　　）。

A.决策的便利性、自主性　　　　　　B.成本优势

C.良好的沟通　　　　　　　　　　　D.优化服务

E.多媒体效果

2.网络营销与传统营销的互补体现在（　　）三个方面。

A.市场覆盖面的互补　　　　　　　　B.购买方式的互补

C.货源的互补　　　　　　　　　　　D.渠道的互补

三、简答题

1.相较于传统营销，网络营销的优势及劣势有哪些？

2.传统营销与网络营销可以从哪几个方面进行整合？

任务三　　　　　　　　　明确网络营销岗位

📖 **任务描述**

越来越多的中小企业感受到了网络营销的魅力，开始注重线上的营销投入，对网络营销岗位的需求呈爆发性增长态势，导致网络营销岗位成为时下热门的岗位之一。网络营销职业大有可为，薪酬待遇非常优厚。

通过本任务的学习，能够在前程无忧、智联招聘、BOSS直聘等平台了解网络营销相关岗位描述的内容，结合岗位职责与任职要求匹配适合自己能力与特长的具体岗位，并能列举自己符合该岗位应聘要求的条件和资历，完成网络营销岗位职业规划设计。

👨‍🏫 **知识准备**

一、网络营销岗位简介

随着互联网的普及和发展，网络营销应用已逐渐深入各行各业，企业纷纷设立网络营销或者网络运营部门，但由于各地区经济发展不均衡，各行业互联网应用水平参差不齐，

企业网络营销应用实际也具有较大差别，因此企业的网络营销岗位名称差别也较大。总结目前主流招聘平台以及代表性企业的岗位描述信息，我们将网络营销岗位划分为：网络推广/网站推广/网店推广专员、新媒体营销专员、搜索引擎优化专员/搜索引擎营销专员、网络营销运营专员/内容运营专员四大类岗位，而普遍的职业发展方向和晋升通道为网络营销专员、网络营销经理/运营经理、网络营销总监/运营总监。网络营销相关岗位及组织架构如图1-5所示。

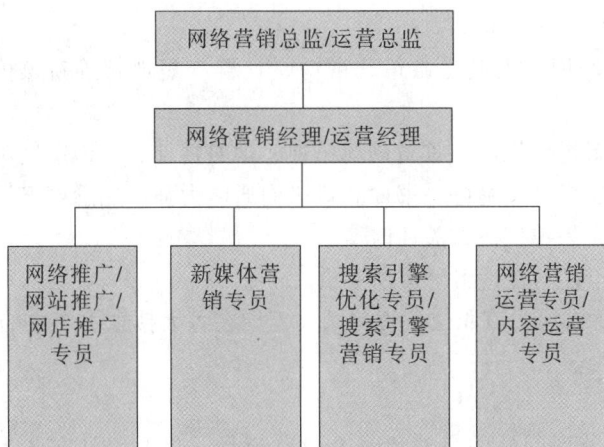

图1-5 网络营销相关岗位及组织架构图

（一）初级网络营销岗位

1.网络推广/网站推广/网店推广专员。

（1）职位的概要描述。该职位负责企业线上免费推广和付费推广，利用网络推广方式，提升企业的网络曝光度、知名度和美誉度，并对推广效果进行分析和总结，对网站、网店的有效流量负责。

（2）岗位职责。

① 整合线上各种渠道（如搜索引擎、微博、微信、直播平台、短视频平台、论坛等自媒体平台）推广企业的产品和服务。

② 负责企业网络宣传平台的管理和维护，包括官方网站、官方微信公众号、官方微博、官方自媒体平台、官方短视频平台、官方直播平台、官方微店及官方App等。

③ 熟悉网站、网店排名、流量原理，了解搜索引擎优化、网站检测等相关技术。

④ 跟踪网络营销推广效果，分析数据并反馈，总结经验。

（3）岗位要求。

① 熟练掌握各种网络营销工具，包括搜索引擎、微博、微信、视频及短视频平台、网络视频剪辑软件、网络监控及统计软件等。

② 了解各种网络营销方法、手段、流程，并有一定实操经验。

③ 具有优秀的写作能力，能撰写各种不同的方案、文案。

④ 对网络文化、网络特性、网民心理具有深刻洞察和敏锐感知。

2.新媒体营销专员。

（1）职位的概要描述。该职位负责企业新媒体平台（微博、微信、自媒体平台、直播平台及短视频平台等）的日常内容维护，策划并执行新媒体营销活动，撰写优质原创文案并传播。

（2）岗位职责。

① 负责公司各新媒体平台的运营推广，负责策划并执行日常活动及追踪、维护。

② 挖掘和分析用户的使用习惯、情感及体验感受，及时掌握新闻热点，与用户进行互动。

③ 提高粉丝活跃度，并与粉丝进行互动，对新媒体营销运营现状进行分析和总结。

（3）岗位要求。

① 深入了解互联网，尤其是微信、微博、社群、短视频等新媒体营销工具的特点，有效运用相关资源。

② 热爱并擅长新媒体推广，具备创新精神、学习精神、严谨态度和良好沟通能力。

③ 具有创造性思维，文笔好，书面和口头沟通能力强，熟悉网络语言的写作特点。

④ 学习能力强，兴趣广泛，关注时事。

3.搜索引擎优化专员/搜索引擎营销专员。

（1）职位的概要描述。该职位负责网站关键词在各大搜索引擎中的排名，提升网站流量，增加网站用户数。

（2）岗位职责。

① 运营搜索引擎到网站的自然流量及付费流量，提升网站在各大搜索引擎的排名，对搜索流量负责。

② 分析网站关键词，监控竞争对手的关键词，对关键词管理提出合理的优化建议。

③ 对流量、数据、外链等负责，增加网站的流量和知名度。

④ 结合网站数据分析，对优化策略进行调整。

（3）岗位要求。

① 掌握百度、360、搜狗等搜索引擎的基本排名规律，并精通各类搜索引擎优化，包括站内优化、站外优化及内外部链接优化等。

② 具有较强的网站关键字监控、竞争对手监控能力，有较强的数据分析能力，能定期对相关数据进行有效分析。

③ 具备丰富的互联网资源。

4.网络营销运营专员/内容运营专员。

（1）职位的概要描述。该职位负责网络运营部产品文案、品牌文案、深度专题的策划，以及创意文案、推广文案的撰写工作，协助业务部门进行产品方案的推广，帮助业务团队有效提升销售额。

（2）岗位职责。

① 负责产品文案、品牌文案、深度专题的策划、创意文案、推广文案的撰写执行工作，对网站销售力和传播力负责。

② 从事网络营销研究、分析与服务工作，评估关键词。

③ 负责推广方案和推广渠道的开发。

④ 制订网站总体及阶段性推广计划，完成阶段性推广任务。

⑤ 负责公司网站的规划落地执行。

⑥ 协助部门经理筹划建立部门管理体系，进行员工招聘、考核、管理，协助部门经

理进行规划、总结。

（3）岗位要求。

① 具备项目管理、营销策划、品牌策划、网络营销等理论知识和一定的实践经验。

② 具备优秀的网络营销数据分析能力和丰富的分析经验。

③ 具备一定的文案撰写能力和活动策划能力，对客户体验有深刻认识和独特领悟。

④ 对网络营销活动全流程具备一定的认知和执行能力。

（二）网络营销晋升岗位

1.网络营销经理/运营经理。

（1）职位的概要描述。该职位负责本部门整体运营工作，对网站策划、营销策划、网站内容、推广策划等业务进行指导，负责部门员工的工作指导、监督、管理、考核。

（2）岗位职责。

① 负责网络营销项目总策划，对战略方向规划、商业全流程的规划和监督控制负责，对部门绩效目标达成总负责。

② 负责全网营销的策划指导和监督执行。

③ 负责全网产品文案、品牌文案、资讯内容、专题内容等的撰写，并进行指导和监督执行。

④ 负责全网推广策略总制定，以及执行指导和监督管理工作。

⑤ 负责全网数据分析，运营提升成效。

⑥ 负责本部门的筹划建立，负责员工的招聘、考核、管理，并进行部门规划、总结。

（3）岗位要求。

① 具有5年以上的电子商务/网络营销工作经验，3年以上的项目策划、运营经验。

② 具备项目管理、营销策划、品牌策划、网络营销等系统的理论知识和丰富的实践经验。

③ 具备优秀的电子商务/网络营销项目策划运营能力，熟悉网络文化及其特性，对各种网络营销推广手段都有实操经验。

④ 具备卓越的策略思维和创意发散能力，具备扎实的策划功底。

⑤ 具备优秀的文案能力，能撰写各种不同的方案、文案。

⑥ 对网络营销全流程具备策划、运营、控制、执行能力。

⑦ 具备丰富的管理经验、优秀的团队管理能力。

2.网络营销总监/运营总监。

（1）岗位概要描述。该职位负责公司官网、天猫、淘宝、京东、拼多多、微店等第三方网络平台的整体规划和运营管理，包括产品市场定位和推广方案、产品功能及卖点策划，并组织落实；根据公司平台运营模式，组建并管理运营团队。

（2）岗位职责。

① 制定官网和第三方网络平台年度经营目标，并制订年度、季度、月度计划（销售额、成交转化率、广告投入、利润率等）。

② 制定官网和第三方网络平台的整体规划和运营管理策略，并组织落实。

③ 组建并管理运营团队。

④ 掌握官网和第三方网络平台各项销售指标、运营指标的达成情况，对网站排名、

流量点击进行详细、系统的分析，策划、组织网站推广活动，并进行分析和效果评估。

⑤ 通过网络渠道和媒介资源进行宣传推广工作。

⑥ 负责内部团队整体建设及专业能力的提升工作，优化业务流程，合理配置人力资源，开发和培养员工能力。

⑦ 加强团队绩效管理，提高部门工作效率。

（3）岗位要求。

① 具有5年以上的电商平台运营经验、2年以上的管理经验。

② 熟悉官方网站和第三方网络平台的开店流程、建店模式、产品销售模式、实际操作等。

③ 具备优秀的沟通能力，勇于创新，不拘一格，注重团队凝聚力和执行力的打造。

二、网络营销岗位职业素养

职业素养是职业内在的规范和要求。一名合格的网络营销人员应该具备的职业素养包括职业道德素养、职业技能素养和职业意识素养，并结合自身情况有意识地加以提升。

（一）职业道德素养

职业道德素养是指从业人员在职业活动中应该遵循的行为准则。对于网络营销人员而言，职业道德素养包括爱岗敬业、勤奋学习、意志坚强、遵纪守法等。

1.爱岗敬业。

爱岗敬业是指热爱自己的工作，安心于本职岗位，恪尽职守地做好本职工作。网络营销人员应该积极树立职业理想，努力追求职业发展、职业晋升，通过职业实现个人的价值。同时，网络营销人员应该具备强烈的职业责任感，将工作作为自己的使命，不推诿、不抱怨。

2.勤奋学习。

当前社会的发展速度很快，新的商业模式和应用不断出现，行业规则和市场也在不断变化，网络营销人员要树立不断学习的职业意识，积极主动地通过学习、培训和实践等途径，持续提升职业技能，以达到和维持足够的专业胜任能力。同时，在学习专业技能的过程中，网络营销人员还需要有勤学苦练的精神，做到持之以恒。

3.意志坚强。

网络营销工作需要网络营销人员实时关注营销效果，并控制好营销成本，是一项经常需要与用户直接打交道、烦琐、压力较大的工作。网络营销人员应该秉持积极的心态，有毅力、有韧性，遇到各种困难和挫折时不轻言放弃，学会自我激励，积极汲取正能量。

4.遵纪守法。

网络营销人员应该具有严肃的法治观念，自觉遵守相关纪律和法律，抵制来自外界的不良诱惑，不发布虚假广告，不夸大产品效果。

思维拓展

《中华人民共和国广告法》规定，广告不得含有虚假或者引人误解的内容，不得欺骗、误导消费者；广告使用数据、统计资料、调查结果、文摘、引用语等引证内容的，应当真实、准确，并表明出处；广告不得使用"国家级""最高级""最佳"等用语，保健食品广告不得含有表示功效、安全性的断言或者保证。

（二）职业技能素养

职业技能素养是根据职业的活动内容，对从业人员工作能力水平的规范性要求。出于实际的工作需要，网络营销人员需要善于分析数据、善于表达、善于整合资源和善于应用工具。

1.善于分析数据。

在实施网络营销的过程中，网络营销人员需要分析大量数据，包括产品浏览量和转化率，微博博文、短视频、营销软文等内容的浏览数、点赞数、转发数，营销账号的新增粉丝数等；需要评定推广效果，并根据数据分析的结果制定或调整营销策略，因此网络营销人员应该具备较强的数据分析能力。

2.善于表达。

表达分为口头表达和书面表达两种形式。就口头表达而言，网络营销人员在网络营销过程中需要与同事、用户等直接交流，因此需要具备较强的口头表达能力。就书面表达而言，网络营销涉及大量文案写作，网络营销人员需要具备流畅的文笔、能灵活转换语言风格，以达到吸引用户的效果。

3.善于整合资源。

在实际工作中，企业的推广平台众多，容易出现资源分散的情况。例如，在不同的平台中存在多个同质化的内容，导致营销内容的原创性与质量降低，给用户带来不好的体验。因此，网络营销人员要了解企业已有的传播渠道和营销模式，积极收集和合理利用网络中的资源（如文章素材、优质合作对象等），充分整合后科学地选择适合企业的营销方式，并提升内容的价值和可读性。

4.善于运用工具。

网络营销涉及文字、图片、视频等内容表现形式，因此网络营销人员应当学会借助各种工具提高工作效率，包括图片处理工具、表单工具、排版工具、思维导图工具、视频处理工具等。

（三）职业意识素养

网络营销是一个专业性较强的岗位，需要网络营销人员将一些基本的认识行为习惯融入自己的意识当中，形成职业意识，包括关注网络热点的意识、创新意识、团队协作意识等，这样才能更好地适应该岗位。

1.关注网络热点的意识。

网络营销人员需要形成随时关注各种网络热点（如网络热点话题、网络热点词汇、网络热点"表情包"等）的意识，以便快速反应。这样才能更好地把握机会，将企业产品或品牌理念与网络热点结合起来，打造具有吸引力的营销内容，从而形成推广优势。

2.创新意识。

在互联网时代，信息层出不穷，用户对各种推广信息已经习以为常，陈旧的网络营销形式不仅难以吸引用户，还会引起用户的反感。因此，网络营销人员应该具备较强的创新意识，敢于突破旧的思维模式，大胆探索新的可能性，积极主动地发挥自己的想象力，将创意融入网络营销的工作中。

思维拓展

创新是民族进步的灵魂。近年来，我国提出"大众创业、万众创新"的号召，大力推进群众性创新，加强创新人才培养，努力完善激发人才活力的机制，提倡营造鼓励创新、尊重个性、容忍失败、开放包容、注重长远的创新氛围，为创新者提供了更多的空间。

3.团队协作意识。

网络营销是一项复杂的工作，在很多情况下需要团队协作才能完成，如直播营销就需要主播、直播后台操作人员等协作完成。因此，网络营销人员要善于团结同事，发挥共同协作的精神，不要以自我为中心，不要固执己见，而应努力与同事沟通，在出现问题时主动反省。

三、网络营销岗位职业规划

根据目前的网络营销岗位分析，可以看到网络营销人员的岗位层级大致可以分为专员（助理）、经理（主管）和总监三个级别。公司性质和规模不同，相应的层级划分也不尽相同。一般500人以上的企业都会划分这三个层级，规模相对较小的企业可能只有两个层级，甚至有些业务较少的或者处于起步阶段的网络营销公司，只设网络营销专员岗位。

岗位层级的晋升会带来两方面的变化，一方面，人们对网络营销的专业知识、能力、素养要求有所提升；另一方面，网络营销的工作内容从简单的操作执行工作到网络营销的运营策划，最终到整合线上线下资源进行整体营销项目运作及团队管理。

任务实施

完成网络营销岗位职业规划设计。

步骤一：查询岗位需求。登录前程无忧、智联招聘、BOSS直聘等网站了解网络营销热门岗位需求情况，查询近1个月四大类热门岗位在北、上、广、深、哈五个城市的岗位需求量和平均薪资，填写表1-1。

表1-1 　　　　　　　　　　　　　　岗位需求调查表

岗位名称	需求量（个）					平均薪资（元/月）				
	北京	上海	深圳	广州	哈尔滨	北京	上海	深圳	广州	哈尔滨
网络推广/网站推广/网店推广专员										
新媒体营销专员										
搜索引擎优化专员/搜索引擎营销专员										
网络营销运营专员/内容运营专员										

步骤二：了解某一类网络营销岗位的职责。以"网络推广"为例，进入BOSS直聘网

站首页，搜索"网络推广"，在打开的页面中查看不同企业发布的网络推广岗位的招聘信息，对各个企业不同的职责要求进行整理。

整理网络推广岗位的职责，具体如下：

1.分析企业目标市场和用户需求，挖掘产品卖点，结合企业实际情况选择具体的推广方式，制订网络推广方案。

2.关注网络热点，收集相关资料，整合收集到的资料，挑选可用的信息完成营销软文、短视频等的策划、制作等工作。

3.负责微信、微博、抖音、快手等新媒体平台账号的日常内容更新、运营，吸引粉丝并与其互动。使用百度百科、百度知道、百度贴吧等发布企业信息，提高品牌曝光率。

4.策划并开展直播营销，提高企业产品销量并增强品牌影响力。

5.使用淘宝、拼多多等电商平台的推广工具进行推广，分析推广效果并实时调整推广策略。

6.负责搜索引擎的优化，并通过百度、搜狗等搜索引擎提高企业在搜索结果中的排名。

7.策划并投放网络广告，开展电子邮件营销。

8.建立并管理社群，开展社群营销。

9.分析推广数据，实时调整推广方案，事后总结推广活动。

步骤三：总结某一类网络营销岗位的任职要求。以"网络推广"为例，在了解了网络推广岗位的职责后，总结企业对网络推广岗位任职者的任职要求，从专业、经验、知识及能力等方面对网络推广岗位的任职要求进行总结。

总结网络推广岗位任职要求，具体如下：

1.专业要求。网络推广岗位一般要求任职者毕业于新闻、营销、广告、设计、电子商务、工商管理等专业。

2.经验要求。根据具体岗位及薪资水平的不同，不同企业的网络推广岗位对任职者的经验要求不同。一般来说，企业对实习生的经验要求较低，大多不作硬性规定；网络推广专员则要求具有1年及以上的工作经验；网络推广主管通常要求至少具有3年的工作经验。

3.知识要求。网络推广岗位任职者应当了解互联网、新媒体平台，掌握网络推广和营销策划等知识，并能熟练操作制图工具、排版工具，熟悉各大电商平台、新媒体平台的操作方法，掌握各平台推广工具的使用方法等。除此之外，任职者还要具备一定的营销心理学知识。

4.能力要求。网络推广岗位要求任职者具备快速学习能力、创新能力和思维能力等基本能力。快速学习能力是指在短时间内快速熟悉陌生事物，学会该事物的使用方法并具有融会贯通的能力；创新能力是指独立自主地创造新事物、新内容的本领和能力；思维能力是指能够独立思考，在面对问题时能够提出对应的解决方案的能力。

步骤四：设计个人网络营销岗位职业规划。撰写个人网络营销岗位职业规划书，内容包括网络营销热门岗位的需求情况、岗位职责、任职要求、个人情况分析、未来半年网络营销学习计划及未来3年长远规划等内容。

任务测评

一、单项选择题

1. ( ) 职位负责企业线上免费推广和付费推广，利用网络的推广方式，提升企业的网络曝光度、知名度和美誉度，并对推广效果进行分析和总结，对网站、网店的有效流量负责。

A.网络推广专员

B.新媒体营销专员

C.SEO/SEM专员

D.网络营销运营专员

2. ( ) 职位负责网站关键词在各大搜索引擎中的排名，提升网站流量，增加网站用户数。

A.网络推广专员

B.新媒体营销专员

C.SEO/SEM专员

D.网络营销运营专员

二、多项选择题

1.网络营销岗位职业道德素养包括 ( )。

A.爱岗敬业

B.勤奋学习

C.意志坚强

D.遵纪守法

2.网络营销岗位职业技能素养包括 ( )。

A.善于分析案例

B.善于表达

C.善于整合资源

D.善于应用工具

三、简答题

1.简述网络营销职业岗位的晋升通道。

2.网络营销职业岗位的职业意识素养有哪些？

思政园地

树立正确的网络营销道德观

营销道德是指消费者对企业营销决策的价值判断，即判断企业营销活动是否符合广大消费者及社会的利益，能否给广大消费者及社会带来价值。营销道德涉及企业经营活动的价值取向，要求企业以道德标准来规范其经营行为，履行社会责任，杜绝危害消费者和社会利益的不道德营销行为。

在进行网络营销的过程中产生了诸如虚假交易、侵犯消费者隐私权、网络欺诈、网络垃圾邮件、网络色情、信息无效等现象，这些现象严重阻碍着网络经济的进步和电子商务的发展，企业网络营销道德面临网络时代新的挑战。

企业和网络营销从业人员的自律是根本，应牢固树立科学利益观、诚信观、价值观和竞争观，在全社会范围内广泛进行营销道德的宣传和教育，使公平、自愿、诚实、守信的营销道德规范深入人心。具体需要做到四点：一是企业要端正经营思想，树立社会营销观念；二是企业领导者要不断提高自身素质，成为坚守网络营销道德的表率；三是促进网络营销道德和企业文化结合；四是建立网络营销道德规章制度。

项目实训

企业一般通过网络营销让消费者在有限的时间内快速认识品牌、认同品牌价值，从而直接或间接地完成消费者的转化，然而这一过程并非易事，消费者往往需要经过一系列的对比分析才会实施购买行为。请你登录淘宝网模拟购物过程，通过货比三家购买所需产品。思考以下几个问题，分析和总结商家推广产品的要点，并通过 Word 撰写一份商家网络营销分析报告，内容包括：

（1）你是通过什么方式在淘宝网找到所需产品的？

（2）商家使用了哪些方式来推广产品？

（3）淘宝网中同类产品琳琅满目，吸引你打开产品页面、浏览产品信息的原因是什么？

（4）在浏览产品页面的过程中，有的产品页面被打开后，你却没有继续浏览下去的兴趣，这是为什么？

（5）通过对比，最终你在一家网店中购买到了中意的产品，使你做出购买决策的原因是什么？

（6）总结商家开展网络营销的要点，并分析未来网络营销的发展趋势会有哪些方面。

项目考核

1.考核方式：过程考核。

2.考核内容与评价标准见表1-2至表1-4。

表1-2 学生自评表

姓名： 时间： 任务小组：

评价内容	评价标准				自评
	优 （86~100分）	良 （76~85分）	中 （61~75分）	差 （60分以下）	
工作态度 （20%）	出勤饱满 态度认真	出勤良好 比较认真	出勤一般 态度一般	出勤差 态度差	
自主探究能力（30%）	有强烈的探究欲，不断地发现问题，分析问题，寻找解决问题的办法，自主完成任务	有探究欲，能提出问题，分析问题，基本自主完成任务	有探究欲，能提出问题，在老师帮助下基本完成任务	探究欲不强，懒于思考，懒于动手，不能完成任务	

评价内容	评价标准				自评
	优 （86~100分）	良 （76~85分）	中 （61~75分）	差 （60分以下）	
小组交流能力（20%）	积极主动进行组内或组间同学交流讨论、能够条理清晰、正确展示自己的方案、任务成果，达成共识	能够进行组内或组间同学交流讨论，展示自己的方案、任务成果	能够完成基本小组间的交流，基本完成任务	不能够完成基本小组间的交流，不能完成基本任务	
分工合作能力（30%）	在小组分工合作下，各尽其责，出色完成任务，并通过小组讨论交流得到新建议和想法	在小组分工合作下，完成任务	在老师指导下分工合作，完成任务	小组内缺乏分工，出现一人包办现象，没有体现分工合作	
合计					

表1-3 **任务小组成员互评表**

姓名：　　　　　　时间：　　　　　　任务小组：

序号	考核标准	分值	组员1	组员2	组员3	组员4	组员5
1	积极参与任务，认真搜集资料，提出建议，与小组成员团结合作，对小组贡献突出	12					
2	参与任务，能搜集资料，与小组成员团结合作，对小组贡献较突出	8					
3	参与任务，基本能与小组成员合作	6					
4	参与任务，不能与小组成员合作	4					
5	合计						

表1-4 **任务评价表**

考核内容	评价标准	自评（20%）	互评（30%）	师评（50%）
1.能够结合自身特点制订网络营销学习计划和网络营销岗位职业规划，并能为中小企业制订行之有效的网络营销与传统营销整合方案，结构清晰，内容详细、完整，格式符合标准；有详细操作过程记录和分析，并能提出较新的建议	优秀			
2.能够掌握网络营销学习计划、网络营销岗位职业规划、网络营销与传统营销整合方案的编制方法，内容完整，格式符合标准；有详细操作过程记录和分析	良好			

考核内容	评价标准	自评（20%）	互评（30%）	师评（50%）
3.能够基本掌握网络营销学习计划、网络营销岗位职业规划、网络营销与传统营销整合方案的编制方法，内容较为完整，格式基本符合标准；有操作过程记录和分析	中等			
4.制订网络营销学习计划、网络营销岗位职业规划、网络营销与传统营销整合方案，内容基本完整，格式基本符合标准；有操作过程记录和分析	及格			
5.制订网络营销学习计划、网络营销岗位职业规划、网络营销与传统营销整合方案，内容不完整，格式不符合标准；无操作过程记录和分析	不及格			
合 计				

项目二　洞察网络消费者

在互联网时代，消费模式更为丰富多彩，网络消费者的需求和消费行为也发生了很大变化。如何获得消费者的青睐和选择，就成为企业在未来发展过程中的重中之重。企业在网络营销中只有精准捕捉消费者心理变化、洞察消费者行为、分析影响消费者行为的因素等，才能在产品策划、购物渠道优化、网络营销推广手段的选择等方面提供必要的决策支持，才能更好地为消费者提供满意的产品和服务。

在研究网络消费者的过程中，我们主要研究哪些人会在网上购物？他们会买什么产品？他们的消费需求有什么特点？他们在购物过程中的消费心理是怎样的？他们购买行为会受到哪些因素的影响？

学习目标

知识目标：

1. 明确网络消费者的类型、消费者的需求及消费趋势；
2. 掌握网络消费者的消费行为及其影响因素；
3. 洞察网络消费者的消费心理，并结合消费者购买决策进行分析。

能力目标：

1. 识别不同网络消费者群体消费行为的能力；
2. 分析网络消费者的消费需求的能力；
3. 探索消费者行为影响因素的能力。

素养目标：

1. 树立正确的人生观和价值观；
2. 培养学生整体营销思维和创新意识；
3. 具备良好的沟通和协调能力。

思维导图

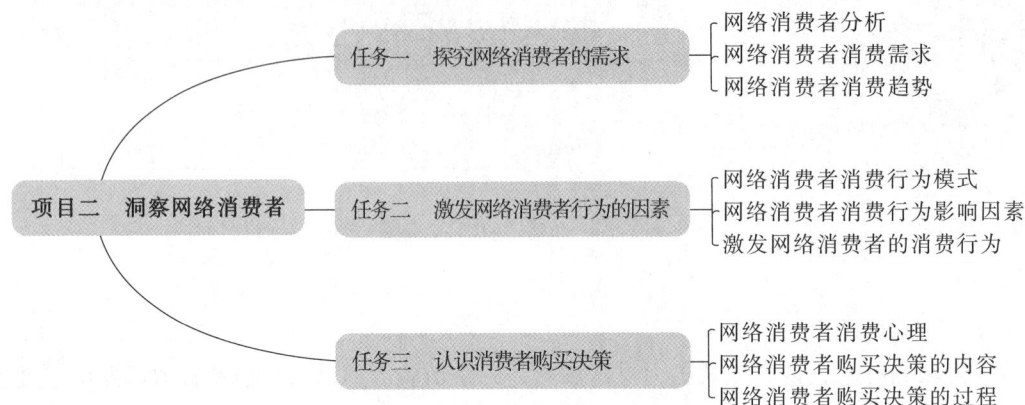

项目二　洞察网络消费者

任务一　探究网络消费者的需求
- 网络消费者分析
- 网络消费者消费需求
- 网络消费者消费趋势

任务二　激发网络消费者行为的因素
- 网络消费者消费行为模式
- 网络消费者消费行为影响因素
- 激发网络消费者的消费行为

任务三　认识消费者购买决策
- 网络消费者消费心理
- 网络消费者购买决策的内容
- 网络消费者购买决策的过程

任务一　　　　探究网络消费者的需求

 **任务描述**

　　飞速发展的互联网，深刻改变着社会的主流行为模式、人们的生活方式和消费习惯，进而影响了消费者行为。企业在制订网络营销方案时，首先就要确认消费者对什么产品感兴趣？消费者到底在想什么？消费者喜欢什么？消费者还有什么需求没有得到满足？这就需要企业首先探究消费者的需求，并研究其消费特点，从而能够制定满足消费者多方面需求的网络营销策略。

　　本任务要求根据相关知识，研究Z世代消费者的消费需求。

 **知识准备**

　　网络消费者及其网上购买行为是网络营销研究的热点问题。网民作为主要的个体消费者，是推动网络营销发展的重要力量。企业实施网络营销必须分析消费者在网上的行为特征，以便采取合适的网络营销策略和方法赢得消费者。

一、网络消费者分析

（一）网络消费者现状

　　网络消费者是指通过互联网在电子商务市场中进行消费和购物等活动的消费者人群，消费者以互联网为工具实现其自身需要的满足过程。中国互联网络信息中心（CNNIC）发布的第51次《中国互联网络发展状况统计报告》（以下简称《报告》）显示，截至2022年12月，我国网民规模达10.67亿人，较2021年12月增长3 549万人，互联网普及率达75.6%。截至2022年12月，我国手机网民规模为10.65亿人，较2021年12月新增手机网民3 636万人，网民中使用手机上网的比例为99.8%。

1.网民属性。

从性别属性上，截至2022年12月，我国网民男女比例为51.4∶48.6，与整体人口中男女比例基本一致；年龄属性上，20~29岁、30~39岁、40~49岁网民占比分别为14.2%、19.6%和16.7%；50岁及以上网民群体占比由2021年12月的26.8%提升至30.8%，互联网进一步向中老年群体渗透。我国城镇网民规模为7.59亿人，占网民整体的71.1%；农村网民规模为3.08亿人，较2021年12月增长2 371万人，占网民整体的28.9%。

2.网上购物用户规模。

截至2022年12月，我国网络购物用户规模达8.45亿人，较2021年12月增长319万人，占网民整体的79.2%。2022年，网络零售继续保持增长，成为推动消费扩容的重要力量。全年网上零售额达13.79万亿元，同比增长4.0%。其中，实物商品网上零售额11.96万亿元，增长6.2%，占社会消费品零售总额的比重为27.2%，在消费中占比持续提升。

（二）不同网络消费者群体的消费特点

不同的消费群体有不同的消费特点。青年消费者与中老年消费者从个人需求到购物习惯都会有较大的差异。当然，男性消费者与女性消费者更是不能相提并论。因为性别的差异，购物风格也会有很大的差异。我们重点从青年消费者、中老年消费者及男性消费者和女性消费者角度来分析消费者的消费特点。

1.青年消费者的消费特点。

（1）紧跟时代潮流。青年消费者内心丰富、感觉敏锐、富于幻想、勇于创新，敢于冲破旧的传统观念与世俗偏见，易于接受新鲜事物，追随时代潮流。

（2）购买欲望强烈。青年消费者有一定的经济来源和购买经验，加之没有较重的经济负担，所以购买商品的范围十分广泛。

（3）消费时常缺乏理性。青年消费者的心理特征一方面表现出果断迅速、反应灵敏，另一方面也表现出感情冲动、草率行事。

2.中老年消费者的消费特点。

（1）看重舒适与方便。中老年人视觉、听觉、味觉、嗅觉、触觉等能力较年轻时明显下降，反应迟缓、记忆力减退、睡眠减少，对冷暖等外界刺激较为敏感，容易疲劳、厌倦等，这使得他们对消费品的需求，从可选范围广泛、品种繁多逐渐集中到他们最需要、最感兴趣的商品上。

（2）较为理智与忠诚。中老年人在选购商品时，喜欢凭他们过去的经验、体会来评价商品的优劣，并对老牌子的商品、名牌商品有深刻的记忆。一般来说，老年人的消费内容主要集中在饮食、医疗保健和文化娱乐方面；消费习惯比较确定，对产品的品牌忠诚程度很高。

（3）财力较雄厚，但有时难以被说服。大多数中老年人不会因为一时的冲动而做出购买决定，较难被说服。

3.男性消费者的消费特点。

（1）比较自信、决策迅速。男性善于控制自己的情绪，处理问题时能够冷静地权衡各种利弊因素，从大局着想。

（2）动机不强，时常被动行事。通常情况下，男性消费者购买活动远远不如女性频繁，购买动机也不如女性强烈，比较被动。

（3）理智多于感情。男性消费者在购买活动中心境变化不如女性强烈，不喜欢联想、幻想，感情色彩比较淡薄。

（4）看重简单、实用。男性消费者多注重商品的质量和实用性。

（5）注重产品档次。男性消费者多具有强烈的自尊心和好胜心，购物时十分注重产品的档次和品位，较少关心价格问题。

4.女性消费者的消费特点。

（1）具有较强的主动性、灵活性。女性消费者购买动机具有较强的主动性、灵活性。如原打算购买某种商品，但若店铺中没有该商品，这时女性消费者会寻找其他适合的替代品，完成购买行为。

（2）具有浓厚的感情色彩。女性心理特征之一是感情丰富、细腻，心境变化剧烈，富于幻想、联想，因此购买动机带有强烈的感情色彩。

（3）购买动机易受外界因素影响，波动性较大。女性消费者购买动机的起伏波动较大，这是因为女性心理活动易受各种外界因素的影响，如商品广告宣传、朋友的建议等。

（三）网络消费者的类型

1.习惯型。

消费者往往忠于一种或几种品牌，对这些产品十分熟悉，信任、注意力稳定，体验深刻，形成习惯。购买时不假思索，不必经过挑选和比较，行动迅速，做决定时间短，容易促成重复购买。

2.理智型。

消费者根据自己的经验和学识判别商品，对商品进行认真的分析、比较和衡量才做出决定，在购买过程中，自主性较强，不愿意外人介入。

3.经济型。

消费者在选购商品时多从经济角度考虑，对商品的价格非常敏感。无论是购买高档商品，还是中低档商品，首先关注的是价格，他们对"特价""清仓"等低价促销最感兴趣。一般来说，这类消费者的消费行为与自身的经济状况有关。

4.冲动型。

消费者个性心理反应敏捷，客观刺激物容易引起心理的指向性，其心理反应与心理过程的速度也较快，这种个性因素反映到购买的实施时便呈冲动型。此类行为易受商品、外观质量和广告宣传的影响，一般都是以直观感觉为主，从个人的兴趣或情绪出发，喜欢新奇、新颖、时尚的产品，购买时不会反复地比较。

5.感情型。

这种购买行为兴奋性较强，情感体验深刻，想象力与联想力特别丰富，因此，在购买商品时容易受感情的影响，兴趣容易变换，对商品的外观、造型、颜色和命名都较重视，以是否符合自己的想象作为购买的主要依据。

6.疑虑型。

这种购买行为具有内倾性的心理因素，持这种购买行为的消费者善于观察细小事物，行动谨慎、迟缓，体验深而疑心大；选购商品从不冒失仓促地做出决定；听取商品介绍和检查商品时，往往小心谨慎和疑虑重重；挑选商品时动作迟缓，费时较多，还可能因犹豫不决而中断；购买时常常"三思而后行"，购买后还会疑心是否上当受骗。

7.不定型。

这种购买行为常常发生于新购买者。他们缺乏购买经验，购买心理不稳定，往往是随意购买；在选购商品时大多没有主见，表现出不知所措的言行。这类消费者一般都渴望能得到商品介绍的帮助，并很容易受外界的影响。

思维拓展

用户画像

用户画像是用来描述一个典型用户的综合特征的概念，是一个基于用户数据和行为的综合描述，包括用户的年龄、性别、教育程度、职业、兴趣爱好、购买历史等信息。通过这些数据，营销人员可以更好地理解用户的需求和购买行为，并提供更加精准的产品和服务。塑造用户画像的数据可以通过各种方式收集，包括调查问卷、社交媒体、网站分析和第三方数据。然后，这些数据可以被整理、分析和建模，以生成一个用户画像。

用户画像在电商行业中的应用主要体现在以下几个方面：

1.商品推荐：基于用户的历史购买记录、浏览记录等数据，电商企业可以对用户进行分类，从而向不同类别的用户推荐不同的商品。

2.营销活动：通过对用户画像的分析，电商企业可以更好地了解用户的消费习惯和偏好，从而设计更加精准的营销活动，提高活动的转化率和效果。

3.客户服务：基于用户画像，电商企业可以更好地了解用户的需求和问题，提供更加个性化的客户服务，增强用户的满意度和忠诚度。

二、网络消费者消费需求

随着社会经济的发展，消费观念、消费方式和消费者的地位正在发生重要的变化，消费者的行为也发生了很大的变化。消费者不再以物质消费为唯一目标，而是开始追求更多的精神满足。消费者需求（Consumer Demand）是人们为了满足物质和文化生活的需要而对物质产品和服务的具有货币支付能力的欲望和购买能力的总和。

（一）马斯洛需求层次理论

心理学认为动机是当人产生某种需求而又得不到满足时，心理上就会出现不安和紧张，进而成为一种内在的驱动力。在人类动机理论中，最著名的是马斯洛的需求层次理论。马斯洛是美国著名人本主义心理学家，于1968年提出需求层次理论，他将人类需求由低到高划分为5个层次，即生理需求、安全需求、社交需求、尊重需求和自我实现需求。他认为，每个人同时都有许多需求，这些需求的重要性不同，可按上述阶梯排列，人总是先满足最基本的需求，当较低层次的需求得到满足后才会产生较高层次的需求。

1.生理需求。

这是人类生活和生存最基本的需求。一般来说，吃、穿、住、用、行等方面的需求就属于生理需求，如果一个人的生理需求得不到满足，这个人的其他需求都会被推到次要地位。它涉及消费者最基本生活资料的获取问题。

2.安全需求。

当人们的生理需求得到满足之后，就会随之产生为避免生理及心理方面受到伤害而求得保护和照顾的需求，并为此购买相应的产品或服务，如财产安全、人身安全、职业安全、健康保健、医疗卫生保险等的需求。

3.社交需求。

在社会生活中，人们不能没有社会交往活动。人们通常都有希望被社会上某些团体或者个人接受的需求，从而使自己在精神上或心理上有所归属。这种需求促使人们致力于与他人建立感情上的联络或建立某种社会关系，如建立朋友、伙伴关系，参加某些社会团体聚会等。

4.尊重需求。

尊重需求包括自尊和受到社会尊重的需求。自尊的需求主要表现为消费者有自主、自由、自尊、自豪等方面的需求。受社会尊重的需求主要表现为消费者有受到社会认同，并要求他人给予尊敬、赞美、赏识以及承认一定社会地位的需求。

5.自我实现需求。

这是最高层次的需求，是指人们对个人价值得到社会实现的追求。例如，努力获得某种成就，尽量发挥自我潜能，追求崇高理想的实现等。这种需求在其他需求都得到满足之后才有可能产生，是最高层次的需求。

对于企业来说，理解消费者的需求是至关重要的。马斯洛需求层次理论提供了一种分析消费者需求的框架，企业可以根据理论的五个层次来分析消费者的需求，制定相应的产品和市场策略。例如，在满足消费者的生理需求和安全需求方面，企业可以提供健康食品和安全可靠的产品；在满足社交需求和尊重需求方面，企业可以提供社交平台和个性化服务；在满足自我实现需求方面，企业可以提供教育培训和职业发展机会等。同时企业可以根据理论的五个层次来制定品牌塑造和营销策略。例如，在品牌塑造方面，企业可以通过强调产品的安全可靠性和社交价值来满足消费者的安全需求和社交需求；在网络营销策略制定方面，企业可以通过强调产品的高端品质和个性化服务来满足消费者的尊重需求和自我实现需求。

（二）网络消费者消费需求特点

1.个性化需求成为主流。

随着中国经济的迅猛发展，消费者已经从单一的需求即"吃得饱、穿得暖"向"吃得好、住得好、过得好"的需求转变。消费者购买产品不再单纯地为产品功能或功效付费，而会更多地考虑情感和附属价值。消费者也更青睐个性化、定制化商品，与"我"有关的各种产品和设计，增加与消费者之间的情感关联，能够真正深入到消费者个体的情感世界。例如：旺旺的民族罐和职业罐，让消费者通过购买商品找寻身份和价值认同感。与"我"有关，商品上的人物就是"我"的写照，符合"我"的群体特性。互联网的迅速普及以及科技的高速发展，使得企业满足网络消费者个性化消费需求成为可能。因此，在网络时代，个性化消费成为消费的主流。

2.消费需求的差异化。

随着生活水平的提高和新时代消费观念的转变，中国消费者的需求也发生了变化，用户从基于功能、价格为主的刚性需求演变成基于品质、体验、价值主张等多种因素的弹性需求。用户更看中的是产品的品质，也更倾向于精品。不仅仅是消费者的个性消费使网络消费需求呈现出差异性；不同的网络消费者因其所处的时代、环境不同，也会产生不同的需求；不同的网络消费者，即便在同一需求层次上，他们的需求也会有所不同。

3.消费需求的多样化。

随着时代变迁、科技进步、收入提高，网络消费者的需求一般会经历一种由低到高、由粗到精的发展过程。特别是由于科学技术的迅猛发展，新产品层出不穷，产品生命周期日益缩短，连同网络市场竞争的加剧，产品的流行色、流行样式变化更快，导致消费者需求愈加多样化。

4.消费需求的可诱导性。

消费者购买商品时往往缺乏相应的产品知识和市场知识，其购买行为容易受宣传、包装、广告、直播等营销因素的影响，这些都可能使消费者的需要发生变化。消费者的购买行为往往具有自发性、冲动性，相应地具有较大程度的可诱导性和可调节性。

5.消费主动性增强。

消费主动性的增强来源于追求心理稳定和欲望平衡。在消费者产生购买欲望后，单向式的营销会给消费者带来心理上的不安与厌倦。因此，网络消费者常常通过不同渠道获取自身所需产品信息，在反复地比较之下获取自身消费的平衡感，并试图借此来降低网络购物的风险，最大程度地增强对购物的信任感与满足感。除此之外，消费者还会自发参与到营销过程中，对整个购买过程进行一系列的参与。从产品的设计、制造到运送各方面都能够体现消费者的主动性。

6.对购买便利性的需求与对购物乐趣的追求并存。

购买便利性是影响消费者购买行为的一个重要原因。一般而言，网络消费者的购买成本除了货币成本外，还有体力成本、精力成本等。网络为消费者提供了便利的交易平台，也促使消费者对便利性有了更高的追求。此外，现代人生活方式的改变，使人与人之间面对面的沟通越来越少，因此通过网上购物，网络消费者除了能够满足购物需求，也减少了心理孤独，满足了他们的心理需求。

三、网络消费者消费趋势

1.理性消费的回归。

电子商务的发展在很大程度上已经满足了大众消费需求。消费者对产品的品质要求越来越高，心态逐渐回归理性，不再盲目跟风采购。同时随着使用场景和需求的减少，经济压力和生活不确定性的增加，消费者的消费观念和消费行为更加趋于务实理性。回归理性消费已是大势所趋，"回归理性、更有计划地消费""在选择产品、生活方面追求实用主义"成为消费者的主要消费倾向。

2.追求悦己消费。

随着人们经济收入的增长以及生活水平的提升，商品和渠道选择也日益增多，网络消费者除了追求物质需求的满足，也希望获得身体和心灵上的满足与愉悦，追求悦己体验。"悦己型消费"的崛起，不仅从个体的经济行为层面反映出时代变迁，也代表了人们对于美好生活的向往。中国消费者购物时更愿在最大能力范围内取悦自我，尤以年轻人为甚，这也是"悦己型消费"兴起的原因之一。《2022年中国女性消费报告》显示，2022年，平台上女性消费者整体成交额增速大幅领先男性，其中营养保健、珠宝首饰和服务消费增速位居前三，充分显示了女性"深度悦己"的消费趋势。

3.国产、国潮产品更受青睐。

随着"中国制造"持续转型升级，新技术、新工艺以及新理念的提升和确立，国货的品质已然向国际标准看齐，"中国制造"性价比更高的看法正在得到越来越多消费者认同。"国潮"产品受青睐，是因为产品中蕴含着丰富的文化创造力，涌动着将传统文化之美和当下生活之用结合在一起的文化生命力。从新锐化妆品到新款手机，从网红食品到创意服装，当国货变为"国潮"时，不断涌现的各类国货新品吸引了众多年轻消费者的青睐。以"90后""00后"为代表的年轻人已然成为国货消费的主力军，年轻人开始认同国潮文化，更愿意购买国货以彰显民族自豪感。

4.科技创新带来消费升级。

每一次科技进步所带来的不仅是生活水平的提升，更是各类新型消费品的百花争艳，科技与消费相结合打造出基于网络消费者核心诉求的产品。网络消费者对智能类产品的需求，让智能家电、智能健康电器、智能影音设备、智能穿戴设备、新型充电器线材和电源以及新型小家电等科技消费品获得了爆发式的增长，驱动着科技消费品行业技术不断突破、消费规模持续提升。同时消费者更加注重科技跃升带来的良好消费体验，期待人工智能、机器人、医疗科技等相关技术的成熟和应用。

5.上门服务成为新的消费潮流。

随着人们生活水平的提高、工作生活节奏的加快，"点对点"的上门服务新业态成为新的消费潮流。上门代厨、上门遛狗、上门喂猫、上门理发、上门清洁……各类上门服务形式层出不穷。"懒人经济"下的多元需求，催热了上门服务的发展，对于追求便利、追求效率的消费者而言，自然更倾向于选择"花钱买便利"，而庞大的用户需求也迅速推动行业发展。

6."新型消费"兴起。

"新型消费"是指包括一系列新业态、新模式、新场景和新服务的各类消费，可以有效满足消费者对更好产品和服务的需求，并促进消费高质量发展。新型消费不仅服务和激发着消费者的潜在需求，成为扩大内需的重要力量，更为重要的是，新型消费的发展还将线上线下有机融合的趋势、潜在的消费需求传导至产业链上游，带动着品牌消费、品质消费，引领着个性化定制、柔性化生产。但是新型消费并非一成不变，而是随着技术进步和经济社会发展水平变化而不断变化。

思维拓展

"她经济"

Quest Mobile发布的2023年"她经济"洞察报告数据显示，截止到2023年1月，移动互联网女性群体活跃用户数达到近6亿。在构成比例上，24岁以下占比24.1%，51岁以上占比31.1%，同时，三四五线及以下城市占比65.7%；而从线上高消费意愿和高价产品（2 000元以上）的消费能力上看，女性依旧远高于男性。从使用时长上看，2023年1月，女性用户月人均使用时长达到163.6小时，同比增长2.0%，在整体大盘增长缓慢的局面下，非常可观；具体到应用类型上看，短视频、社交、电商购物平台的黏性非常高，其中，女性用户在综合电商App的同比增量超过5 000万。

从具体消费价值上看，三个趋势已经非常清晰，且持续带动价值跃迁：首先，女性用户消费边界持续拓宽，除了"颜值经济"、母婴用品、家庭用品之外，汽车、酒类、体育、电竞等男性聚集度高的行业，女性用户占比也不断提高；其次，女性用户的营销场域已经形成，内容平台不仅是内容消费场、也是内容生产场，女性优质内容创作者数量持续攀升；最后，女性用户的生活消费与工作娱乐均衡发展，成为旅游、宠物市场复苏、繁荣的关键力量。

资料来源：Quest Mobile.2023年"她经济"洞察报告〔R〕.北京，2003.

任务实施

研究Z世代消费者的消费需求。

步骤一：分组复习所学知识点。

全班5~6人为一组，设1名组长，由组长带领本组同学对"探究网络消费者的需求"的知识点进行复习。

步骤二：知识掌握情况检验，小组成员研究分析Z世代消费者有哪些消费需求和消费特点。方法：通过网络资料查询、网上调研等。

1.Z世代消费者的含义。

近年来，随着消费观念的转变，年轻群体对新生事物的接纳度越来越高，而不同代际的年轻人间也表现出不同的消费习惯。

Z世代（出生于1995—2009年），也被称为互联网世代。Z世代是互联网原住民，从认知开始就接触互联网科技，对互联网有着天然的依赖。据2021年国家统计局数据，中国Z世代人群超过2.6亿，约占全国总人口的19%。其中"95后"占比近四成，"00后"和"05后"共占Z世代总体的近六成。这一群体兼具理性与个性，是企业最难讨好的消费群体。该群体成长于优渥的大环境，受教育程度高，能够主导自己的人生选择，同时认知多元、需求细分、圈层明显、专业性要求更高。在这样的成长环境下，他们拥有较高的消费能力和消费潜力，但也形成了独特的价值观。而该群体追求"自我满足""乐于尝鲜"的多元化、个性化消费需求，推动着消费市场的结构化升级，已逐步成为未来新经济、新消费、新文化的重要力量。

2.研究Z世代消费者的消费行为。

艾媒咨询发布的《2022年中国兴趣消费趋势洞察白皮书》显示，截至2021年，中国"90后"及"00后"已成为国内消费生力军，将该群体定义为"新青年"。《白皮书》数据显示，六成以上新青年以取悦自我、提升幸福感为消费核心，驱使其购买兴趣消费类产品；五成以上新青年购买兴趣消费类产品是被朋友或圈内人士"种草"，为了融入社交圈层。在消费金额上，新青年兴趣消费的平均月支出占比27.6%，近七成新青年表示可接受产品一定程度的溢价。消费者更倾向于购买设计款/IP联名款生活日用品。究其原因，IP联名款产品独特的设计、好玩有趣的风格对新青年独具吸引力，而品牌发展IP策略的关键在于识别和挖掘IP的价值和影响力，并将其设计打造成为"好玩"的产品。除IP外，产品的创意性、趣味性同样值得消费品牌深耕，"好玩"的产品才能吸引新青年的目光。在2022年中国新青年消费者选择购买IP联名款的生活日用品的原因中，70.3%消费者表示喜欢IP，有归属感、满足感，59.3%消费者表示深度定制，设计走心，44.4%消费者表示定制特别，与众不同。

3.分析Z世代消费者的消费特点。

随着Z世代开始步入职场，他们日益成为消费的中坚力量。他们兼具理性与个性，爱追爆款同时也有自己的消费主张，他们在移动互联网时代有着极高的话语权，他们创造了潮流，影响着消费变革，激发了科技与创新的活力。Z世代在消费行为上有着非常明显的代际特征，主要表现为如下特点。

第一，追求便利，喜欢独处。Z世代中绝大多数是独生子女，独特的成长环境，导致他们很多时候会追求独处、便利的体验，与之而来的是有很多专门为这个人群而生产的消费品，如自热火锅、自嗨锅等方便食品；另一方面，他们有很多时间花在社交网络或者在线娱乐上，线下他们也希望有群体互动，所以线下有很多打卡或潮流聚集地；而在家里，他们可能也会有自己的虚拟玩伴如手办、电子宠物等。

第二，喜欢研究评论和互动。Z世代受教育程度高，对感兴趣的事物或消费对象会主动去研究和评论，且喜欢与网友互动。因此无论是小红书还是B站，他们的评论区都非常欢乐，也有很大信息量。

第三，追求健康、绿色、"颜值即正义"。Z世代的成长环境在经济上较为宽裕，消费时不只是追求温饱或性价比，还会追求一些更有社会意义的东西。例如，Z世代食品饮料消费逐渐偏向健康、品质，"低脂、低卡、低糖"成为具有吸引力的标签。Z世代与前几代人相比，更加看重消费和体验的质量，追求个性化和多样性，更愿意为内容付费，但对内容的要求也更为严苛。

第四，追求个性、与众不同。因为他们的成长环境和经历不同，所以他们较前几个世代更加强调对美和品位的追求。具体表现为，很多Z世代消费产品的颜值都很高，外观的设计非常新颖和引人入胜。归根结底，这一代人相当追求个性和与众不同。

第五，愿意为自己的喜好付费。半数的Z世代年轻人认为花钱是为了开心和享受，认为只要符合喜好就愿意支付高价格，比如近几年比较火的盲盒经济，神秘款盲盒可以炒到普通盲盒的几十倍或者几百倍，可以看出Z世代对于心仪的产品在价格上有极高的包容度。

第六，具有强烈爱国情感。Z世代消费者拥有强烈的情感和爱国情怀，他们对中华文化有着强烈的认同感和自豪感，并期望它能够走出国门，发扬光大，他们作为支持国潮国货的主力军，对国潮国货有着强烈的包容心和期待。

任务测评

一、单项选择题

1.当人们的生理需求得到满足之后，就会随之产生为避免生理及心理方面受到伤害而求得保护和照顾的需求，即（   ）。

A.社交需求   B.安全需求

C.尊重需求   D.自我实现需求

2.（   ）消费者指消费者往往忠于一种或几种品牌，对这些产品十分熟悉，信任、注意力稳定，体验深刻，形成习惯。购买时不假思索，行动迅速，时间短，容易促成重复购买。

A.习惯型   B.疑虑型

C.不定型   D.理智型

3.以下（   ）不属于女性消费者的消费特点。

A.具有较强的主动性、灵活性

B.具有浓厚的感情色彩

C.购买动机易受外界因素影响，波动性较大

D.看重简单、实用

二、多项选择题

1.网络消费者消费需求特点有（   ）。

A.个性化需求成为主流   B.消费需求的差异化

C.消费需求的多样化   D.消费主动性增强

E.消费需求的可诱导性

2.中老年消费者的消费特点有（   ）。

A.看重舒适与方便。   B.较为理智与忠诚

C.购买欲望强烈   D.财力较雄厚，但有时难以被说服

3.有关尊重需求表述正确的有（   ）。

A.尊重需求包括自尊和受到社会尊重的需求

B.主要表现在消费者有自主、自由、自尊、自豪等方面的需求

C.表现在消费者有受到社会认同接受

D.要求他人给予尊敬、赞美、赏识以及承认一定社会地位的需求

三、简答题

1.简要分析网络消费者消费趋势。

2.网络消费者的类型有哪些？

任务二　　激发网络消费者行为的因素

任务描述

随着互联网的普及，消费者的消费行为发生了巨大变化。越来越多的消费者选择网上购物，企业需要适应这一变化，利用网络营销来吸引和留住消费者。那么网络消费行为是如何产生的呢？其消费行为又会受到哪些因素的影响呢？

本任务要求小组成员列示消费者洞察的步骤和方法。

知识准备

近年来，互联网的兴起深刻改变了消费者的消费习惯和消费方式。同时，网购信息、价格、时间和空间的优势也给消费者带来了极大的便利。互联网创新了商品分享的渠道和

模式，在线评价系统的出现使消费者的行为更加自主、理性、个性化，具有很强的独特性。

一、网络消费者消费行为模式

美国市场营销学会（American Marketing Association，AMA）认为："消费者行为是感知、认知、行为以及环境因素的动态互动过程，是人类履行生活中交易职能的行为基础。"美国消费者行为研究专家韦恩·霍依尔认为消费者行为反映了消费者个人或群体获得、消费、放弃产品、服务、活动和观念的所有决策及其发展。所以消费者行为至少包含三个方面：消费者行为是动态变化的；消费者行为不仅仅是个行为过程，它还包含了感知、认知、行为以及环境因素的互动结果；消费者行为涉及交易。总体来说，消费行为是指消费者的需求心理、购买动机、消费意愿等方面心理与现实诸表现的总和。

作为消费者，每天都会有大量的消费行为，而网络购物的出现，使消费者的消费观念、消费方式和消费地位发生了重大变化。网络附带的强大信息处理能力，为消费者挑选产品提供了广阔的选择空间；网络自身固有的数据反映同步性、隐蔽性和数据收集与处理的原始性等特征，使企业在收集消费者行为相关信息时具有十分明显的优势。一般来说，消费者行为可以帮助营销人员制定具体的产品规划和更为广泛的市场细分、目标制定和定位的战略，还可以为产品、促销、价格和地点等决策提供更多的信息支持，以便企业能够制定消费者导向的营销策略。下面我们从消费者的消费行为模式入手，了解消费者在消费过程都会出现哪些行为。消费行为模式包括AIDMA模型、AISAS模型、SICAS模型和5A模型。

（一）AIDMA模型

AIDMA模型是美国的E.S.刘易斯在1898年提出的。它总结了消费者在购买商品前的心理过程。消费者先是注意商品及其广告，然后对某一种商品产生兴趣，继而产生出一种需求，最后是记忆及采取购买行动。即消费者从接收产品信息到购买该产品，大致需要经历5个心理阶段。这5个阶段分别是：Attention（引起注意）、Interest（产生兴趣）、Desire（产生欲望）、Memory（形成记忆）、购买行动（Action）。在传统媒体时代及互联网发展初期，信息大量不对称，AIDMA模型一直在有效地指导着广告创意和投放的营销策划，具有效果直接，且见效快的特点。企业通过各类媒体投放大量广告，吸引更多的关注流量。

A：Attention——引起注意

广告必须能够吸引受众的注意力，依赖于好的创意的广告能引起受众的某种心理共鸣。所以，很多商家为了销售产品，在前期做宣传的时候，会请名人做广告，策划特别的广告词，利用盛大的场面，甚至是制作花哨的卡片等，都是为了吸引消费者的注意。

I：Interest——产生兴趣

当消费者的注意力被吸引时，商家就已经成功了第一步。在获得的共鸣、注意力基础上，广告内容能让受众产生信息互动的兴趣。所以企业往往会制作详细且精美的商品海报。

D：Desire——激发购买欲望

在受众对产品产生试一试的想法之后，就会激发强烈的试用需求欲望。让消费者产生欲望的方法，往往是用打动内心的话术直戳用户痛点。例如推销茶叶的人员要随时准备茶具，给顾客沏上一杯香气扑鼻的浓茶，顾客一品茶香，体会到茶的美味，就会产生购买欲。

M：Memory——留下记忆

决定购买是大脑的意识，当然要先让大脑形成记忆。形成记忆也是再次购买的重要因素。所以需要反复刺激受众的神经，使之潜移默化地将需求与产品相结合，并逐步形成持久的记忆。

A：Action——做出购买行动

唤起用户行动到指定渠道去购买并消费产品，最终真正地获得产品的效用。

（二）AISAS模型

在互联网Web 2.0时代，消费者花在互联网上的时间逐渐超过传统媒体，商家投入到互联网的广告营销费用不断上涨，互联网已经对生活和消费产生了规模化的影响。互联网为消费者主动获取信息提供了条件，使消费者有机会从多种渠道获得详尽的专业信息，进行相对"明白"的消费。在这个背景下，日本电通广告集团于2005年率先对传统的AID-MA模型进行了重构，提出了AISAS模型，引入了互联网的2个典型行为模式：搜索与分享。即当广告引起消费者的注意和兴趣后，消费者会主动对品牌和商品信息进行信息搜索，继而产生购买行为，并通过社交媒体进行消费体验分享。这充分体现了互联网对人们生活方式和消费行为的影响与改变。

A：Attention——引起注意

AISAS的前两个阶段和AIDMA模型相同，都是吸引用户的注意和兴趣，但是相较于传统的实体经济购买行为中通过花哨的名片、提包上绣着广告词等被经常采用的引起注意的方法，互联网上吸引用户注意的渠道要多得多，也要精准得多。从渠道来看，各种公众号、自媒体、短视频等内容媒体，信息流、竞价等效果广告等等，从多个渠道触达消费者，吸引消费者的注意力。这比起传统的品牌广告、纸媒的传播范围要更广，针对的目标人群也会更准一些。当然，真正的精准用户还得通过第二阶段来进一步筛选。

I：Interest——产生兴趣

这一个阶段依旧与AIDMA模型相同，在传统的方法中，一般使用的方法是精制的彩色目录、有关商品的新闻简报来吸引消费者的兴趣。但是在互联网时代，消费者被各种粗制滥造的硬广告砸得失去了兴趣，对于一般的广告有了疲劳感，所以软植入型广告的转化效果会好得多。所以即便是信息流广告，也越来越接近原生广告，以融入用户的阅读体验为主。在这一方面，就可以依靠一个成熟的内容运营团队，通过强有力的内容，去输出企业的价值和产品。例如抖音、快手等短视频平台，转化率就比较高。

S：Search——主动搜索

在经过前两个阶段后，目标人群对产品有一定的兴趣后就会产生搜索行为。他们会通过线上或者线下渠道来收集产品的相关信息。当然，线上搜索信息效果会比较便捷一些。他们会通过搜索引擎等方式去搜索产品的口碑和评价。所以企业应当做好搜索引擎优化，同时引导用户进一步地了解产品的特性，影响用户的购买决策。

A：Action——做出购买行为

这个阶段是AIDMA模型的最后一个环节，也就是行动。换成消费者的行为来说就是购买，消费者在收集了足够的信息之后，如果对产品比较满意的话，就开始付诸行动了。

消费者不像以前一样只能到店进行消费，新零售场景可以让消费者无论何时、何地通过任何的渠道和何种的支付手段都能够进行购买，这也无疑降低了消费者购买的决策门槛。

S：Share——对外分享

在传统的购物当中，行动完就已经结束了，但是在AISAS模型当中，在购买结束后还有一个分享环节。传统营销中的用户受限于分享的渠道和分享的成本抑制了分享的欲望，而互联网使得分享的欲望得到释放。由用户向身边的人去推荐产品，会比用营销活动去展现产品，效果要好得多，这个也就是口碑传播。分享步骤是现代营销区别传统营销的重要环节。用户在进行决策分析的每一个环节，都可能会产生分享的冲动，所以需要做好用户的分享路径，同时有意识地引导用户去分享。

AISAS模型也有适用的局限，这个模型一般适用于价格高、需要小心决策的商品，对于价格低的商品，一般来说不需要那么复杂的决策过程。而商家也应该尽可能地缩短用户的决策路径，因为用户可能在每一个环节流失。

（三）SICAS模型

移动社交互联网之前，用户与企业之间的认识过程是从"用户被动接收企业产品信息与购买产品服务"发展到"用户被动接收企业产品信息后主动搜索了解更多、购买和用后分享"，相应地，产品销售模型也从AIDMA发展到AISAS，但是这两个发展阶段都是靠广告驱动用户关注的，非常依赖于广告等传播营销方式的信息单向传递。然而在移动互联网时代，用户获取产品信息的过程不再限于主动搜索的过程，而是关系匹配、兴趣认同、需求响应的过程。企业传播的方式也随之发生改变，不再是广而告之地传播产品信息，而是在全网上激发、点亮那些兴趣认同的用户感知企业发布的产品信息，从而建立连接、沟通对话，直至最终的购买行动和使用的口碑分享。由此，新的用户消费心理变化轨迹对应的销售模型SICAS应运而生。

S：Sense——相互感知，即品牌商家-用户相互感知，在品牌商家与用户之间建立广分布、多触点的感知网络，强调企业要建立与用户的感知网络，主动感知用户需求，以此掌握与用户互动中的主动权。

I：Interest & Interactive——产生兴趣和形成互动，主要在于企业所表达的内容和表达的形式能否契合用户的心理需求，形成兴趣共振。该模型认为企业开展营销要从用户角度出发，配合用户兴趣点或引导用户产生兴趣。

C：Connect & Communicate——建立连接和互动沟通，企业的业务网络与用户的沟通网络互联互通。该模型强调企业要建立与用户连接的最优路径，并不断深化与用户的互动联系，形成强有力的连接关系，以达到实时管理、及时响应、有效沟通的目的。

A：Action——促成行动，互联网服务架构内的各类媒介均可能成为购买行为的通道，因此企业要做好渠道支撑和付费触点建设。

S：Share——扩散分享，互联网信息的碎片化和开放性让体验、分享能够在用户中动态流转，使其从消费的末端逐步过渡为消费的源头。该模型强调企业要关注用户体验，引导用户分享。

SICAS是对AIDMA模型和AIASA模型的全面革新和升级，在传统媒体时代与互联网初期，行业广泛奉行的是AIDMA，强调以媒体为中心，向用户单向传递信息。在Web 2.0时代，基于搜索和分享应用的出现，用户行为由被动变成主动，AISAS通过"搜索"与

"分享"实现消费者间信息的传递与渗透。在 Web 3.0 时代，SICAS 提供全面、精细化消费者行为模式（如图 2-1 所示）。

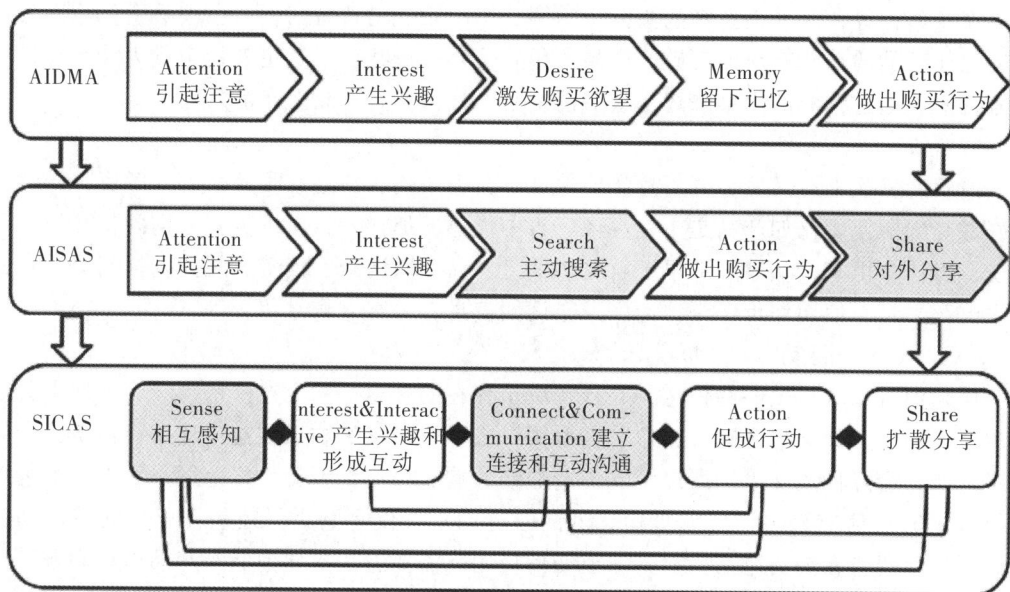

图2-1　用户消费行为模式变革

（四）5A 模型

菲利普·科特勒在他的《营销革命 4.0》中，提出了"5A"用户行为路径，即了解（aware）、吸引（appeal）、问询（ask）、行动（act）、拥护（advocate）（如图 2-2 所示）。他认为在互联网时代，消费者的购买路径发生了变化，消费者购买产品时，不再轻易地相信商家，而会选择通过互联网问询他人，并拥护喜爱的产品。

图2-2　"5A"用户行为路径图

1A：Aware——了解

让消费者了解产品，这是消费者购买路径的起点。消费者要购买一个产品，首先是了解过它。消费者往往被动地接受着来自过去经验、营销互动和其他人的体验等多方面的各种产品信息，比如看到广告或是刷短视频时，看到主播的介绍，或者生活中朋友的介绍。

2A：Appeal——吸引

消费者知道了产品之后，如果产品有特色，就会被吸引，对产品产生兴趣，如点击广告、观看评论等，这是消费者购买路径的第二个阶段。消费者为什么会被吸引？原因有很多，比如产品的功能有新的突破，产品的包装设计很有特色。这也就是企业为什么要进行内容营销，通过精彩的内容陈述来吸引消费者，让消费者喜欢上产品。

3A：Ask——问询

消费者喜欢上产品后，并不意味着他一定会下单购买，还有很多疑惑要解决，同时受到好奇心的驱使，比如产品是不是真像广告中描述的那样好，所以他会去询问，从家人和朋友、媒体甚至直接从品牌那里了解更多信息。而互联网给了消费者便捷的询问渠道，比如去电商平台看使用评价，去评论区发布询问信息，去官方账号留言等。

4A：Act——行动

如果消费者获得足够的信息，并且解决了存在的疑惑，就会选择购买。当消费者喜欢且相信产品后，他会想到购买，但怎么购买？去哪里购买？如果在这个环节让消费者产生疑问，那就会降低成交率。所以，要创造顺畅的购买渠道，不管是线上还是线下，当消费者想购买时，他应该知道去哪里购买。同时行动不仅仅是购买，还包括以后的使用和服务。比如消费者在购买产品后，不知道如何使用，需要怎么指导他们？产品出现问题，要怎么解决？因此企业要创造良好的交互体验，让消费者享受美好的服务体验。

5A：Advocate——拥护

良好的产品体验和服务体验，会使客户越来越忠于品牌，再次购买产品，并推荐给其他人。

在社会化媒体时代，要得到消费者的拥护不仅体现在复购率上，还体现在推荐率上。比如在朋友圈里转发一条产品体验信息，就可以影响几十人甚至上百人。所以，要创造更多的用户体验，让消费者拥护企业及企业的产品，比如通过社群，帮助消费者解决相关问题，为企业创造更多价值。

思维拓展

老年人群成为电商的重要"战场"

作为消费人群之一的银发群体，他们的消费习惯与偏好，给新消费品牌提供了机会。《2023快手电商年货消费洞察报告》显示，"银发族"同样成为年货节消费的一股新力量，也是目前各大电商重点瞄准的一个购物人群。相较于悦己型消费，居家清洁日用、粮油调味等日常生活用品更受"银发族"偏爱，除了给自己的居家生活带来便利，老年人还喜欢给儿孙购买奶粉、玩具、图书等，老年人群逐渐成为电商的重要"战场"。与此同时，以中老年群体为核心目标用户的直播间数量也在同步增长之中。中老年人在直播间消费的频次越来越高。而为了方便老年用户，顺应适老化改造，抖音、今日头条、微信、京东、淘宝、拼多多等40多款App，陆续推出"长辈模式"，从简化信息、简化支付流程、放大字体、上线语音助手等方面着手，降低中老年人上网门槛。"银发经济"成为当前一条火热的赛道。

二、网络消费者消费行为影响因素

消费过程是一个动态的过程，而且消费者的购买决策会受到环境等方面因素的影响，客户的消费心理会随着情况的变化而变化。消费者的购买行动是消费者在一定的环境条件下，通过与营销人员、产品的交互作用而最终完成的。在消费的过程中，消费者的行为要受到个人因素以及个人以外的社会、文化、环境等因素的影响，也会受到家庭、参照群体、社会阶层和文化水平等因素影响。分析影响消费者购买行为的因素，对于企业正确把握消费者行为，有针对性地开展网络营销活动，具有极其重要的意义。

（一）消费者自身因素

消费者购买行为首先受其自身因素的影响，这些因素主要包括：

1.消费者的经济状况，即消费者的收入水平等。消费者的经济状况会强烈影响消费者的消费水平和消费范围，并决定着消费者的需求层次和购买能力。消费者经济状况较好，就可能产生较高层次的需求，购买较高档次的商品，享受较为高级的消费。相反，消费者经济状况较差，通常只能优先满足衣食住行等基本生活需求。

2.消费者的职业和地位。不同职业的消费者，对于商品的需求与爱好往往不尽一致。消费者的职业和地位不同也影响着其对商品的购买。身在高位的消费者，将会购买能够显示其身份与地位的商品。

3.消费者的年龄与性别。消费者对产品的需求会随着年龄的增长而变化，在生命周期的不同阶段，相应需要各种不同的商品。如在幼年期，需要婴儿食品、玩具等；而在老年期，则更多需要保健和延年益寿产品。不同性别的消费者，其购买行为也有很大差异。烟酒类产品较多为男性消费者购买，而女性消费者则喜欢购买时装、首饰和化妆品等。

4.消费者的性格与自我观念。性格是指一个人特有的心理素质，通常用刚强或懦弱、热情或孤僻、外向或内向、创意或保守等去描述。不同性格的消费者具有不同的购买行为。刚强的消费者在购买中表现出大胆自信，而懦弱的消费者在挑选商品时往往犹豫不决。

（二）社会因素

消费者行为亦受到社会因素的影响，它包括消费者的家庭、参照群体和社会阶层等。

1.家庭。家庭是消费者个人所归属的最基本团体。在消费领域上，家庭作为最主要的参照体，对个人的消费观念和消费行为的影响是十分显著的。而不同的家庭角色，在消费心理上的表现也有着巨大的差别。一般地，家庭成员的结构状况影响着家庭消费需求的重点、消费动机的类型以及消费能力的大小，而不同的家庭角色在整个的购买决策过程中，又起着各自不同的作用，产生着不同的影响。同时消费者行为深受家庭生命周期的影响，一个典型家庭生命周期通常包括单身阶段、新婚阶段、满巢阶段、空巢阶段和鳏寡阶段。每一个生命周期阶段都有不同的购买行为。虽然家庭成员扮演不同的角色，但其消费心理则是受家庭成员的综合因素影响。各个家庭成员在同一个家庭环境中待久了，就会形成相似的消费心理，拥有同样的消费习惯。

2.参照群体。个人的消费行为受到许多参照群体的影响。直接影响的群体称为会员群体，包括朋友、邻居、同事等主要群体和宗教组织、专业组织和同业工会等次级群体。参照群体对消费者心理的影响主要表现在以下几个方面：

（1）参照群体为消费者展示了各种新的消费行为，使消费者获得很多可供选择的消费方式。不同的消费群体之间，其消费行为有着很大的差别，他们的言行为缺乏消费经验的人们提供很多可以参考的经验，使其在购买时有一定的心理依据。例如：都市白领的生活消费特点是高层次、多样化，追求新潮和品牌；而文职人员则更崇尚内涵和审美，穿着朴素简洁；这些不同的消费行为通过各种形式传递给消费者，为其提供了模仿的对象。

（2）参照群体可以引起消费者的仿效欲望，从而影响消费者对商品的消费态度。人们有一种很普遍的社会心理叫作模仿，即个体依照一定的榜样，做出类似的行为和动作。这种心理贯穿于个人成长的整个过程，人的成长和发展就是在不断地模仿和学习的过程中实现的。因此，在消费活动中，模仿行为也是很普遍的。

（3）参照群体能够促使消费者的购买行为趋于一致。消费者对某商品的认识和评价往往会受到群体中其他人的影响，参照群体会对消费个体形成压力，迫使消费者自觉地向群体靠拢，从而使自己的行为与群体保持一致。在现实生活中，消费者在购买商品时，到底要消费什么和不消费什么，在很多情况下都要受到他们的参照群体的消费行为的影响。消费者个人在购买商品时，其对商品的态度往往不能充分肯定。

3.社会阶层。社会阶层是指按照一定的社会标准，如收入、受教育程度、职业、社会地位及名望等，将社会成员划分成若干社会层级。同一社会阶层的人往往有着共同的价值观、生活方式、思维方式和生活目标，并影响着他们的购买行为，即使收入水平相同的人，其所属阶层不同，生活习惯、思维方式、购买动机和消费行为也有着明显的差别。因此，企业和营销人员可以根据社会阶层进行市场细分，进而选择自己的目标市场。

三、激发网络消费者的消费行为

消费过程是一个动态的过程，一个产品不可能让所有用户满意，只要能够满足核心用户的需求，那就有足够的竞争力。而对于消费者而言，他们最关心的是产品或服务能为自己带来什么利益，能带来多大的利益。也就是说，一个产品或服务只要能解决他们生产生活，或工作学习中的困难，能为其带来实实在在利益，就能促使其下决心购买。所以企业的营销人员可以从如下几方面激发有购买欲望的潜在消费群体，让其尽快做出购买决策。

1.建立信任。

现代营销学强调，成交时要建立顾客对销售人员和销售产品的信任，在建立信任和引起兴趣的基础上，要检验顾客对销售访问态度的转变过程，检验顾客对销售的信任是否达到了购买欲望的程度。态度的变化是连续的，信任是可以检验的。通过倾听和询问，我们应该知道客户在听完介绍和示范后对销售有什么疑问，尤其是在重点介绍和示范之前，我们应该知道客户对主要购买动机有什么疑问。如果发现客户对销售人员不信任和担忧，就要有针对性地证明诚意。

2.加强与顾客情感。

有时候，顾客在对产品感兴趣之后仍然不购买，或者提出一些无法成立的理由。这表明，顾客缺乏欲望并非因为对产品没有兴趣或不了解，而是在情感上仍然无法完全接受销售。

如果顾客在情感上有对立情绪，那么销售人员无论如何介绍产品都不可能激发顾客的购买欲望。所以，销售人员在检验到顾客在情感上仍然有负面心态时，不应该急着介绍产品，而应该再次对顾客的问题、困难、情况等表示同情和理解。此时需要重新建立顾客信任，重新理解销售人员愿意为他们服务的愿望。建立信任、交流情感的方法主要就是真诚。

3.多方诱导顾客购买欲望。

一般来说，当顾客考虑是否购买产品时，他们总是权衡利弊。只有当顾客意识到产品的许多好处时，才能有强烈的购买欲望。因此，销售人员应该从多方面举例，详细描述获得产品的好处。也就是说，在推销的第三阶段，应站在客户的立场上，介绍和研究产品的利益和收获，引导客户想象购买产品后的各种好处和不购买的各种遗憾，达到激发客户购买欲望的目的。

4.充分说明，刺激顾客的购买欲望。

诱导是从情感上激发顾客的购买欲望，而充分的说明是用理性来激发顾客的购买欲望。

充分说明的方法是提供充分的证据。销售产品时，销售人员必须向顾客提供准备好的证据。这些证据包括：权威组织部门的鉴定和验证文件、技术和职能部门提供的信息、数据和认可证书、权威人士的指示和意见、购买和使用者的验证、鉴定文件、批示、意见等。此外，还有相关部门颁发的证书、奖状、奖章等。

5.用展示来激发顾客的购买欲望。

销售是顾客和销售人员共同参与的活动。当销售人员介绍产品时，顾客愿意花时间看销售人员的展示，说明他确实有潜在的需求。此时，销售人员应该抓住最好的成交机会。值得注意的是，展示不是产品特性的说明，而是刺激顾客决定购买的欲望。展示是指在引导顾客购买产品之前，通过实物观察、操作，让顾客充分理解产品的外观、操作方法、功能和给顾客带来的利益，最后达成成交的目的。

思维拓展

用户痛点

想要消费者购买产品就需要抓住消费者痛点，用户痛点是消费者心里对产品或服务的期望和现实的产品或服务对比产生的落差而体现出来的一种"痛"。比如针对消费者续航焦虑，采用硅碳负极电池材料，实现电池容量大幅提升；为解决用户抓拍总是拍不好等问题，用鹰眼抓拍功能带来更清晰、对焦更准确、成片更快速的体验。挖掘用户痛点，其实并没有捷径可走，最简单和有效的一个方式就是去体验用户的体验，感受用户的感受。在体验中尝试去提炼和捕捉真实的痛点。挖掘消费者的痛点可以从细分消费者开始，聚焦不同的消费场景，从消费者的角度去思考，去体验消费者使用产品的全过程，找出消费者真正需要的是什么。

任务实施

步骤一：分组复习所学知识点。

全班5~6人为一组，设1名组长，由组长带领本组同学对"网络消费者的行为"的知识点进行复习。

步骤二：知识掌握情况检验。小组成员研究分析企业应该如何洞察消费者，从哪些方面着手。

1.了解企业洞察消费者的目的。

对所有为客户提供产品和服务的企业来说，消费者洞察是获得企业发展的重要参考信息的手段。不管是涉及产品研发、产品推广还是企业定位和企业发展的问题，企业要做出正确的决策，都需要准确的消费者洞察。从当前市场的消费者画像中，企业可以确定自身产品是否打入了期望的细分市场，实际消费者与期望消费者有什么差别，从而调整市场战略。从消费者的购买体验中，企业可以找到产品质量和企业形象的改进方向。从消费者的需求和欲望中，企业可以改进自身产品迎合消费者需求的变化，也可以根据消费者的需求集中开发新产品，抢占新的市场。

2.对企业的消费者分层。

一般来说，可以通过人口统计学的特征描绘出一个比较笼统的消费者画像，再去通过心理和消费行为进行下一步细分。人口统计学的细分主要有以下七个变量：性别、年龄、健康状况、职业、婚姻、文化水平、收入水平；心理细分则是根据消费者的生活方式、个性特点或价值观来划分不同的群体，行为细分则是根据其对产品的认识、态度、使用情况等来划分为不同的群体。

3.分析企业消费者的消费场景。

消费痛点往往和消费场景相伴相生，因而消费场景是消费转化最关键的一步，消费者在什么时间、什么地点因为什么痛点或需求使用你的产品或服务，是消费者洞察必须考虑的因素。

步骤三：通过哪些方法获取消费者数据。

1.问卷调查法。

问卷调查是最常见的调查方法，具有节省时间、人力和体力以及调查结果更加容易量化的优点。对于初步的消费者调查，问卷调查法是非常高效便利的手段，但由于问题设计对结果的影响以及受访者难以控制，回收结果的可信度较难保证。

2.深度访谈法。

深度访谈法与小组座谈会类似，都是通过与消费者直接的交谈来获得相关的信息。但相对来说，深度访谈更有利于获得更深层的信息，尤其对于跟踪消费者对产品的使用情况，深度访谈往往能获取更多有价值的意见，而其缺点就是调查结果受样本影响大，并且难以扩大样本量。

3.大数据。

对于一些互联网企业来说，数据本身的价值甚至超过了当前产品的价值，因为产品的生命是有限的，但数据是可以不断循环利用的资源。但对于刚起步的产品或品牌来说，这方面的数据可能有所欠缺，可以选择向第三方供应商购买相关的服务和数据。

4.行业调查报告。

一般的小企业或小品牌所进行的消费者洞察，往往由于资源和资金的限制而导致调查结果有局限性，比如受地域的影响、样本规模不够大等等。这种情况下，由专业的行业调查机构和数据咨询商提供的调查报告会有更高的参考价值。

步骤四：分析消费者数据。

在获取了有用的消费者数据之后，我们就要进行深入的分析以获得有价值的结论和思考。分析消费者数据是一个庞大且系统的工程，我们可以根据洞察的目标有选择地使用一些理论模型来帮助分析和理清逻辑。如对于一般的快消品，可以使用早期针对消费者进行研究的模型——AIDMA模型。

任务测评

一、单项选择题

1.在互联网Web 2.0时代下的消费行为模型是（　　　）。

A.AISAS模型　　　　　　　　　　　　B.5A模型

C.SICAS模型　　　　　　　　　　　　D.AIDMA模型

2.菲利普·科特勒在他的《营销革命4.0》中，提出的"5A"用户行为路径，即了解、吸引、问询、行动和（　　　）。

A.分享　　　　　　B.兴趣　　　　　　C.拥护　　　　　　D.注意

二、多项选择题

1.AISAS模型，引入了互联网的2个典型行为模式，分别是（　　　）和（　　　）。

A.兴趣　　　　　　B.搜索　　　　　　C.行动　　　　　　D.分享

2.网络消费者消费行为影响因素中消费者自身因素有（　　　）。

A.消费者的经济状况　　　　　　　　　B.消费者的职业和地位

C.消费者的年龄与性别　　　　　　　　D.消费者的性格与自我观念

三、简答题

1.简要说明AIDMA模型。

2.简述激发网络消费者的消费行为的方法。

任务三　　认识消费者购买决策

任务描述

随着市场需求不断被刺激，商品种类不断增多，竞争也随之愈加激烈，各种碎片化的广告信息铺天盖地，各类促销活动层出不穷，琳琅满目的商品在满足消费者需求的同时，也大大提升了消费者购买决策过程的复杂性。在消费活动中，因所购产品类型、购买者类型的不同而使购买决策过程有所区别。企业在制定网络营销策略过程中，首先要分析消费者的消费心理，因为消费决策会受到不同的消费心理的影响。

通过本任务的学习，我们要明确消费者存在哪些消费心理，这些消费心理对消费者决策内容及决策过程都会产生什么影响，并以购买笔记本电脑为例进行说明。

知识准备

一、网络消费者消费心理

消费心理是消费者因为一定原因而产生消费行为的一系列心理活动，不同年龄、性别、经济状况，以及处于不同生活环境的消费者通常会产生不同的消费需求，即便一个消费者也可能同时存在多个消费需求。企业对消费者的消费心理进行研究，可以更加准确地定位消费者的购买行为，从而制定更加符合消费者需求的营销策略。从品牌、定位到差异化，从定价、促销到整合营销，都是针对消费者的心理在采取行动。现在的营销越来越依赖于对消费者心理的把握和迎合，从而影响消费者，最终达成产品的销售。为了更好地开展网络营销，必须对网络消费者的心理变化趋势进行深刻分析。我们把消费者心理分成以下几种：

（一）求美心理

随着人们生活水平的提高，人们逐渐开始追求美的享受。在享受产品的同时，消费者更追求心理和情感上的满足。此类消费者在选购商品时不以它的使用价值为宗旨，而是注重商品的品质和个性，强调商品的艺术美。其动机的核心是讲究装饰和漂亮，不仅仅关注商品的价格、性能、质量、服务等价值，也关注商品的包装、款式、颜色、造型等外在表现。

（二）从众心理

从众心理也叫羊群效应，经济学里经常用"羊群效应"来描述经济个体的从众跟风心理。羊群是一种很散乱的组织，平时在一起也是盲目地左冲右撞，但一旦有一只头羊动起来，其他的羊也会不假思索地一哄而上，全然不顾前面可能有狼或者不远处有更好的草。因此，"羊群效应"就是比喻人都有一种从众心理。消费者在从众心理的诱导下，购买行为常常表现为聚集购买，消费者们会争相购买同一件商品，而较少评估自己对该商品的需求。在这种心理支配下的购买行为通常是无目的的、偶发的、冲动的。比如：购物时喜欢到人多的商店；在品牌选择时，偏向那些市场占有率高的品牌；在选择旅游点时，偏向热点城市和热点线路。

（三）权威心理

消费者推崇权威的心理，在消费形态上，多表现为决策的情感成分远远超过理智的成分。人们更倾向于相信有地位、专业的、有威望、受人尊敬的人，会更乐意听从他们的指挥。当客户对产品没有信心时，他们会倾向于接受专业人士的意见，而当专业人士认为这个产品没有问题时，客户就会相信这个产品的品质和可信度。常见的就是明星代言、网红直播、KOL等营销方式。

（四）占便宜心理

贪图小便宜的人在心理上都有较强烈的占有欲望，这种占有欲望在每得到一次小便宜的时候便会产生相应的满足感。在人性中，都或多或少地存在占便宜心理。商家利用消费者的这种心理，做了非常多的相应活动，如：赠品、免费体验、打折、清仓、大减价、五折起等。还有电商平台中店铺设置优惠券、达到多少金额免邮费、店铺周年庆活动满减等，这些相关的营销套路都是为了让消费者感觉到便宜，满足占便宜的心理。

（五）求实心理

在面对琳琅满目的品牌和商品时，有一部分消费者拥有足够的理智，无论广告和营销做得多么花哨，他们只选择那些效果能够看得见的、实实在在的商品。这些人不看重商品的外表，更注重它们的实用价值。这类消费者能够根据自己的需要选择商品，是一种理智的消费行为，讲究实惠，自我保护心理比较强。

（六）攀比心理

攀比心理也叫面子心理、妒忌心理。消费者购买产品的攀比心理，是基于消费者对自己所处的阶层、身份以及地位的认同，从而选择所在阶层人群为参照而表现出来的消费行为。有攀比心理的消费者，在购买产品时，产品带给消费者的心理成分远远超过实用的成分。

（七）稀缺心理

在消费心理学中，人们把由于"物以稀为贵"引起的购买行为频次提高的现象，称为"稀缺效应"。饥饿营销、限量（全国只有100套）、限时（24小时内付款）、限人数（一人只能买一件）都是利用了消费者的稀缺心理。在销售商品时，人们常使用"一次性大甩卖""清仓大特价"来引诱顾客，使顾客做出购买行为。

（八）沉锚效应

沉锚效应指的是人们在对某人某事做出判断时，易受第一印象或第一信息支配，就像沉入海底的锚一样把人们的思想固定在某处。作为一种心理现象，沉锚效应普遍存在于生活的方方面面。第一印象和先入为主是其在社会生活中的表现形式。通常来讲，人们在做决策时，思维往往会被得到的第一信息所左右，把你的思维固定在某处。而用一个限定性的词语或规定作行为导向，达成行为效果的心理效应，被称为"沉锚效应"。比如我们到奶茶店都会被问同一个问题：要大杯还是中杯？这种先发制人的话术就是设定的"沉锚"，通过设问"大杯还是中杯"而不是直接询问"需要哪种杯型"给出选择的心理暗示，从而引导你的决策。

（九）自我炫耀的心理

炫耀就是为了获得我或我们的事物比别人好的满足感而通过张扬的，甚至是挑衅的方式向外宣示的行为。自我炫耀心理的升级就是攀比心理。炫耀的人对生活和生命都缺乏安全感，他们企图通过炫耀自己来找到安全的感觉。缺乏安全感的人，一般都有过强的自尊心。但是自我的能力总是有限的，他们在认为自己无法超越别人，或者不知道如何在这个群体中超越自我，或者自信心不足时，就会采取一种特殊的方式来凸显自己的价值。

（十）损失心理

相比于获取，人们对失去带来的损失更加敏感。人在不确定条件下的决策，好像不是取决于结果本身而是取决于"结果与设想之间的差距"。也就是说，人们在决策时，总是会以自己的视角或参考标准来衡量，以此来决定决策的取舍。当我们在购买某种商品时，或者对某种东西的拥有意愿非常强烈，我们在潜意识中会认为自己已经拥有了某种商品，一旦因为各种原因没有得到，我们就会产生损失心理。

二、网络消费者购买决策的内容

消费者是营销的目标对象，企业的产品、营销方式都是在迎合消费者的需求和喜好下产生的。所以企业在确定目标市场后，还要对目标市场进行深入分析，了解消费者的购买行为。消费者购买行为是指消费者为获取、使用、处置消费物品或服务所采取的各种行动，包括先于且决定这些行动的决策过程。影响消费者购买决策的因素和环节较多，通常有对消费信息的感知，形成消费的动机、形成购买决策和具体行为。消费者购买行为研究就是研究消费者如何做出花费自己可支配的资源（时间、金钱、精力）于有关消费品上的决策。这种决策主要包括以下6个问题（又称为"5W+1H"架构）。

（一）为何购买（Why）

为何购买是对消费者购买欲望和动机的原因分析，是指消费者购买商品的初始原因和原动力。消费者在实施购买行动前，总是先产生购买欲望，当欲望强烈到一定程度，就会产生购买动机。没有欲望和动机的购买行为几乎是不存在的。企业了解消费者的购买动机后，可以分析消费者产生各种动机的原因，以便为自身的营销决策提供依据。例如，有的消费者追求物美价廉，看重产品的实用性，不太注重产品外观。

（二）购买何物（What）

购买何物是对消费者购买客体或购买对象的分析，即分析消费者购买什么产品，为什么需要这种产品而不是其他产品。通过分析消费者购买什么，企业可以了解不同品牌的销售情况，也可以了解消费者的偏好，尽量在品种、质量、性能、包装、价格等方面满足顾客需要。一般情况下，消费者总是喜欢物美价廉、样式新颖和富有个性的商品。

（三）何处购买（Where）

何处购买是对消费者购买地点的分析。主要分析两个方面：一是消费者在何处决定购买；二是消费者在何处实际购买。这两种情况可以在同一地方发生，也可以在不同地方发生。消费者对不同的商品选择的购买地点是不一样的。如便利品，消费者往往在购买现场做出购买决定，而且选择网上购买。选购品和特殊品则可能由家庭成员商量决定后，到大商店或所信任和偏爱的商店去购买。企业根据消费者购买特征，分析消费者对不同产品的购买地点的要求及选择的不同，制定不同渠道下的推广策略。

（四）何时购买（When）

何时购买是对消费者购买时间的分析。表面上看消费者购买商品的时间没有什么规律，但从宏观上看还是有一定规律可循的。一般情况下，日常生活用品在工作之余和休息日购买较多，季节性商品在季节前购买较多，大部分商品的购买高峰常常出现在重大节日期间。企业研究和掌握消费者购买商品的时间规律，有利于在安排生产、组织货源、投放市场和营业时间等方面做到同步营销。

（五）由谁购买（Who）

由谁购买是分析购买主体。由于消费者的年龄、性别、收入、职业、教育和性格等方面的不同，因而在需求和爱好上存在很大差异。由谁购买商品从表面上看似乎是一个人的行为，但现实中往往有好几个人参与购买活动，按照参与购买决策过程中的作用可分为五类：发起者，即首先提出或有意向购买某一产品或服务的人；影响者，即其看法或建议对最终购买商品有直接或间接影响的人；决策者，即对最终购买决策和何时购买等，有权做出最后决定的人；购买者，即实际执行购买决策的人；使用者，即实际消费或使用该产品或服务的人。营销人员必须有针对性地开展促销活动，才能取得最佳效果。

（六）如何购买（How）

如何购买是对消费者购买方式和付款方式的分析，如是线下购买还是网购。不同消费者对不同产品会选择不同的购买方式，例如，很多20~30岁的年轻消费者喜欢在电商平台购买潮流服饰，而多数40~50岁的中年消费者喜欢在品牌服装店购买服饰。消费者采取什么方式购买会影响到企业经营决策与经营计划的制订。通过分析消费者的购买方式，企业可以有针对性地提供不同的产品和服务。

三、网络消费者购买决策的过程

消费者的购买决策是消费者在决定购买行为前形成的理性思维，从根本上提升消费者购买合理性的心理活动。消费者在购买商品时，都会有一个决策过程，只是因所购买产品类型、购买者类型的不同而使购买决策过程有所区别。西方营销学者开发了一个购买决策过程"五阶段模型"。消费者通常经历问题识别、信息搜索、方案评估、购买决策和购后行为五个阶段。

1.问题识别。

购买过程开始于消费者确认面对的问题或需要，这个需要可以由内在和外在的刺激所触发。内在刺激，比如人的饥饿，上升到某一阶段就会成为一种驱动力。需求也可能由外在刺激引起，如频繁看到某品牌的广告从而引起的购买该品牌产品的需求。对于企业网络营销而言，该阶段的主要目的是设计需求诱因，刺激和唤醒消费者的需求。

2.信息搜寻。

当消费者产生了购买动机之后，便会开始进行与购买动机相关联的活动。如果被唤起的需要很强烈，要购买的物品很容易买到，消费者便会实施购买活动，从而满足需要。但是当所需购买的物品不易买到，或者说需要不能马上得到满足时，消费者便会把这种需要存入记忆中，并注意收集与需要密切联系的信息，以便进行决策。

（1）了解消费者信息来源。消费者的信息来源主要有经验来源、个人来源、公共来源和商业来源四个方面。经验来源是从直接使用产品中获得的信息；个人来源是指家庭成员、朋友、邻居和其他熟人提供的信息；公共来源是从电视、网络等大众传播媒体、社会组织中获取的信息；商业来源是指从企业营销中获取的信息，如从广告、推销员、展览会等获得的信息。

（2）了解不同信息来源对消费者购买行为的影响程度。一般来说，消费者经由商业来源获得的信息最多，其次是公共来源和个人来源，最后是经验来源。但是从消费者对信息的信任程度看，经验来源和个人来源最高，其次是公共来源，最后是商业来源。研究认为，商业来源的信息在影响消费者购买决定时一般只起到"广而告之"的作用，而个人信息来源起到判断或评价的作用。

（3）设计信息传播策略。除利用商业来源传播信息外，还要设法利用和刺激公共来源、个人来源和经验来源，也可多种渠道同时使用，以加强信息的影响力。

3.方案评估。

消费者在获取足够的信息之后，就会根据这些信息和一定的评价方法对同类产品的不同品牌加以评估并决定选择。消费者对产品评估主要涉及以下四个问题。

（1）产品属性。产品属性是指产品能够满足消费者需求的特征。在价格稳定的情况下，消费者对提供产品属性多的产品感兴趣。由于使用者不同，对产品属性的要求也不同。产品属性包括五个方面的内容。

①核心产品，即顾客真正购买的基本服务或利益，从根本上说每一种产品实质上都是为解决问题而提供的服务。在产品整体概念中是最基本、最主要的部分。

②形式产品，指核心产品借以实现的形式或目标市场对需求的特定满足形式。其由五个特征构成，包括品质、式样、特征、商标及包装。

③期望产品，即购买者在购买产品时期望得到的与产品密切相关的一整套属性和条件。

④延伸产品，指顾客购买形式产品和期望产品时，附带获得的各种利益的总和，包括说明书、保证、安装、维修、送货、技术培训等。

⑤潜在产品，指现有产品包括所有附加产品在内的，可能发展成为未来最终产品的潜在状态的产品。潜在产品指出了现有产品可能的演变趋势和前景。

（2）属性权重。属性权重是消费者对产品有关属性所赋予的不同重要性权数。如买电冰箱，如果消费者注重耗电量，他就会购买耗电量低的电冰箱。目前电冰箱企业针对消费者这一购买特征纷纷在冰箱外观上标出每天耗电量的度数来吸引消费者购买。

（3）品牌信念。品牌信念是消费者对某种品牌产品的看法。它带有个人主观因素，受选择性注意、选择性扭曲、选择性记忆的影响，使消费者的品牌信念与产品的真实属性往往并不一致。

（4）效用要求。效用要求是消费者对某种品牌产品的各种属性的效用功能应当达到何种水准的要求。如果满足消费者的效用需求，消费者就愿意购买。在产品评估阶段营销的主要任务是：增加产品功能，改变消费者对产品属性的认识。比如同样是蔬菜，由于人们强调绿色环保，需要无污染的绿色有机蔬菜，来提高生活质量，因此愿意付出高价购买绿色有机蔬菜。通过广告宣传努力消除消费者不符合实际的偏见，改变消费者心目中的品牌信念，重新进行心理定位。

4.购买决策。

消费者在完成产品和服务的对比后，对备选产品产生偏爱，形成购买意向，就会进入购买决策阶段。在该阶段，企业形象、产品质量、支付手段都是非常重要的影响因素，为此企业需要提升消费者对企业和品牌的信任度。

5.购后行为。

消费者购买商品后，通过自己的使用和他人的评价，会对自己购买的商品产生某种程度的满意或不满意。购买后，消费者可能会听到一些其他品牌的优点或偏好的属性而产生认知失调的情况，这便需要一些信息来支持其原先的购买决策。营销沟通的任务是提供消费者能够强化原先选择的信念与评价，以帮助消费者对原先购买的品牌仍然留有正面的感觉。所以，营销人员的工作并非在消费者购买后就结束了，他们必须监测消费者的购后满意度、购后行为和购后产品的使用情况。

任务实施

完成笔记本电脑的购买过程。

步骤一：分组复习所学知识点。

全班5~6人为一组，设1名组长，由组长带领本组同学对"消费者购买决策"的知识点进行复习。

步骤二：知识掌握情况检验，小组成员以自身为例，研究分析消费者的购买过程并分析消费者的心理。方法：通过网络资料查询、网上调研等。

1.问题识别/确认需求。

小王的笔记本电脑使用超过5年了，速度比较慢。因为工作原因，小王经常要用到笔记本电脑，所以需要购置一台新的笔记本电脑，满足其在日常工作等方面的需求。

2.信息收集。

小王去实体店和网上分别查询笔记本电脑的资料，收集产品或服务的信息。在搜索过程中也会注意到笔记本电脑的品牌、口碑以及各种广告宣传；家人和朋友以往的经验，或是他们的推荐，也是小王考虑购买哪款笔记本电脑的影响因素。收集到的部分信息如图2-3、图2-4所示：

图2-3 官方商城产品信息截图

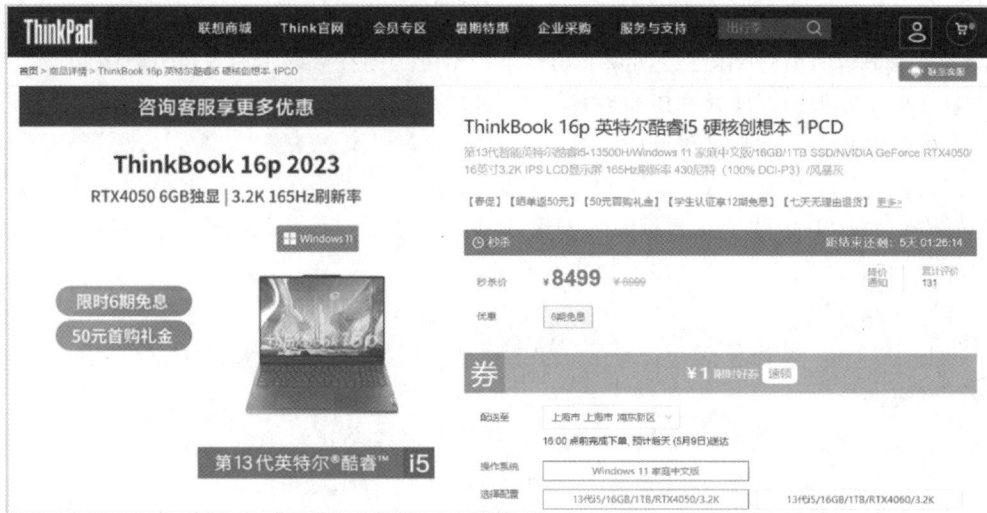

图2-4 京东商城商品介绍截图

（1）笔记本电脑的品牌：目前笔记本电脑品牌市场占有率靠前的有联想、惠普、华为、华硕、ThinkPad、戴尔等，此外苹果、荣耀、宏碁等品牌也有一定的市场份额。

（2）笔记本电脑类型：笔记本电脑大致可分轻薄本、商务本、游戏本等，产品定位各不相同，性能和外观差距也十分明显。

轻薄本：轻薄本拥有超轻的重量和超长的续航，可以流畅运行绝大多数办公软件和一些对配置要求不算高的专业软件，经常出差或者对便携要求较高的人比较适用。

商务本：商务本注重便捷性和功能性，方便携带和办公。除此之外，还有一些特殊用途的笔记本，比如设计师本、工作站等，专业人员才用得到。

游戏本：旅游本主打高配置和良好的性能释放，比较适合喜欢打游戏、注重游戏体验或者做开发设计的同学，但机器一般比较重。

（3）笔记本电脑按照性能和价格的高低不同分为高端机（8 000元以上）、中端机（5 000~8 000元）、入门机（3 000~5 000元）。中端机往往具有超高的性能，价格也比高端机低，是消费集中价位。入门机能满足日常的办公和娱乐需求。

（4）笔记本电脑的参数、配置，可以进入品牌的官方网站查询，或是在商城中查询。

①处理器/CPU：笔记本的处理器（CPU）相当于人的大脑，作为整个计算机系统运算和控制的核心，决定了电脑的流畅性和反应能力，是最重要的参数之一。目前主流的两大CPU品牌是英特尔（Intel）和AMD。

②显卡/GPU：CPU和显卡是电脑的最核心部件。显卡图形芯片供应商主要是AMD（原ATI）和NVIDIA（英伟达）两家，用于笔记本电脑的独立显卡以NVIDIA为主。

③硬盘：分为固态硬盘和机械硬盘，现在新的笔记本硬盘基本都是固态硬盘。它是一个电脑存储媒介，也就是常说的固定容量。

④内存：笔记本的内存也叫RAM，电脑上的系统、软件都需要在RAM上运行，其作用是暂时存放CPU中的运算数据及与硬盘等外部存储器交换的数据。内存越大，笔记本能同时运行的软件或插件就越多，操作响应的速度就越快。

（5）屏幕参数。

①屏幕尺寸：考虑便捷办公的话，就选择小屏幕如11英寸、12英寸、13英寸、14英寸等，方便携带。

②屏幕比例：当前新笔记本电脑的屏幕比例大多数为16：10。

③屏幕分辨率：通常分辨率越高，画面越清晰，当然这跟屏幕尺寸大小有关系。商家在笔记本电脑中标注"2K""2.2K""2.5K""2.8K"等，一般即是高分辨率。

④屏幕刷新率：指的是屏幕在一秒内页面刷新的次数，单位是赫兹（Hz）。刷新次数越高，图像就越流畅。一般的笔记本屏幕刷新频率是60Hz。

⑤色域：指的是显示器上能显示的色彩总和，色域值越高，看到的画面色彩越丰富，色域和屏幕刷新率决定了屏幕素质的好坏。

⑥DC调光：电脑屏幕的一种调节屏幕亮度的方式，通过提高或降低电路功率来改变屏幕的亮度，这种调光方式最大的好处是更加护眼。因此，如果笔记本电脑产品介绍中有"支持DC调光"的特性，是一大加分项。

（6）接口。笔记本电脑根据使用场景的不同，分为轻薄本和游戏本，综合用料和便捷性考虑，其设计的外部接口有所区别。

3.评估方案。

（1）产品属性：对于小王来说，因为工作中经常出差，所以14.0英寸的轻薄本比较适用。

（2）属性权重：小王购置电脑的预算在5 000元到6 000元的价格区间，他对产品的处理器、显卡和内存的要求是能够满足基本的办公工作处理要求即可。

（3）品牌信念：品牌选择中，小王对联想、惠普、戴尔这几个品牌都比较青睐。

（4）效用要求：小王工作之余，偶尔也会玩一些轻游戏，所以对屏幕的观感要求略高。

4.购买决策。

小王多方面对比产品、售后服务和保障，最终确定购买"联想ThinkBook 14英寸标压轻薄笔记本"。其配置为（如图2-5所示）：处理器（i5-13500H）、显卡（集显）、屏幕（2.8K，90Hz）、内存（16G）、尺寸（14.0英寸），购买理由主要是该款笔记本处理器为i5-13500H，性能强劲，既能办公娱乐，又能满足轻游戏的需求。屏幕是2.8K+90Hz，观感良好。内存规格升级，且有32G版本可选；硬盘支持拓展，接口丰富。

图2-5 京东商城截图

5.购后行为。

小王收到笔记本电脑并使用了一段时间后，对这次购物过程非常满意，并在平台中发布了评价："分辨率很清晰，运行速度快，发热量小，声音小，外观设计漂亮，轻薄也很好看，性价比很高。"同时他也愿意将产品的信息向身边的人进行分享和推荐。

任务测评

一、单项选择题

1.经济学里经常用"羊群效应"来描述经济个体的（　　　　）。

A.求美心理　　　　　　　　　　　B.求实心理

C.稀缺心理　　　　　　　　　　　D.从众心理

2.核心产品借以实现形式或目标市场对需求的特定满足形式为（　　　　）。

A.形式产品 B.期望产品

C.延伸产品 D.潜在产品

二、多项选择题

1.消费者对产品评估主要涉及（　　）。

A.产品属性 B.属性权重

C.品牌信念 D.效用要求

2.网络消费者购买决策内容中的5W指的是（　　）。

A.为何购买 B.购买何物

C.何处购买 D.何时购买

E.由谁购买

三、简答题

1.叙述网络消费者购买决策过程。

2.网络消费者消费心理都有哪几种？

思政园地

在信息化时代，个人信息保护已成为广大人民群众最关心最直接最现实的利益问题之一。自2021年11月1日开始实施的《中华人民共和国个人信息保护法》，为保护个人信息权益、规范个人信息处理活动、促进个人信息合理利用发挥了重要作用。《中华人民共和国个人信息保护法》共8章74条。在有关法律的基础上，该法进一步细化、完善个人信息保护应遵循的原则和个人信息处理规则，明确个人信息处理活动中的权利义务边界，健全个人信息保护工作体制机制。

针对目前越来越多的企业利用大数据分析、评估消费者的个人特征用于商业营销，一些企业通过掌握消费者的经济状况、消费习惯、对价格的敏感程度等信息，对消费者在交易价格等方面实行歧视性的差别待遇，误导、欺诈消费者。其中，最典型的就是反映突出的"大数据杀熟"。"'大数据杀熟'行为违反了诚实信用原则，侵犯了消费者权益保护法规定的消费者享有公平交易条件的权利，应当在法律上予以禁止。"对此，个人信息保护法明确规定：个人信息处理者利用个人信息进行自动化决策，应当保证决策的透明度和结果公平、公正，不得对个人在交易价格等交易条件上实行不合理的差别待遇。

项目实训

请以小组为单位，分析自己或是他人的购买过程，即从购买需求的产生到购买行为的出现，购买行为会受到哪些因素的影响以及消费者的心理等方面进行详细说明，并制作相应的PPT内容进行汇报说明。

项目考核

1.考核方式：过程考核。

2.考核内容与评价标准参见表2-1至表2-3。

表2-1 学生自评表

姓名：　　　　　　时间：　　　　　　实训小组：

评价内容	评价标准				自评
	优 （86~100分）	良 （76~85分）	中 （61~75分）	差 （60分以下）	
工作态度 （20%）	出勤饱满 态度认真	出勤良好 比较认真	出勤一般 态度一般	出勤差 态度差	
自主探究能力（30%）	有强烈的探究欲，不断地发现问题，分析问题，寻找解决问题的办法，自主完成实训任务	有探究欲，能提出问题，分析问题，基本自主完成实训任务	有探究欲，能提出问题，在老师帮助下基本完成实训任务	探究欲不强，懒于思考，懒于动手，不能完成实训任务	
小组交流能力（20%）	积极主动进行组内或组间同学交流讨论、能够条理清晰、正确展示自己的方案、实训任务成果，达成共识	能够进行组内或组间同学交流讨论，展示自己的方案、实训任务成果	能够完成基本小组间的交流，基本完成实训任务	不能够完成基本小组间的交流，不能完成基本实训任务	
分工合作能力（30%）	在小组分工合作下，各尽其责，出色完成实训任务，并通过小组的讨论交流得到新的建议和想法	在小组分工合作下，完成实训任务	在老师指导下分工合作，完成实训任务	小组内缺乏分工，出现一人包办现象，没有体现分工合作	
合计					

表2-2 实训小组成员互评表

姓名：　　　　　　时间：　　　　　　实训小组：

序号	考核标准	分值	组员1	组员2	组员3	组员4	组员5
1	积极参与实训任务，认真搜集资料，提出建议，与小组成员团结合作，对小组贡献突出	12					
2	参与实训任务，能搜集资料，与小组成员团结合作，对小组贡献较突出	8					
3	参与实训任务，基本能与小组成员合作	6					
4	参与实训任务，不能与小组成员合作	4					
5	合计						

表2-3   **任务评价表**

考核内容	评价 标准	自评 （20%）	互评 （30%）	师评 （50%）
1.能够完全掌握消费者需求特征，能够正确辨别出消费者行为的影响因素，合理分析出消费者的购物心理，并明确消费者的决策过程，汇报内容层次分明，思路清晰，条理清楚，观点正确，能够有自己的见解	优秀			
2.能够较好掌握消费者需求特征，能够辨别出消费者行为的影响因素，较好地分析出消费者的购物心理，了解消费者的决策过程，汇报内容层次分明，思路比较清晰，条理比较清楚，观点正确	良好			
3.能够初步掌握消费者需求特征，能够辨别出消费者行为的影响因素，简要分析出消费者的购物心理，对消费者的决策过程不清楚，汇报内容层次比较分明	中等			
4.对消费者需求特征掌握一般，能够简要辨别出消费者行为的影响因素，消费者的决策过程，汇报内容基本符合要求	及格			
5.能够进行简要汇报，思路不清晰	不及格			
合计				

项目三　　　调研网络营销市场

网上调研是企业营销信息系统工作中重要的环节之一。网络调研就是利用互联网发掘和了解顾客需要、市场机会、竞争对手、行业潮流、分销渠道以及战略合作伙伴等方面的情况，通过调研可以获得竞争对手的资料，摸清目标市场和营销环境，为经营者细分网上市场、识别网上顾客需求、确定网上营销目标等提供相对准确的决策依据。

学习目标

知识目标：

1. 了解网络调研基础知识，能够确定网络调查问卷的基本内容；

2. 了解网络调查问卷设计流程，能够运用调查问卷的设计技巧；

3. 熟悉网上发布调查问卷方法，能够撰写网络调研报告。

能力目标：

1. 能够分析网络调查问卷的基本结构；

2. 能够根据调研要求，设计、发布网络调查问卷；

3. 能够根据调查问卷进行分析，完成调研报告。

素养目标：

1. 具有深厚的爱国情感和中华民族自豪感；

2. 树立实事求是的调研态度，养成认真细致的工作作风；

3. 培养学生团结协作意识，具有创新精神。

思维导图

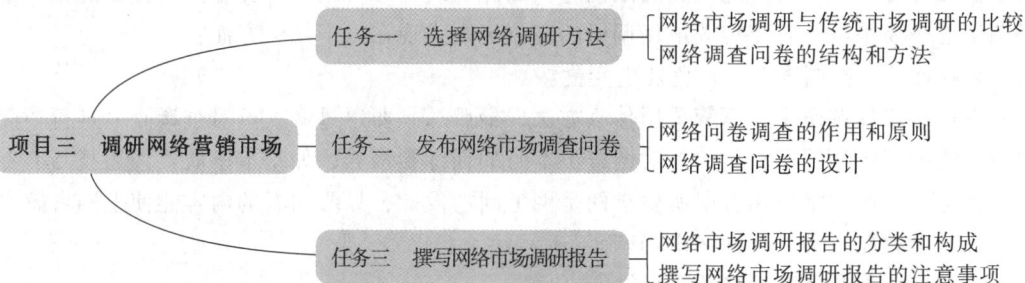

任务一 选择网络调研方法

任务描述

微信的使用对大学生的日常生活产生了巨大的影响。它与大学生的日常生活息息相关，已经成为大学生获取外界信息、分享生活状态、表达个人观点的重要渠道，也为大学生的日常生活提供了方方面面的服务。一方面，它可以向大学生传递积极向上的生活理念，改善大学生的心理状况；另一方面，它也可以助力大学生的个人成长、发展。

本任务通过练习网上调研，熟悉网上调研的流程，通过对大学生目前使用微信等情况进行调研，学习网络调查问卷结构内容，掌握网络市场调研方法。

知识准备

一、网络市场调研与传统市场调研的比较

（一）网络市场调研与传统市场调研的区别

市场调研是指以科学的方法，系统地、有目的地收集、整理、分析和研究所有与市场有关的信息，特别是有关消费者的需求、购买动机和购买行为等方面的市场信息，从而提出解决问题的建议，以作为营销决策的基础。

网络市场调研又称网上调查或在线调查。网络市场调研是指企业利用互联网作为沟通和了解信息的工具，对消费者、竞争者以及整体市场环境等与营销有关的数据系统进行调查、分析、研究。这些相关的数据包括顾客需要、市场机会、竞争对手、行业潮流、分销渠道以及战略合作伙伴方面的情况。

一方面，传统市场调研要投入大量的人力物力，如果调研面较小，则不足以全面掌握市场信息，而调研面较大，则时间周期长，调研费用大；另一方面，在传统的市场调研中，被调查者始终处于被动地位，企业不可能针对不同的消费者提供不同的调查问卷，而针对企业的调查，消费者一般也不予以反应和回复。

网络市场调研与传统市场调研相比有着无可比拟的优势，如调研费用低、效率高、调查数据处理方便、不受时间地点的限制等。因此，网络市场调研是互联网时代企业进行市场调研的主要手段。它与传统市场调研的主要区别表现在以下几个方面：

1.调查员、被调查者的角色发生变化。

在传统市场调研中，不管采用什么方法，最后总是要通过调查员对被调查者进行访问实施，传统市场调研所注重的是对调查员本身的训练和培养，如基本素质、沟通技巧、专业的训练等。而网络市场调研所要求的是网上问卷设计，只要问卷的内容能使上网者感兴趣，上网者就能主动参与网络市场调研。

2.调查样本以及选择方式的变化。

传统的市场调研可以有多种随机选择样本的方法，这样能够保证市场调研具有一定的精确度，其调查总体一般是明确的，具体的可根据不同的调查项目而采取简单随机抽样法、等距抽样法、分层抽样法、整群抽样法和多阶段抽样法等。但在网络市场调研中，由于没有了传统意义上的被调查者，上述的抽样方法也就失去了存在的基础。网络市场调研面临的是隐藏在显示器后面的各种上网者，他们构成了网络市场调研的总体。虽然选择样本的方式不同于传统市场调研，但是网络市场调研最终会演变成对实实在在潜在消费者的调查。虽然整体代表性会有一定的差距，但是对于特定产品，网络市场调研的样本仍然可以具有较高的代表性。这样，网络市场调研就有了与传统市场调研同样的意义和作用。

3.调查方法改变。

网络市场调研以网络为主要调查媒介。传统市场调研的具体实施方法有许多分类，从调查的手段来看有询问法、观察法、实验法，其中询问法还可以分为个别访谈法、深层访谈法、电话调查法等。在这些方法中，询问法是应用最为广泛的市场调研方法，各种询问法的具体方法应根据调查项目的实际情况而加以应用。

4.调查区域的变化。

传统市场调研由于需要大量的人力、财力和时间，传统市场调研中调查的范围一般局限在一个城市或一个地区。而网络市场调研，调查者只需在网络上发出自己的网络调查问卷即可，网络技术使这种无区域调查的实施成为可能。

5.调查的形式更为复杂、形象。

传统市场调研由于调查媒介的局限，调查问卷或调查方法都只能设计成简单易行的。互联网技术的发展使在网上设计非常复杂的问卷成为可能，因此可以设计多媒体调查问卷，以满足网络时代对市场调研的更高需求。

（二）网络市场调研的优点

1.网络市场调研信息的及时性和共享性。

由于网络的传输速度非常快，网络信息能够快速地传送到连接上网的任何网络用户，而且网上投票信息经过统计分析软件初步处理后，可以看到阶段性结果，而传统市场调研得出结论需经过很长的一段时间。同时，网络市场调研是开放的，任何网民都可以参加投票和查看结果，这又保证了网络市场调研的共享性。

2.网络市场调研方式的便捷性和经济性。

在网络上进行市场调研，无论是调查者还是被调查者，只需拥有一台能上网的计算机就可以进行网络沟通交流。调研者在企业站点上发出网上调查问卷，提供相关的信息，或者及时修改、充实相关信息，被调研者只需在电脑前按照自己的意愿轻点鼠标或填写问卷，之后调研者利用计算机对访问者反馈回来的信息进行整理和分析即可，这种调研方式是十分便捷的。同时，网络市场调研非常经济，它可以节约传统调查中大量的人力、物力、财力和时间的耗费，节省了印刷调查问卷、派访问员进行访问、电话访问、留置问卷等工作；调研也不会受到天气、交通、工作时间等的影响；调查过程中最繁重、最关键的信息收集和录入工作也将分布到众多网上用户的终端上完成；信息检验和信息处理工作均由计算机自动完成。所以网络市场调研能够以最经济、便捷的手段完成。

3.网络市场调研过程的交互性和充分性。

网络的最大优势是交互性。这种交互性也充分体现在网络市场调研中。网络市场调研在某种程度上具有人员面访的优点，被访问者可以及时就问卷相关的问题提出自己的看法和建议，可减少因问卷设计不合理而导致调查结论出现偏差等。消费者一般只能针对现有产品提出建议甚至表达不满,对尚处于概念阶段的产品则难以涉足,而在网络市场调研中,消费者则有机会对从产品设计到定价和服务等一系列问题发表意见。这种双向互动的信息沟通方式提高了消费者的参与性和积极性,更重要的是能使企业的营销决策有的放矢,从根本上提高消费者满意度。同时,网络市场调研又具有留置问卷或邮寄问卷的优点,被访问者有充分的时间进行思考,可以自由地在网上发表自己的看法。优点集合于一身,就形成了网络市场调研的交互性和充分性的特点。

4.网络市场调研结果的可靠性和客观性。

相比传统的市场调研,网络市场调研的结果比较可靠和客观,主要是基于以下原因:首先,企业站点的访问者一般都对企业产品有一定的兴趣,被调查者是在完全自愿的原则下参与调查,调查的针对性强。而传统市场调研中的拦截询问法,实质上是带有一定的"强制性"的。其次,被调查者主动填写调查问卷,证明填写者一般对调查内容有一定的兴趣,回答问题就会相对认真,所以问卷填写可靠性高。此外,网络市场调研可以避免传统市场调研中人为因素干扰所导致的调查结论的偏差,因为被访问者是在完全独立思考的环境中接受调查的,能最大限度地保证调研结果的客观性。

5.网络市场调研无时间和地域的限制。

传统市场调研往往会受到区域与时间的限制,而网络市场调研可以24小时全天候进行,同时也不会受到区域的限制。

6.调研信息的可检验性和可控制性。

利用互联网进行网上调研收集信息,可以有效地对采集信息的质量实施系统的检验和控制。首先,网络调查问卷可以附加全面规范的指标解释,有利于消除被访者因对指标理解不清或调查员解释口径不一而造成的调查偏差。其次,问卷的复核检验由计算机依据设定的检验条件和控制措施自动实施,可以有效地保证对调查问卷100%的复核检验,保证检验与控制的客观公正性。最后,通过对被调查者的身份验证技术可以有效地防止信息采集过程中的舞弊行为。

二、网络调查问卷的结构和方法

(一)结构

第一部分前言:主要说明调查的主题、目的、意义,以及向被调查者表示感谢。

第二部分正文:这是网络调查问卷的主体部分,一般设计若干问题要求被调查者回答。

第三部分附录:这一部分可以将被调查者的有关情况加以登记,为进一步统计分析收集资料。

(二)内容

一份正式的网络调查问卷通常包括标题、卷首语、问题指导语、主体及结束语五个部分。

1.标题。标题是调查内容的高度概括,既要与调查研究内容一致,又要注意对被调查者的影响。

2.卷首语。用以说明由谁执行此项调查,调查的目的、意义是什么。卷首语的主要功能是使被调查者感到正在进行的调查项目是合理、合法的,值得他们花些时间和精力认真填写。卷首语虽然不是问卷的主体部分,但其作用不容忽视,它可以消除顾虑、取得被调查者的信任,所以一定要注上明确的单位名称、地址、联系电话和网址。

3.问题指导语。即填表说明，主要向被调查者说明如何正确地填写问卷。

4.主体。网络调查问卷的主体包括问题和备选答案，是问卷的核心部分。问题的类型可以分为开放型和封闭型两种。网络市场调研中 E-mail 问卷多采用封闭型问卷，即在提出问题的同时，给出备选答案。封闭型问卷的优势非常明显，用时少、回收率高、资料便于统计处理和进行定量分析。

5.结束语。在这部分可以使用文字、介绍或附加的信息，向被访问者付出精力和时间表示感谢，态度要诚恳、亲切。

（三）网络市场调研的原则

1.认真设计在线调查表。

2.吸引尽可能多的人参与调查。

3.尽量减少无效问卷。

4.公布保护个人信息声明。

5.避免滥用市场调研功能。

6.尽量降低样本分布不均衡的影响。

7.奖项设置合理。

8.采用多种网上调查手段相结合。

（四）网络市场调研的方法

网络市场调研方法随着网络技术发展而发展，不像传统市场调研，可以有多种方法组合完成。在网络上设置调查问卷是最基本的调研方式，常用的还有电子邮件调查、对访问者的随机抽样调查、固定样本调查等。根据调查目的和预算，可以采用几种网络调查手段相结合的方式进行。

1.直接调研。

网络市场直接调研指的是为当前特定的目的在互联网上收集一手资料或原始信息的过程。调研过程中应采用哪一种方法，要根据实际调查的目的和需要而定。需要注意的是，应遵循网络规范和礼仪。

（1）专题讨论法。专题讨论法可通过新闻组、电子公告牌或 QQ 聊天工具讨论组等进行。在站点上提供交互功能，让顾客直接发表意见是调查的一个好方式。一般包括四个步骤：第一步，确定要调查的目标市场；第二步，识别目标市场中要加以调查的讨论组；第三步，确定可以讨论或准备讨论的具体话题；第四步，登录相应的讨论组，通过过滤系统发现有用的信息，或创建新的话题，让大家讨论，从而获得有用的信息。

（2）网络观察法。网络观察法是指由调查人员直接或通过软件分析工具，观察被调查对象的行为，并加以记录而获取信息的一种方法。

（3）网络问卷调查法。网络问卷调查法是将问卷在网上发布，被调查对象通过网络完成问卷调查。网络问卷调查法根据不同的情况可以分为不同的类型：

①按照调查者组织调查样本的行为，可以分为主动调查法和被动调查法。

A.主动调查法是调查者主动组织调查样本，完成统计调查的方法。例如，通过 E-mail 方式，将调查问卷发给一些特定的网上用户，由用户填写后以 E-mail 的形式再反馈给调查者。这种方式的好处是可以有选择地控制被调查者，缺点是有侵犯个人隐私权之嫌。

B. 被动调查法是指调查者被动地等待调查样本造访，完成统计调查的方法。例如，将问卷放置在问卷星等网站上等待访问者访问时填写。这种方式的好处是填写者是自愿的，缺点是无法核对问卷填写者的真实情况。

②按照网上调查采用的技术，可以分为站点法、电子邮件法、随机 IP 法和视频会议法等。

A. 站点法。它是将调查问卷的 HTML 文件附加在一个或几个网络站点的 Web 上，由浏览这些站点的网上用户在此 Web 上回答调查问题的方法。站点法属于被动调查法。如 CNNIC 每半年进行一次的"中国互联网络发展状况调查"就是采用这种方式。在线问卷表既可以放在企业自己的网站上，也可以放在第三方问卷调查网站上。如果企业网站已经建设好，最好在自己的网站调查，同时可与其他一些著名的 ISP/ICP 网站建立广告链接，以吸引访问者参与调查。这种方式是目前常用的方式。

B. 电子邮件法。电子邮件法的调查问卷是一份简单的 E-mail，并按照已知的 E-mail 地址分发出去，由被访者回答完毕将问卷回复给调研机构。企业可以直接向用户发送电子邮件，征询用户对产品、服务、促销、企业形象等方面的看法，让用户向企业反馈，也可以在电子邮件中附上问卷表，让用户填写完毕后发回企业。

C. 随机 IP 法。随机 IP 法是以产生一批随机 IP 地址作为抽样样本的调查方法。随机 IP 法属于主动调查法，其理论基础是随机抽样。利用该方法可以进行纯随机抽样，也可以依据一定的标志排队进行分层抽样和分段抽样。

D. 视频会议法。视频会议法是基于 Web 的计算机辅助访问功能，将分散在不同地域的被调查者通过互联网视频会议功能虚拟地组织起来，在主持人的引导下讨论调查问题的调查方法。这种调查方法属于主动调查法，其原理与传统调查法中的专家调查法相似。不同之处是参与调查的专家不必实际地聚集在一起，而是分散在任何可以联通国际互联网的地方，如家中、办公室等，因此，网上视频调查会议的组织比传统的专家调查法简单得多。视频会议法适合于对关键问题的定性调查研究。

（4）网上实验法。网上实验法则是选择多个可比的主体组，分别赋予不同的实验方案，控制外部变量，并检查所观察到的差异是否具有统计上的显著性，这种方法与传统市场调研所采用的原理是一致的，只是手段和内容有差别。

2. 间接调研。

网络市场间接调研指的是利用互联网的媒体功能，从互联网收集二手资料的调查方式。调研主要利用互联网收集与企业营销相关的市场、竞争者、消费者以及宏观环境等信息。企业用得最多的还是网络市场间接调研，因为它的信息广泛，能满足企业治理决策需要，而网络市场直接调研一般只适合于针对特定问题进行专项调查。网络市场间接调研收集的二手资料的来源有很多，如政府出版物、公共图书馆、大学图书馆、贸易协会、市场调研公司、广告代理公司和媒体、专业团体、企业情报室等。其中许多单位和机构都已在互联网上建立了自己的网站，各种各样的信息都可通过访问其网站获得。再加上众多综合型 ICP（互联网内容提供商）、专业型 ICP，以及成千上万个搜索引擎网站，使得互联网上的二手资料的收集非常方便。互联网上虽有海量的二手资料，但要找到自己需要的信息，首先必须熟悉搜索引擎的使用，其次要掌握专题型网络信息资源的分布。

（1）搜索引擎法。搜索引擎使用自动索引软件来发现、收集并标引网页，建立数据库，以 Web 形式提供给用户一个检索界面，供用户以关键词、词组或短语等检索项查询与提取匹配的记录，这是互联网最突出的应用。

（2）跟踪相关网站。如果知道某一专题的信息主要集中在哪些网站，可直接访问这些网站，获得所需的资料。专业调查网站如问卷星、商务在线等。

（3）网络数据库法。利用网络数据库，特别是要善于利用一些大型的商情网络数据库系统进行相关资料的查询。网络数据库有付费和免费两种。数据库的统计数据和调查结果是经过智力加工的，一般需要付费才能获得。在国外，市场调研用的数据库一般都是付费的。我国的数据库行业近几年有较大的发展，如中国知网、万方数据库等，但它们都是文献信息型的数据库。

思维拓展

中国互联网调查社区是由中国互联网络信息中心（CNNIC）发起并运行的公益性社区，旨在支持中国互联网行业的发展。加入中国互联网调查社区，成为中国互联网调查志愿者，用户就可以享有一定的奖励回报。此外，用户在调查社区还可以参与各种有奖问卷调查，以及其他一些趣味性的用户回报活动。中国互联网络信息中心以"为我国互联网络用户提供服务，促进我国互联网络健康、有序发展"为宗旨，负责管理维护中国互联网地址系统，引领中国互联网地址行业发展，权威发布中国互联网统计信息，代表中国参与国际互联网社群。

任务实施

步骤一：分组复习所学知识点。

全班5～6人为一组，设1名组长，由组长带领本组同学对"网络市场调研方法"的知识点进行复习。

步骤二：知识掌握情况检验。

1.了解免费网络调查网站——问卷星（www.wjx.cn）（如图3-1所示）。

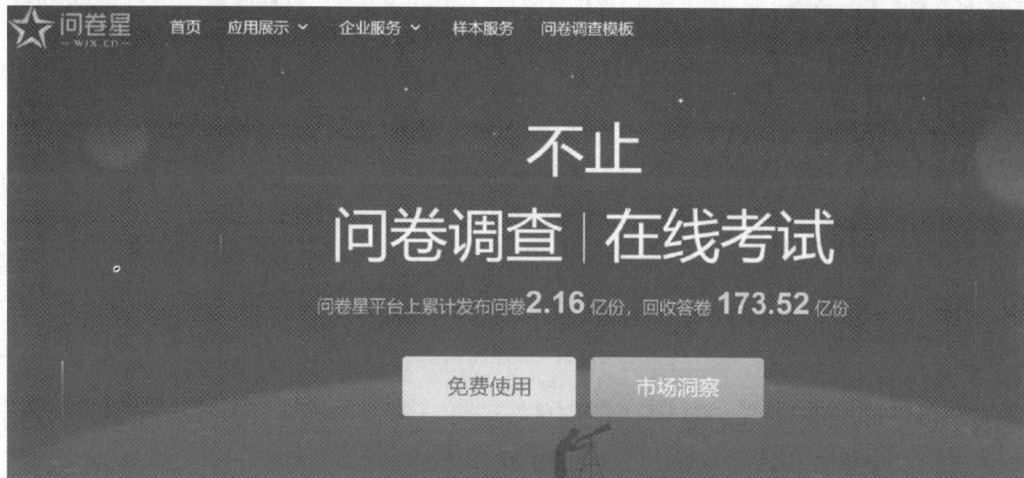

图3-1 问卷星网站首页

2.查看问卷星网络调查问卷结构和内容（如图3-2所示）。

图3-2 问卷星网站问卷形式

3.了解收费网络调查网站——爱调查（http：//www.52survey.com/）（如图3-3所示）。

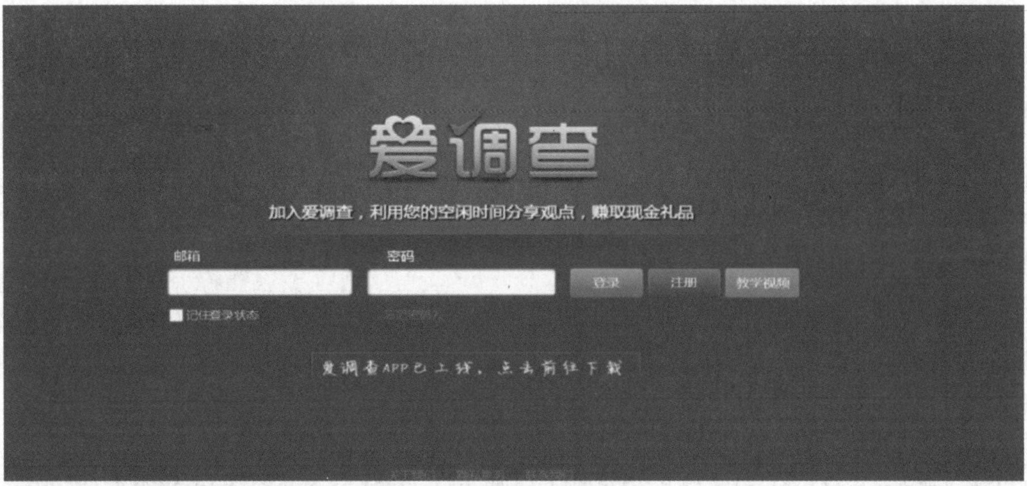

图3-3 爱调查网站首页

4.爱调查网站的使用流程。

（1）注册爱调查，开始接受付费在线调查。

（2）完善个人资料，有利于获得更多调查机会。

（3）经常登录网站或查看收件箱，关注是否有新的调查邀请。

（4）完成在线调查以获得奖励，将积分兑换成奖品。

任务测评

一、单项选择题

1.下列市场调研方法中，属于网络市场间接调研方法的是（   ）。

A.网络问卷法   B.网上实验法

C.网站搜索

D.网络观察法

2.视频会议法属于（　　　）。

A.站点法

B.主动调查法

C.被动调查法

D.网上实验法

二、多项选择题

1.下列网络市场调研的方法中，属于网络市场直接调研方法的有（　　　）。

A.网络观察法

B.搜索引擎法

C.网络问卷法

D.网上实验法

E.网络数据库法

2.网络市场间接调研的方法包括（　　　）。

A.专题讨论法

B.搜索引擎法

C.跟踪相关网站

D.网络数据库法

三、简答题

1.简述网络市场调研的优点。

2.网络市场调研应遵循的主要原则有哪些？

任务二　　　　　　　发布网络市场调查问卷

任务描述

随着消费升级和移动互联网的发展，年轻人的生活已经习惯借助高效率的互联网工具，以提高效率和节省时间，享受上门服务带来的方便和快捷。尤其是成长于互联网环境下的"95后"和"00后"的这批大学生，更成为O2O的消费主力军。校园社区团购的商业模式简单来说，就是以学校为单位，发展社区团长（楼长、宿舍长），组织用户社群，通过小程序进行线上预售交易，线下交付自提。当同学们需要购物时，就可以在平台上直接点击购买，物品统一送达所属宿舍楼的团长处，可去团长宿舍领取或者由团长送货上门。因其低投入、高需求频率的特性，校园团购也成为很多在校大学生创业团队的创业项目选择。

2021级电子商务班创业团队需要对社区团购的商业模式进行一定的前期市场分析，此次将委托第一调查网、调查派等网站，设计发布一份大学生使用团购网站调查问卷，从市场特征、用户特征、消费行为特征三个方面入手，研究大学生对社区团购平台的使用情况和使用意愿的影响因素，在分析市场特征相关指标的前提下，结合大学生用户画像和消费行为特点进行团购平台建设。

知识准备

一、网络问卷调查的作用和原则

（一）网络问卷调查的含义

随着人工智能、5G、区块链等技术的不断发展，互联网行业将迎来一系列的变革和发展。在网络中，有来自全世界不同地区、不同文化背景、不同信仰、不同年龄、不同爱好、不同学历等众多不同的人，这些人往往是社会消费的主导者与决策者，足以影响整个时代潮流，那么网络上的"您"便成了一个极优的、可利用的消费咨询资源，所以网络问卷调查就是调查者通过互联网平台发布问卷，由上网的消费者自行选择填答的调查方法。网络调查是互联网日益普及的背景下经常采用的调查方法，其主要优势是访问者与被访者可以互动；即访问者可以即时浏览调查结果。网络问卷调查则是网络调查的一种最直接有效的方式。通过网络可以极大地扩大我们做市场调研的人群数及地域广度，让更多的人能够参与到该市场调研的活动中来，这样既节省了人力、物力，还能够使该调查数据更符合现今的市场状况。这种方式是其他任何方法都不可能做到的，而且问卷调查可以分周期进行而不受调查研究人员变更的影响，可以跟踪某些问题用户的变化。

（二）网络问卷调查的作用

近年来，随着科技的进步和网络的普及，问卷的电子化、网络化发展迅速，问卷星、一调网等服务平台推出的问卷调查产品，具有门槛低、效率高、成本低等优点，已成为各行各业收集获取信息资料的重要方式。特别是在新冠疫情发生后，受疫情防控措施影响，统计调查部门直接调查采集数据受限，网络问卷调查在各地统计调查部门中被广泛运用，为及时反映社会经济发展状况发挥了积极作用。

1.制作方便，收集速度快。问卷星等在线调研平台，自动帮用户设置并制作在线问卷的格式和模板，题型丰富，制作一份精美又专业的问卷不需要花费很多时间就可以实现。只要在网络各个平台直接分享问卷二维码或者链接，别人无论在任何地方都可以填写，还可以借助一些平台收集数据，只需要支付一些费用。

2.成本低廉。因为不需要将问卷打印出来，是在线分发，所以节省了财力、人力、时间成本。

3.结果便于统计分析。系统自动生成数据报告，并提供多维度的分析。相比纸质版调查问卷来说，不用自己花大量时间统计，而且准确性相对也高了很多。还可以在离线的环境下收集问卷，以及和其他人在线共同制作问卷。它还会以各种统计图表的形式清晰地展现收集的数据结果，帮助进行数据分析。

4.调查范围广。通过网上发布调查问卷，可以触达更多的用户，不受时间和地点限制。在线调查可以全天候地进行，而且时间完全由被访问者自己控制。具备微信、QQ、微博、二维码、邮件、短信和链接等多种分发渠道。

（三）网络调查问卷设计的原则

为了确保网络调查问卷的设计质量，问卷在设计时应遵循一定的原则。这些原则主要包括：

1.目的性原则。问卷调查是通过向被调查者询问问题来进行的，所以，必须询问与调查主题有密切关联的问题。这就要求在问卷设计时，重点突出，避免可有可无的问题，并把主题分解为更详细的条目供被调查者回答。

2.可接受性原则。调查表的设计要比较容易让被调查者接受。由于被调查者对是否参加调查有着绝对的自由，他们既可以采取合作的态度，接受调查，也可以采取对抗的态度，拒绝调查，因此，请求合作就成为问卷设计中一个十分重要的问题。所以应在问卷说明词中，将调查目的明确告诉被调查者，让对方明白该项调查的意义和自身回答对整个调查结果的重要性。问卷说明要亲切、温和，提问部分要自然、有礼貌和有趣味，必要时可采用一些物质鼓励，并替被调查者保密，以消除其某种心理压力，使被调查者自愿参与，认真填好问卷。除此之外，还应使用适合被调查者身份、地位的用语，尽量避免列入一些会令被调查者难堪或反感的问题。

3.逻辑性原则。问卷的设计要有整体感，这种整体感即问题与问题之间要具有逻辑性，独立问题本身也不能出现逻辑上的谬误，从而使问卷成为一个相对完善的小系统。

4.简明性原则。简明性原则主要体现在三个方面，即调查内容要简明、调查时间要简短、问卷设计的形式要简明易懂。

5.匹配性原则。匹配性原则是指要使被调查者的回答便于进行检查、数据处理和分析。所提的问题都应事先考虑到，要便于对问题结果做适当分类和解释，使所得资料便于分析。

（四）网络调查问卷提问的方式

网络调查问卷提问的方式可以分为以下两种：

1.封闭式提问。就是在每个问题后面给出若干个备选答案，被调查者只能在这些备选答案中选择自己的答案。

2.开放式提问。就是允许被调查者用自己的话来回答问题。由于采取这种方式提问会得到各种不同的答案，不利于资料统计分析，因此在调查问卷中不宜过多使用。

二、网络调查问卷的设计

（一）问卷的设计要求

1.问卷不宜过长，问题不能过多，一般控制在15分钟以内回答完毕即可。

2.力求得到被调查者的密切配合，充分考虑被调查者的身份背景，不要提出对方不感兴趣的问题。

3.所提问题要有利于使被调查者作出真实的选择，答案不能模棱两可，使对方难以选择。

4.不要使用专业术语，也不要将两个问题合并为一个，以避免不明确的答案。

5.问题的排列顺序要合理，一般先提出概括性的问题，逐步启发被调查者，做到循序渐进。

6.将比较难回答的问题和涉及被调查者个人隐私的问题放在最后。

7.提问不能有任何暗示，措辞运用要恰当。

（二）网络调查问卷问题设计步骤

网络调查问卷设计的过程一般包括确定所需信息、问卷的类型、问题的内容、问题的类型、问题的措辞、问题的顺序、问卷的排版和布局、问卷的测试、问卷的定稿、问卷的评价十大步骤。

1.确定所需信息。

确定所需信息是问卷设计的前提工作。调查者必须在问卷设计之前就把握所有达到研究目的和验证研究假设所需要的信息，并决定用于分析使用这些信息的方法，如频率分布、统计检验等，并按这些分析方法所要求的形式来收集资料，把握信息。

2.确定问卷的类型。

制约问卷选择的因素有很多，而且研究问题不同、调查项目不同，主导制约因素也不同。在确定问卷类型时，必须先综合考虑调研费用、时效性要求、被调查对象、调查内容等制约因素。

3.确定问题的内容。

确定问题的内容似乎是一个比较简单的问题。然而事实并非如此，这其中还涉及一个个体的差异性问题，也许你认为容易的问题对被调查者来说却是困难的问题。因此，确定问题的内容，最好与被调查者联系起来。分析一下被调查者群体，有时比盲目分析问题的内容效果要好。

4.确定问题的类型。

问题的类型大致概括为四种：自由问答题、两项选择题、多项选择题和顺位式问答题。其中，后三类均可以称为封闭式问题。

在现实的调查问卷中，往往是几种类型的问题同时存在，单纯采用一种类型问题的问卷并不多见。

（1）自由问答题。自由问答题，也称开放型问答题，只提问题，不给具体答案，要求被调查者根据自身实际情况自由作答。自由问答题主要限于探索性调查。例如，请问你或你的家人最喜欢的牙膏品牌有哪些？自由问答题的主要优点是被调查者的观点不受限制，便于深入了解被调查者的建设性意见、态度、需求问题等。主要缺点是难于编码和统计。

（2）两项选择题。两项选择题，也称是非题，是多项选择题的一个特例，一般只设两个选项，如"是"与"否"、"有"与"没有"等。

例如：请问您会不会开车？

A.会　B.不会

两项选择题的优点是简单明了，缺点是所获信息量太小。两种极端的回答类型有时往往难以了解和分析被调查者群体中客观存在的不同态度层次。

（3）多项选择题。多项选择题是从多个备选答案中择一或择几。这是各种调查问卷中采用最多的一种问题类型。

例如：请问您使用过以下哪些品牌的洗发水？

A.飘柔　B.海飞丝　C.拉芳　D.沙宣　E.潘婷

多项选择题的优点是便于回答，便于编码和统计，缺点主要是问题提供答案的排列次序可能引起偏见。这种偏见主要表现在三个方面：

第一，对于没有强烈偏好的被调查者而言，选择第一个答案的可能性大大高于选择其他答案的可能性。解决办法是打乱排列次序，多份调查问卷同时进行调查，但这样做的结果是加大了成本。

第二，如果备选答案均为数字，没有明显态度的人往往选择中间的数字而不是偏向两端的数字。

第三，对于A、B、C字母编号而言，不知道如何回答的人往往选择A，因为A往往与高质量、好等相关联。解决办法是用其他字母进行编号，如L、M、N等。

（4）顺位式问答题。又称序列式问答题，是在多项选择的基础上，要求被调查者对问题答案，按自己认为的重要程度和喜欢程度顺位排列。

例如：请问在选购电冰箱时，认为（　　　）方面最重要？（　　　）方面次重要和（　　　）方面最不重要？

A.功能多　B.制冷性强　C.省电　D.保修期长　E.服务好

5.确定问题的措辞。

很多人不太重视问题的措辞，而把主要精力集中在问卷设计的其他方面，这样做的结果有可能降低问卷的质量。在确定措辞时应注意做到问题的陈述尽量简洁；避免提带有双重或多重含义的问题；不用反义疑问句，避免否定句；避免问题的从众效应和权威效应。

6.确定问题的顺序。

问卷中的问题应遵循一定的排列次序，问题的排列次序会影响被调查者的兴趣、情绪，进而影响其合作积极性。所以一份好的问卷应对问题的排列作出精心的设计。

一般而言，问卷的开头部分应安排比较容易的问题，这样可以给被调查者一种轻松、愉快的感觉，以便于他们继续答下去。中间部分最好安排一些核心问题，即调查者最需要掌握的资料，这一部分是问卷的核心部分，应该妥善安排。结尾部分可以安排一些背景资料，如职业、年龄、收入等。个人背景资料虽然也属事实性问题，也十分容易回答，但有些问题，诸如收入、年龄等同样属于敏感性问题，因此一般安排在结尾部分。当然在不涉及敏感性问题的情况下也可将背景资料安排在开头部分。还要注意问题的逻辑顺序，有逻辑顺序的问题一定要按逻辑顺序排列，即使打破上述规则。

7.问卷的排版和布局。

问卷的设计工作基本完成之后，便要着手问卷的排版和布局。问卷排版和布局总的要求是整齐、美观，便于阅读、作答和统计。

8.问卷的测试。

问卷的初稿设计工作完毕之后，不要急于投入使用，测试通常选择20～100人，如果第一次测试后有很大的改动，可以考虑是否有必要组织第二次测试。

9.问卷的定稿。

当问卷的测试工作完成，确定没有必要再进一步修改后，可以考虑定稿，正式投入使用。

10.问卷的评价。

问卷的评价实际上是对问卷的设计质量进行一次总体性评估。对问卷进行评价的方法很多，包括专家评价、上级评价、被调查者评价和自我评价。

专家评价一般侧重于技术性方面，比如对问卷设计的整体结构、问题的表述、问卷的版式风格等方面进行评价。

上级评价则侧重于政治性方面，比如对政治方向、舆论方面、可能对群众造成的影响等方面进行评价。

被调查者评价可以采取两种方式：一种是在调查工作完成以后再组织一些被调查者进行事后评价；另一种则是调查工作与评价工作同步进行，即在调查问卷的结束语部分安排几个反馈性题目，比如，"您觉得这份调查表设计得如何？"

自我评价则是设计者对自我成果的一种评定或反思。

（三）网络调查问卷设计注意事项

如何通过网络调查活动获取准确、全面而又有价值和符合要求的资料，关键在于能否设计出一份高质量的网络调查问卷。然而，网络调查问卷设计需要很高的技巧，它是一门科学，也是一种艺术。缺乏理论和经验往往不能设计出完美的网络调查问卷，从而使网络调查无法收集到准确而全面的资料，不能正确地分析和说明市场的变化情况。一般来说，设计网络调查问卷时需注意如下事项：

1. 主题明确。

根据调查主题，从实际出发拟题，问题目的明确，重点突出，没有可有可无的问题。一个问题对于每个被调查者而言，应该代表同一主题，只有一种解释。定义不清的问题通常会产生很多歧义，使被调查者无所适从。例如，"您使用哪个牌子的护发素？"这个问题表面上有一个清楚的主题，但仔细分析会发现很多地方含糊不清，假如被调查者使用过一个以上的护发素品牌，则他对此可能会有下列4种不同的理解或回答。

（1）回答最喜欢用的护发素品牌。

（2）回答最常用的护发素品牌。

（3）回答最近在用的护发素品牌。

（4）回答此刻最先想到的护发素品牌。

另外，在使用时间上也不明确，是上一次？上一周？上一月？上一年甚至更长时间？都可由被调查者随意理解，这样的问题显然无法收集到准确的资料。因此，明确定义问题极其重要，具体可采取以下几点策略：

（1）采取六要素明确法。即在问题中尽量明确什么人、什么时间、什么地点、做什么、为什么做、如何做这六个要素。问题的含糊往往是由对某个容易产生歧义的要素缺乏限定或限定不清引起的。因此在设计问题或在检查问题时，可以参照这六要素进行。如上面的问题在明确几个要素后可改为："在过去的一个月中，你在家中使用什么牌子的护发素？如果超过一个，请列出其他的品牌名称。"很显然，这样定义的问题就明确多了。

（2）避免用词含糊。避免使用含糊的形容词、副词，特别是在描述时间、数量、频率、价格等情况的时候。像有时、经常、偶尔、很少、很多、相当多，对于这样的词，几乎不同的人有不同的理解。因此这些词应用定量描述代替，以做到统一标准。下面这个例子中，②显然比①精确得多。

在普通的一个月中，你到超市的采购情况如何？

① A．从不　　B．偶尔　　C．经常　　D．定期

② A．少于1次　　B．1~2次　　C．3~4次　　D．超过4次

（3）避免问题中含有隐藏的选择和选择后果。提问时应使隐藏的选择和后果明晰化，无论是是非式问题还是选择式问题，都是在几个备选选项中作出选择，因此必须使被调查者清楚所有的备选选项及其后果，否则将不能全面地收集信息。如下面这个例子中，②显然比①好得多。

一家航空公司想分析旅客对短途飞机旅行的需求量：

① 在做300千米以内的短途旅行时，您喜欢乘飞机旅行吗？

② 在做300千米以内的短途旅行时，您喜欢乘飞机呢，还是喜欢坐汽车或者其他交通工具？

同样，问题中有新的后果也应该尽量明晰，以便被调查者进行合理的选择。"你喜欢喝矿泉水吗？"（矿泉水中含有人体所需的微量元素）。对于这个问题中有无括号内的部分，结果也会大为不同。

2.合适的问题形式。

问题的形式多种多样，大的可分为开放式、是非式、选择式、排序式、评分式、联想式等；小的则涉及一些语言技巧的运用和处理。问题形式的选择具有相当的艺术性，合理的形式选择与处理应使被调查者愿意并且以最小的努力就能提供客观真实的答案。不恰当的形式选择会导致被调查者不愿意或不能够提供问题所要求的信息。例如，①"请问您家每人平均每年的服装支出是多少？"②"请问您个人每月的工资收入是多少？"③"人们都说A品牌笔记本电脑比B品牌笔记本电脑好，您是否也这样认为？"这三种提问方式都存在形式运用不当的问题。第一个问题要求被调查者付出额外的努力，进行复杂的计算：首先把每月的服装支出估算出来，然后乘以12，最后再除以家庭成员数才能得出结果，这样烦琐的计算可能使被调查者单方面结束访问。第二个问题涉及敏感的个人隐私，直接提问容易遭拒绝。第三个问题则带有引导性倾向，通常会影响被调查者的选择。

3.结构合理、逻辑性强。

问题的排列应有一定的逻辑顺序，符合被调查者的思维程序。一般是先易后难、先简后繁、先具体后抽象。

4.通俗易懂。

问卷应使被调查者一目了然，并愿意如实回答。问卷中语气要亲切，符合被调查者的理解能力和认知能力，避免使用专业术语。对敏感性问题采取一定的技巧调查，使问卷具有合理性和可答性，避免主观性和暗示性，以免答案失真。

5.控制问卷的长度。

回答问卷的时间控制在20分钟左右，问卷中既不浪费一个问句，也不遗漏一个问句。

6.避免涉及隐私、政治立场、信仰等敏感性问题。

在问到人们可能迎合或者自夸的问题时，措辞要精准，避免引导性词语。

7.慎重设置奖励。

如果你担心受访者为了奖励故意说谎，最一劳永逸的方法就是取消奖励。但也没必要一刀切，可以改成抽奖的形式，或者换成积分制等。

（四）网络调查问卷答案的主要类型

网络调查问卷中开放式答案为个别，半封闭式答案为少数，封闭式答案一般为多数。

（1）开放式。开放式答案是指在问卷中只提出问题，不提供答案，由被调查者自由回答。如向院校学生调查："你希望将来从事什么职业？你认为现在所学课程对你将来的工作有什么影响？"开放式答案制作十分容易，问题简单、直接，易于作定性分析。但是数据处理较困难。开放式答案常用于描述性的研究或较为复杂问题的研究，被调查者通常能按自己的理解来回答问题，可以比较真实地反映他们的态度、观点。另外，当研究者无法把握问题答案时，也常采用开放式答案。

（2）半封闭式。半封闭式答案是指在问题提出并提供若干备选答案后，考虑到个别被调查者的情况可能没有完全包括，因此在最后增加"其他"选项，让被调查者自拟合适的答案。"其他"之前的答案是预先提供的，而"其他"是开放的。

（3）封闭式。封闭式答案是指在问卷中除了提出问题，还提供可选择的答案，供被调查者选择。封闭式答案选择是强迫性的，即在两个或多个选项中必须选择其中一个答案。

例如，你购买汽车的主要用途是什么？

A．家用　B．工作　C．外出旅行　D．商务使用

让被调查者必须从中选择一个答案。

（4）选择式。选择式是从列举的多种答案中挑选最适合个人实际情况的答案，有的可要求选择答案多于1个。要求选择多于1个答案的须在题后注明。

例如，您认为购买汽车最重要的因素是什么？（可多选）

A．安全性　B．外形　C．耗油量　D．价格　E．售后服务

（5）是非式。是非式提供的答案只有两个，从中选择一个，所以又称两项式。

例如，您是否使用过微信？

A．使用过　B．没有

（6）等级式。等级式是对两个以上分成等级的答案的选择方式。等级式回答方式，只能从中选择一个答案。多用以测定人们的态度和情感。所供选择的答案具有等级关系，其等级有二等、三等、五等、七等。二等式是赞成和不赞成；三等式是赞成、无所谓、反对；五等式则可以是非常赞成、赞成、无所谓、不太赞成、坚决反对。

例如，你对目前工作薪酬的满意程度如何？

A．很满意　B．比较满意　C．一般　D．不大满意　E．不满意

（7）·排序式。排序式是按照先后顺序对答案进行排列。例如，你比较喜欢哪些电影？请按喜欢程度从大到小加以排列。排序式一般有两种方式：一种是将所有答案排序；另一种是把选出的答案排序。前者称全排序，后者称选择排序。在整理数据时，可将选择的顺序变换成数值，最后的选择为1，第一选择则为最高数值，数值大表示喜欢的程度高。

（8）表格式。有一些问题要求针对不同情况分别作答，而问题的答案都在共同的范围内，为了简明地表达，可以采用表格的形式，被调查对象只需在相应的表格上选择就行。

（9）矩阵式。矩阵式将同类问题归类到一起，像表格一样每行代表不同维度，每列表示不同选项。矩阵式分为两种形式：单维度和多维度。单维度矩阵题是调查者只在一个正规属性上进行调查，因此只有一列问题和可能的多个答案。在双维度矩阵题中，调查者可以同时调查两个正规属性，因此有两列问题和可能的多个答案。

（10）后续式。后续式是对于选择某一种答案的人们再次提供备选答案的填答方式。

思维拓展

强化数字引领，推动高质量发展

2023年2月，中共中央、国务院印发了《数字中国建设整体布局规划》（以下简称《规划》）。规划提出建设数字中国是数字时代推进中国式现代化的重要引擎，是构筑国家竞争新优势的有力支撑。一是打通数字基础设施大动脉。加快5G网络与千兆光网协同建设，深入推进IPv6规模部署和应用，推进移动物联网全面发展，大力推进北斗规模应用。系统优化算力基础设施布局，促进东西部算力高效互补和协同联动，引导通用数据中心、超算中心、智能计算中心、边缘数据中心等合理梯次布局。整体提升应用基础设施水平，

加强传统基础设施数字化、智能化改造。二是畅通数据资源大循环。构建国家数据管理体制机制，健全各级数据统筹管理机构。推动公共数据汇聚利用，建设公共卫生、科技、教育等重要领域国家数据资源库。释放商业数据价值潜能，加快建立数据产权制度，开展数据资产计价研究，建立数据要素按价值贡献参与分配机制。数字化发展，是"互联网时代"向"大数据时代""后数据时代"的必由之路。抓住数字经济的发展新机遇，对于我国经济高质量发展至关重要。数字经济是传统经济与数字技术相结合的产物，是世界经济发展的关键引擎，也是世界经济发展的重要趋势。

任务实施

设计发布大学生使用社区团购的调查问卷。

步骤一：选择调查问卷网站。

浏览网上各种调查问卷网站，查看问卷调查类型，了解网络调查问卷设计情况。图3-4为一调网网站首页，图3-5为调查派网站首页。

图3-4　一调网网站首页

图3-5　调查派网站首页

步骤二：明确调查内容。

随着互联网和电商时代的到来，许多新兴产业应运而生，社区团购是互联网高速发展下的产物之一。根据中国互联网络信息中心的数据，我国网民规模庞大，使用互联网进行购物的人数也越来越多。社区团购就是依托互联网平台、以社区为团体进行集中采购的商业模式。我国政策在鼓励社区团购行业发展的同时，强调要落实社区团购的"九不得"规定，维护线上线下公平竞争的市场环境，促进社区团购行业高质量的良性发展。我国社区团购的开展始于2016年，在2020年新冠疫情暴发后，社区团购迎来了爆发式的增长，一时之间，美团优选、淘菜菜、多多买菜、橙心优选等社区团购平台如雨后春笋般出现。社区团购本就是通过社区团购订单，以量的优势向供货商取得价格上的优惠，再通过价格优惠吸引更多的消费者通过社区团购下单。在国家政策支持下，社区团购跨越低价竞争、流量补贴以及低质量陷阱，重新回到供应链竞争、质量竞争、效率竞争、技术竞争的轨道上。

为了了解社区团购在周围大学生群体中的普及程度以及大家对团购的态度和想法，选择"大学生社区团购"的主题，设计网络调查问卷并分析调查结果。

步骤三：确定网络市场调研的对象和方法。

两份调查问卷的调查对象都是某学院现代服务学院大一、大二、大三学生。

调查方法：专题讨论法、资料搜集法等；对现代服务学院的全部学生进行分层，分成大一、大二、大三层，在总体中抽取容量50的样本，在每层中进行系统抽样，根据每层样本量在总体中的比重，在三层中分别抽取容量为15、20、15的样本，随机选定某一学号后，间隔5进行抽样，得到样本。

步骤四：设计调查问卷。

自拟题目，设计一份调查问卷，至少包括单项选择题、多项选择题、问答题等三种类型的题目，请在 Word 文档中进行编辑，编辑完保存至桌面，文件名为你的真实姓名，然后点击任务栏右下角右键选择"作业提交"按钮，提交作业。

步骤五：制作调查问卷并在网上发布。

在可以免费发布问卷的调查派网站上发布问卷，如图3-6至图3-9所示。

图3-6　调查派网站注册

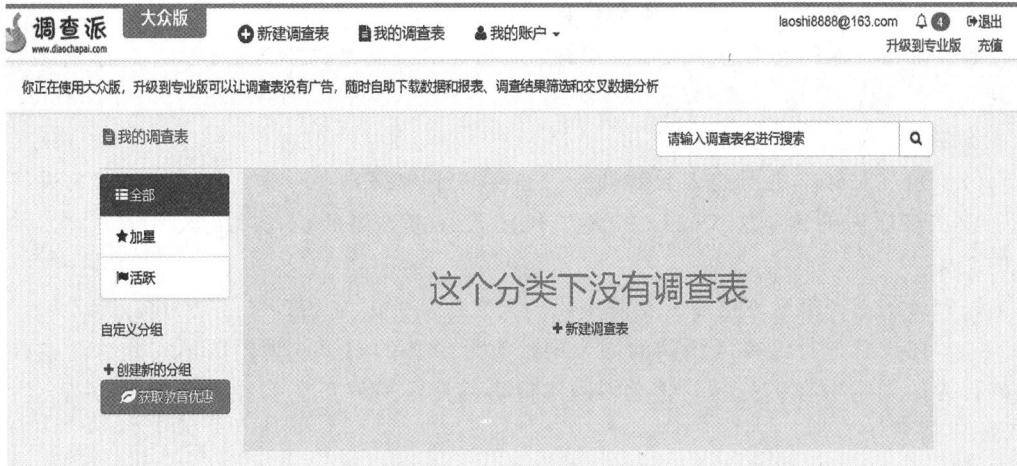

图3-7　创建新的调查问卷

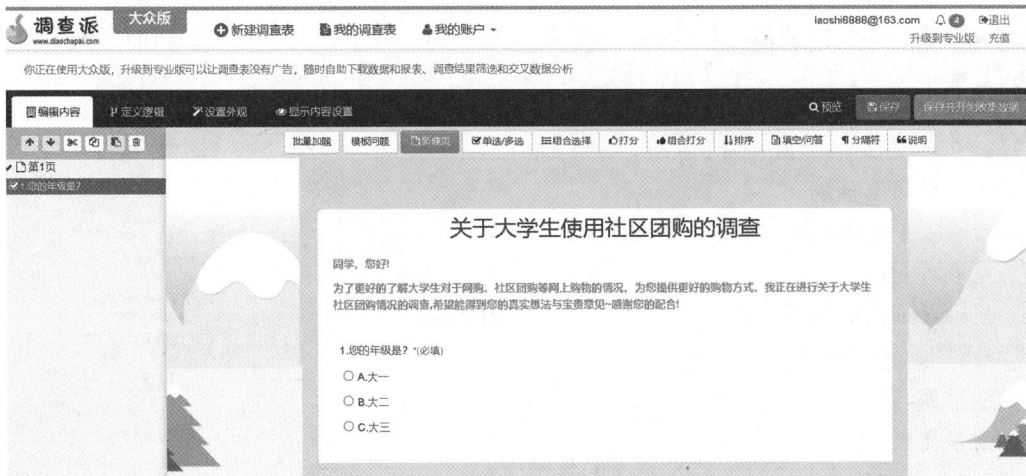

图3-8　设计自己的具体调查问卷

图3-9　提交设计好的调查问卷

步骤六：收回问卷并收集、整理信息。

通过邮箱发送问卷信息、微信群里做宣传等来让身边和同学身边的大学生朋友参与此次调查。

步骤七：调查结果分析。

（1）通过对样本中团购人数的调查，得到以下数据：大一学生样本中有7人进行过团购，在该层中的比例为55.25%；大二有10人，占该层的69.25%；大三有9人，占该层的55%。

以95%的把握推断现代服务学院中团购人数比例范围为40.27% ~ 76.36%。

（2）在没有进行过社区团购的同学中，有近56%的同学认为团购不安全，而在有过团购行为的同学中有97%的同学觉得团购值得信任。另外，在前者中有92%的人会尝试社区团购。

（3）在社区团购人群中，因为便宜而选择团购的占网购人数的60%，还有一部分同学是出于好奇和寻找新奇商品而选择团购。在众多的社区团购网站中，消费者该如何选择呢？有49%的团购者会把网站商品折扣力度大小作为他们选择社区团购网站的主要标准。

任务测评

一、单项选择题

1.不属于网络调查问卷引言需要交代的内容是（　　）。

A.调查目的　　　　　　　　　　　B.调查意义

C.一系列的问题与答案　　　　　　D.填表说明

2.网络调查问卷的结构不包括（　　）。

A.标题　　　　　　　　　　　　　B.卷首语

C.正文　　　　　　　　　　　　　D.参考文献

3.正文问题的形式不包括（　　）。

A.封闭性问题　　　　　　　　　　B.开放性问题

C.半封闭半开放性问题　　　　　　D.判断题

二、多项选择题

1.网络调查问卷法的优点主要有（　　）。

A.成本低　　　　　　　　　　　　B.调查范围广

C.样本量大　　　　　　　　　　　D.便于统计分析

E.成本高

2.对网络调查问卷进行评价的方法主要包括（　　）。

A.上级评价　　　　　　　　　　　B.专家评价

C.被调查者评价　　　　　　　　　D.客观评价

E.自我评价

3.网络调查问卷设计的原则有（　　）。

A.目的性原则　　　　　　　　　　B.可接受性原则

C.逻辑性原则　　　　　　　　　　D.简明性原则

E.匹配性原则

三、简答题

1.网络调查问卷设计的注意事项有哪些？

2.网络调查问卷设计的要求有哪些？

任务三　撰写网络市场调研报告

任务描述

现在利用网络来进行调研，确实是一种全新的数据收集方式。普通的调研都是非常浪费物力的，也很消耗时间，最后得出的数据还不一定准确。因为过去的调研基本上都是针对路人，许多人都不太接受这样的调查方式，就算接受，大家也不一定有时间坐下来参与调查。现在就完全不同了，网络市场调研非常灵活和方便，而且节约了大量的时间和物力。研究者只需要准备好相关的资料，下载一个固有的模板就可以做成问卷，或者是以表格的形式来进行调查，直接发布到网上，每天的点击率都非常高。网络市场调研报告是人们对某一情况、事件、经验或问题经过深入细致的调查研究而写成的书面报告，它反映了人们通过调查研究找出某些事物的规律，并提出相应的措施和建议，是社会调查实践活动的成果。

学习撰写网络市场调研报告，有助于同学们进一步认识社会、融入社会，把所学知识与社会实践结合起来，全面提高自身素质。试结合本任务所学内容撰写一篇电子商务专业人才需求调研报告。

知识准备

调研人员从互联网上获取了大量的信息后，必须对这些信息进行整理和分析，通过筛选、分类、整理、统计等科学加工，写出一份图文并茂的调研报告，直观地反映出市场的动态。调研报告不是数据和资料的堆砌，而是网络市场调研成果的最终体现，是在对所获资料分析的基础上，对所调研的问题整理而得出的结论，并提出具有建设性的意见，供有关决策者参考。

一、网络市场调研报告的分类和构成

（一）网络市场调研报告的分类

1.专题型调研报告。专题型调研报告，就是针对某个问题进行较深入的调研后形成的报告，这类报告一般常常在标题上反映出来。它能及时揭露现实生活中的矛盾，反映群众的意见和要求，研究急需解决的具体的实际问题，并根据调研的结果提出处理意见和对策、建议。

2.综合型调研报告。它是以综合调研众多的对象及其基本情况为内容、作全面系统的调研和反映的报告。具有全面、系统、深入和篇幅较长的特点。它与专题调研报告的主要区别就在于它的综合性上。它使读者可以从报告中看到事物的相对完整的鸟瞰图。

3.理论研究型调研报告。这是以学术研究为目的而撰写的报告，它以收集、分类、整理资料并提出问题、报告结论为特点，大多发表在学术刊物上，或载于学术著作中。

4.实际建议型调研报告。这是由于实际工作需要而写的调研报告，其主要内容是为预测、决策、制定政策、处理问题等进行调研所获得的材料及有关的建议。

5.历史情况型调研报告。这是根据需要以历史情况为对象进行调研而形成的调研报告。它可以供人们了解某一事物或问题的历史资料和历史真相。

6.现实情况型调研报告。它是以正在发生、发展的一些现实生活为对象进行调研后所形成的调研报告。人们可以通过它了解和认识某些事物和问题的客观现实情况，以作为其他认识活动的依据或参考。

（二）网络市场调研报告的构成

网络市场调研报告一般由标题、摘要、正文、结尾、附件几部分构成。

1.标题。标题由报告的内容来决定，它必须准确揭示调研报告的主题思路，做到题文相符，同时，还要有高度的概括，具有较强的吸引能力。标题可以有两种写法。一种是规范化的标题格式，基本格式为《××关于××的调研报告》《关于××的调研报告》《××调研》等。另一种是自由式标题，包括陈述式、提问式和正副题结合使用三种。陈述式如《××大学毕业生就业情况调研》；提问式如《为什么大学毕业生择业倾向北上广深》；正副题结合式，正题陈述调研报告的主要结论或提出中心问题，副题标明调研的对象、范围、问题，如《职业教育本科建设——××职业大学职教本科建设实际情况调研》等。

2.摘要。这是指调研报告的内容摘要，主要包括以下三方面内容：第一，简要说明调研目的，即简要说明调研的原因；第二，简要介绍调研的对象和调研内容，包括调研时间、地点、对象、范围、调研要点及所要解答的问题；第三，简要介绍调研研究的方法，这有助于确定调研结果的可靠性，并说明选用该方法的原因。

3.正文。正文是调研报告的主要部分。正文部分必须准确阐明全部有关论据，包括问题的提出、引出结论、论证的全部过程、分析研究问题的方法等。

（1）引言。引言即调研报告的开头，万事开头难，好的开头，既可使调研分析报告顺利展开，又能吸引读者。引言的形式有以下几种：

① 开门见山，揭示主题。开始先交代调研的目的或动机，揭示主题。例如，20××年9月我们对20××级电子商务专业的学生进行有关心理障碍调研研究，目的是要有针对性地对学生进行健康教育，矫正疏导各种不良心理，使学生健康成长。

② 结论先行，逐步论证。将调研结论写出来，然后再逐步论证，这种开头形式，观点明确，使人一目了然。例如，20××年9月，我们对我校电子商务专业500名学生心理状况进行调研。调研结果表明，不少学生存在这样或那样的心理方面的障碍，大致可以分为以下几类：××××。

③ 交代情况，逐层分析。报告开头可先介绍背景，然后逐层分析，得出结论。也可交代调查时间、地点、对象、范围等情况，然后分析。这样可使读者有一个感性认识，然后再深入分析研究。

④ 提出问题，引入正题。用这种方式提出人们所关注的问题，引导读者进入正题。

（2）论述。论述部分是调查报告的核心部分，它决定着整个调查报告质量的高低和作用的大小。

① 论述部分的重点。通过调查了解到的事实，分析说明被调查对象的发生、发展和变化过程；调查的结果及存在的问题；提出具体的意见和建议。

② 论述部分的写法。由于论述一般涉及的内容很多，文字较长，有时也可以用概括性或提示性的小标题突出文章的中心思想。

③ 论述部分的主要内容。不管使用多少个标题，论述部分大致可分为基本情况部分和分析部分。基本情况部分要真实地反映客观事实，对调查的背景资料作客观的介绍说明；或者是提出问题，其目的是要分析问题。分析部分是调查报告的主要部分，在这一阶段，要对资料进行质和量的分析，通过分析，了解情况，说明问题和解决问题。分析一般有三类情况：第一类成因分析；第二类利弊分析；第三类发展规律或趋势分析。

4.结尾。结尾部分是调研报告的结束语。结束语一般有三种形式：

（1）概括全文。综合说明调研报告的主要观点，深化调研报告的主题。

（2）形成结论。在对真实资料进行深入细致的科学分析的基础上，得出报告结论。

（3）提出看法和建议。通过分析，形成对事物的看法，在此基础上，提出建议或可行性方案。

5.附件。附件是对正文报告的补充或更详尽的说明，包括数据汇总表及原始资料、背景材料和必要的工作技术报告。例如，在撰写的网络市场调研报告里，可以把相应的调查问卷节选一部分作为调研报告的附件。

二、撰写网络市场调研报告的注意事项

（一）合乎逻辑

撰写调研报告应按照调研活动展开的顺序，前后衔接，环环相扣，使调研报告结构合理、符合逻辑，并对必要的重复性调研工作进行适当说明。通常通过设立标题、副标题、小标题并标明项目的等级符号以增强报告的逻辑性。

（二）解释充分，结论准确

调研报告中的图、表是为增强阅读性、可视性而设计的，然而并不意味着不需要进行任何解释性工作。尽管绝大多数人都能理解图、表的内容及含义，但调研报告撰写者应辅以相关文字进行说明。同时，报告中不要堆砌很多与调研目标和调研主题无关的资料和解释性说明，避免形式脱离目标的结论，而是应尽量切合实际地提出调研建议。

（三）重视质量，篇幅恰当

有些调研人员误认为报告越长，质量越高，并试图将自己的所有信息纳入报告之中，从而导致"信息冗余，重点不突出"，因此，应重视调研报告的质量，一份优秀的调研报告应该简洁、有效、重点突出，避免篇幅冗长。

（四）定量与定性分析相结合

一份优秀的调研报告不能只有通篇的文字说明，又不能将所有的定量分析结果罗列，过度使用定量技术往往被视为"泡沫工作"，给人们的阅读及理解造成干扰和困难。因此，撰写调研报告应将定量分析与定性分析方法相结合。

（五）避免虚假的准确性

通常人们对统计数字保留到两位小数以上易形成认知错觉，主观上认为这些数字极其精确。例如，"有53.68%的顾客对公司提供的服务满意"，人们会误认为这些数字是准确无误的，然而这可能是调研者的技巧与方法。因此，调研人员应尊重客观事实，避免虚假的准确性。

（六）尽量图表化

图、表等能够直观地显示出所要陈述的内容，增强调研报告的可读性，因此，应尽量使用图、表。

任务实施

撰写电子商务专业人才需求调研报告。

我国目前的高等职业教育电子商务人才培养方面，仍存在着许多问题，出现了电商人才供需不匹配的现状。在人才供给方面，随着行业各领域的快速扩张，电子商务领域人才出现巨大的缺口。电子商务人才稀缺也造成企业电商人才频繁流动，原因是：电商企业的频繁更迭必然会导致电商人才的频繁流动；大量电商企业诞生以及大量传统企业转型电商，导致行业内的人才争夺现象严重，尤其是紧缺型电商人才流动最为频繁。2023年2月，拉勾招聘大数据研究院针对全国2 534名数字化科技人才进行调研，发布《2023年春季数字化科技人才·跳槽调查报告》，电商行业需求量增长领先于其他行业，新发职位数量增加7.3%。金融行业、企业服务、内容社区/短视频和游戏新发职位数量增长比例跻身前五位。按照职位类型分类，技术人才跳槽指数为2.75，在所有岗位中位列第一，随后是运营、销售和设计类人才。2023年春季数字化科技人才跳槽求职时，除了看重最重要的薪资福利之外，44%的人才关注行业发展情况，另外有36%的人才重视公司规模。此外，主播及快递人才缺口最大。面对当前电商行业的快速变化与电子商务人才不足之间的矛盾，以及电商企业对人才的要求与职业院校教学模式的矛盾，职业院校要改进人才模式，与企业深度合作，共同制订人才培养方案，设置课程体系，共建实训基地，培养适合电子商务企业发展需要的电子商务高层次技术技能人才。

步骤一：调研目的和任务。

1.通过对电子商务专业人才需求、毕业生的情况、同类院校同类电子商务专业现状的调研，更好地服务地方产业发展，专业与产业、职业岗位对接，专业课程内容与职业标准对接，教学过程与生产过程对接，学历证书与职业资格证书对接，职业教育与终身学习对接。

2.通过调研分析电子商务专业人才知识、技能、素质要求的变化趋势，对专业设置、人才培养目标定位、模式改革、课程标准修订、招生规模、学生就业指导提供依据和帮助，提高电子商务专业人才培养质量及毕业生的就业质量。

3.通过调研了解企业或部门是否重视电子商务的开展；对电子商务人才学历层次需求、需求程度与未来发展变化、不同岗位需求的数量和紧迫度情况；校企合作意愿；对技能证书的要求等方面。

4.通过开展调研，明确某学院电子商务专业学生的培养定位，以进一步完善人才培养方案，提供参考意见和建议。

步骤二：确定调研方法。

调研小组采用文献搜索、行业企业专家访谈等方式进行行业和经济发展研究；采用问卷填写、电话访谈、实地走访、个人专访等方式进行企业调研和毕业生人员调研；采用数据采集、问卷填写、电话访谈等方式进行院校调研。

步骤三：调研区域与调研对象。

1. 调研区域。全国范围内选择电子商务领域的知名专家进行访谈（其中行业专家 5 名，院校专家 5 名）。地区覆盖黑龙江、浙江、四川、河南、陕西、北京、上海等 10 余个省份。

2. 调研对象（包括企业、同类院校和专业毕业生）。

（1）行业企业调研。企业调研主要反映电子商务行业的人才结构现状、企业人才需求情况、企业岗位设置及对人才结构类型的要求、岗位对知识技能的要求、相应的职业资格或职业技能等级证书要求。调研的企业涵盖本职业所涉及的各类企业，调研的对象涵盖企业生产一线各层级技能人才、技术人员、技术主管、人力资源主管等。

（2）毕业生调研。发放毕业生调查问卷 100 份，优秀毕业生访谈 10 人，通过访谈了解专业设置、课程设置、教学组织与实施等方面内容。

（3）区域内同类院校专业调查对象。走访 16 所院校，查阅职业教育诊改网数据平台，对区域内 11 所院校统计数据进行分析，得到各院校电子商务专业人才培养定位的第一手数据。

步骤四：调研内容。

1. 企业人才需求调研。

（1）调研企业的人才岗位需求情况。调研企业的主要岗位集中于网络推广、运营、网络营销人员、网站美工、网店客服等（如图 3-10 所示），这些岗位所需的专业技术技能都已列入电子商务专业人才培养方案。

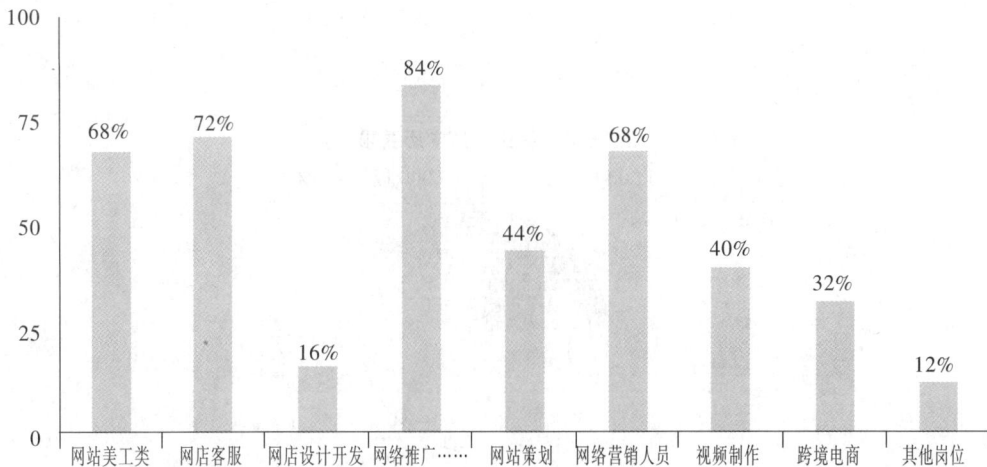

图3-10 调研企业的人才岗位需求

（2）职业资格证书要求。调研企业需要学生具有相应的电子商务专业技能等级证书（如图 3-11 所示），其中 72% 的企业需要网店运营推广等级证书，48% 的企业需要电子商务数据分析等级证书，16% 的企业需要跨境电商 B2B 数据运营等级证书，20% 的企业需要其他证书。

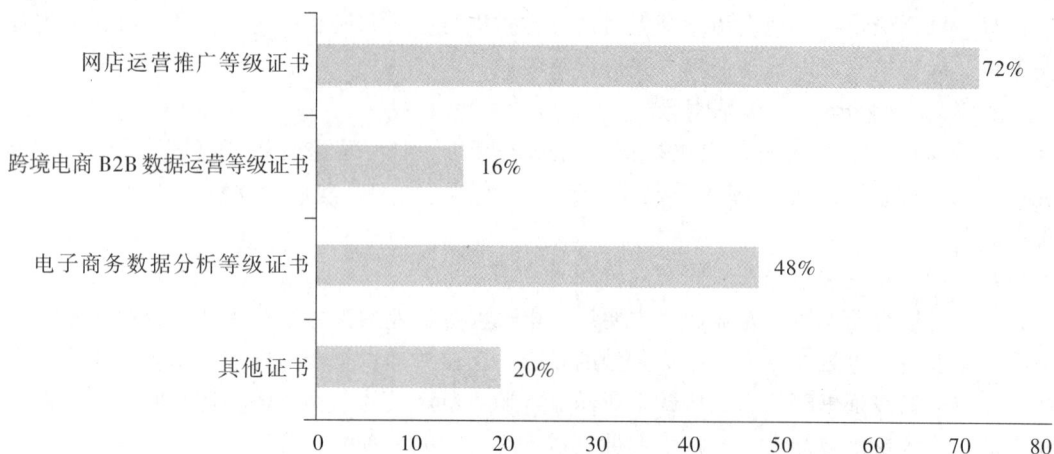

图3-11　企业对职业资格证书的要求

（3）从业人员学历要求及薪资待遇。电商是一个变化快、实践性要求比较高的行业，有持续学习能力的人会获得更多的机会。从调查数据来看，大专学历的员工仍然占主导（如图3-12所示），但部分岗位会有较高的学历要求。调研企业多数是黑龙江省内电子商务企业，平均薪酬在4 000元左右（如图3-13所示）。

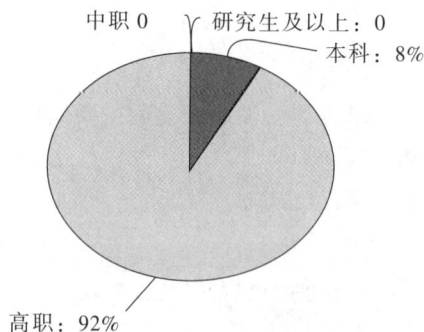

图3-12　从业人员学历要求

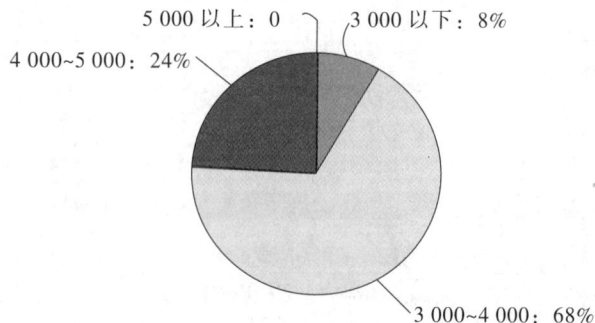

图3-13　毕业生平均薪酬（元/月）

（4）对新进人员知识、能力和素质要求。调研企业聘用人才大多有知识要求、能力要求、素质要求等。知识要求有网络营销、商品管理、客户服务与管理、界面设计、网站构架、美工、办公自动化等；能力要求有学习能力、策划实践能力、创新研发能力、团队合作能力、组织协调能力、语言文字能力等；素质要求有诚实守信、爱岗敬业、遵纪守法、团结合作、严谨细致等。

2.行业发展现状调研。

本次调研涉及的行业为信息服务业、商贸业、批发与零售业、生产制造、农林牧副渔业、房地产业、文化传媒业、住宿餐饮服务业、物流服务业、金融服务业等,其中信息服务业、商贸业为主要类目。

电子商务行业人才需求很大,应届毕业生适应能力较差、工作抗压性较弱,电子商务属于高强度的工作,行业变化太快,需要不断学习。目前,我国社会正在快速转型进入数字化社会,电子商务领域的人才需求缺口巨大,不论是高端岗位还是基础岗位都存在大量的人才需求,这对于学生来说既是机遇也是挑战。互联网时代,从业人员一定要具备"互联网思维",并要积极适应变化,具备快速的学习能力,需要"一专多能",具备"一技之长"的同时还需要"多才多艺"。

3.毕业生跟踪调查。

根据目前电子商务发展形势大好、人才急剧缺乏的实际情况,采用问卷星网上发布调查问卷方式,对2003年至今毕业电子商务专业学生进行调查跟踪。从收回的100份有效问卷中可以看出毕业生的就业分布区域、工作岗位、薪资情况、就业对口率、工作稳定性、专业课程应用等情况,调查结果如图3-14至图3-25所示。

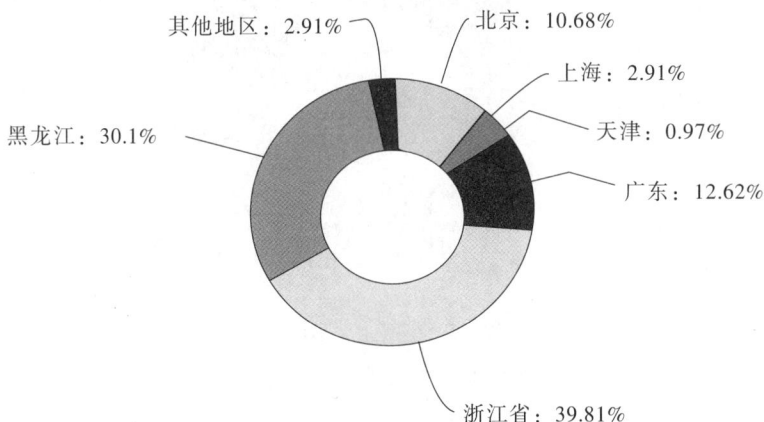

图3-14　工作单位地点

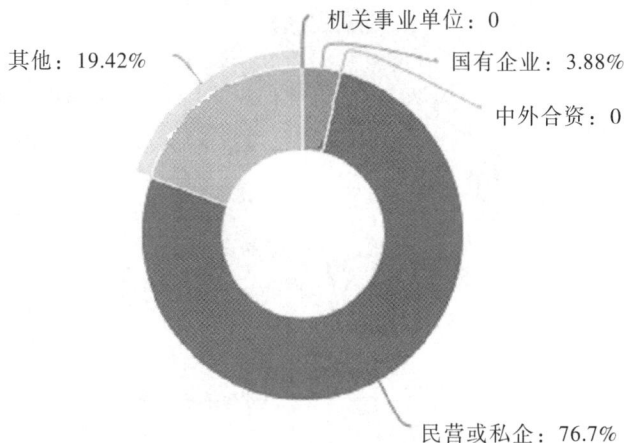

图3-15　工作单位性质

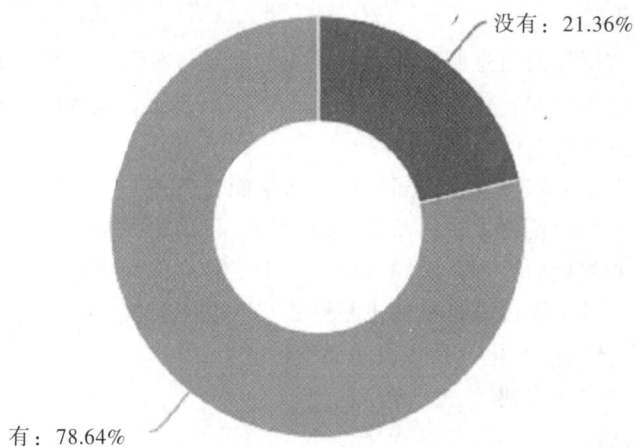

图3-16　就业至今是否更换过工作

没有：21.36%

有：78.64%

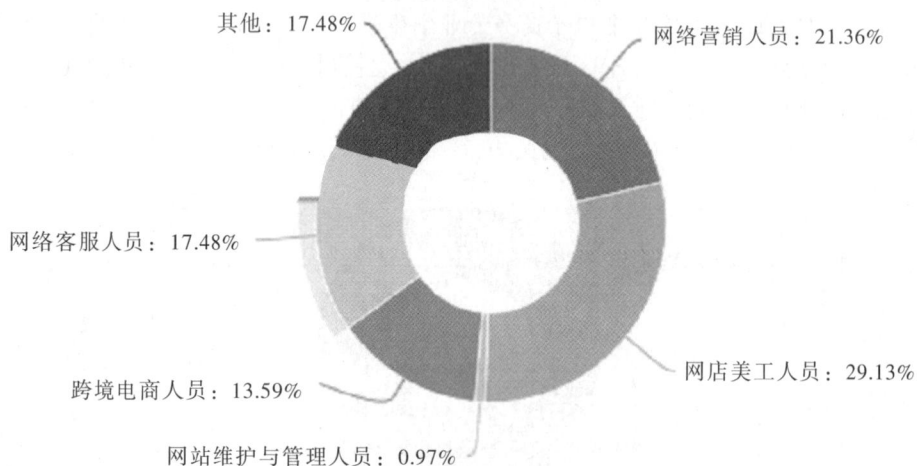

其他：17.48%

网络营销人员：21.36%

网络客服人员：17.48%

网店美工人员：29.13%

跨境电商人员：13.59%

网站维护与管理人员：0.97%

图3-17　目前的工作岗位

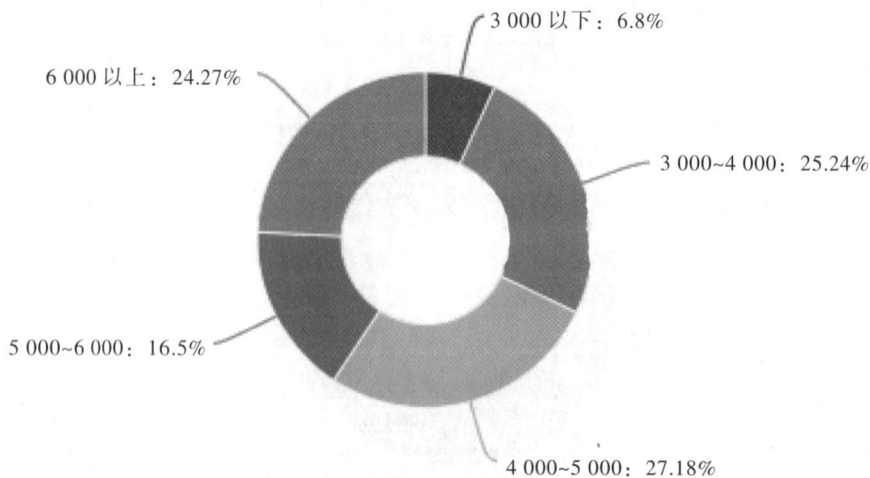

3 000 以下：6.8%

6 000 以上：24.27%

3 000~4 000：25.24%

5 000~6 000：16.5%

4 000~5 000：27.18%

图3-18　就业岗位薪酬情况（元/月）

不对口：3.88%

不太对口：4.85%

联系密切：3.88%

完全对口：26.21%

比较对口：61.17%

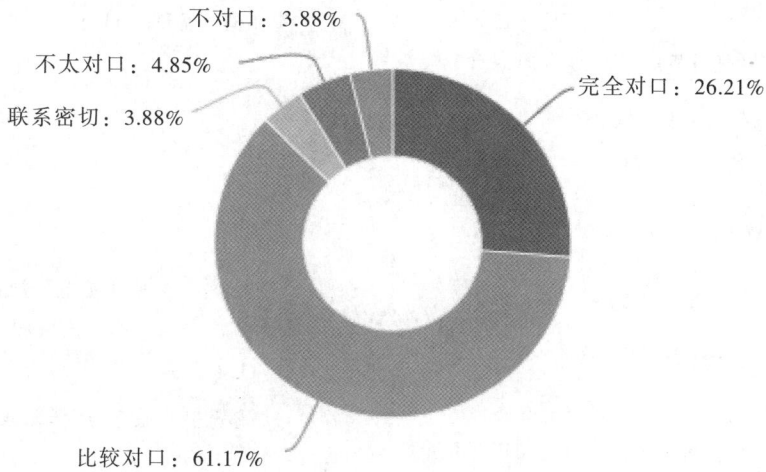

图3-19　从事的工作与所学专业的关系

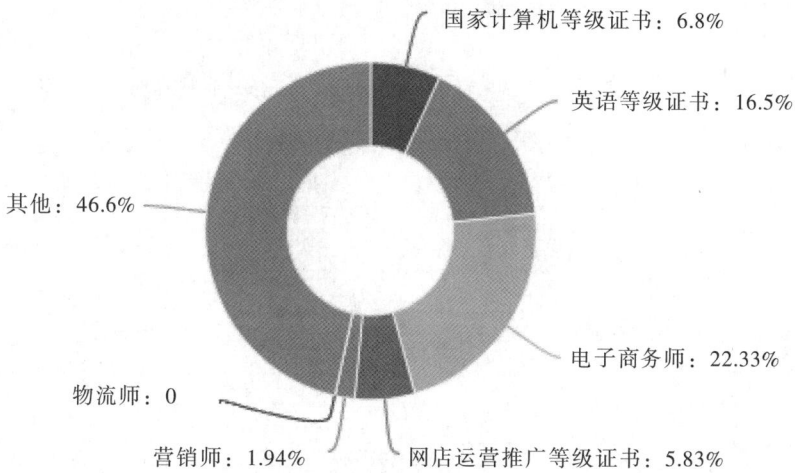

国家计算机等级证书：6.8%

英语等级证书：16.5%

其他：46.6%

电子商务师：22.33%

物流师：0

营销师：1.94%

网店运营推广等级证书：5.83%

图3-20　资格证书中对你意义最大的

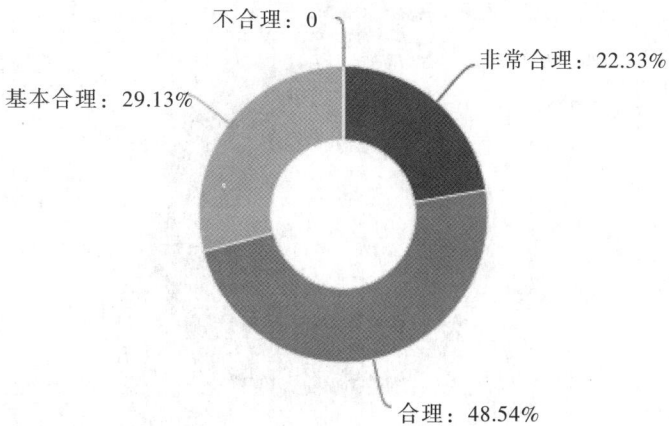

不合理：0

基本合理：29.13%

非常合理：22.33%

合理：48.54%

图3-21　学校的专业设置是否合理

其他：12.62%　　　电子商务基础：53.49%

商务数据分析应用：26.21%

选品与采购：34.95%　　　网络营销：49.51%

商品信息采编：32.04%

网络编辑：32.04%

国际贸易实务：26.21%　　　网店美工：78.64%

移动电子商务：45.63%

商务网页设计与制作：53.4%　　　移动客户服务与管理：41.75%

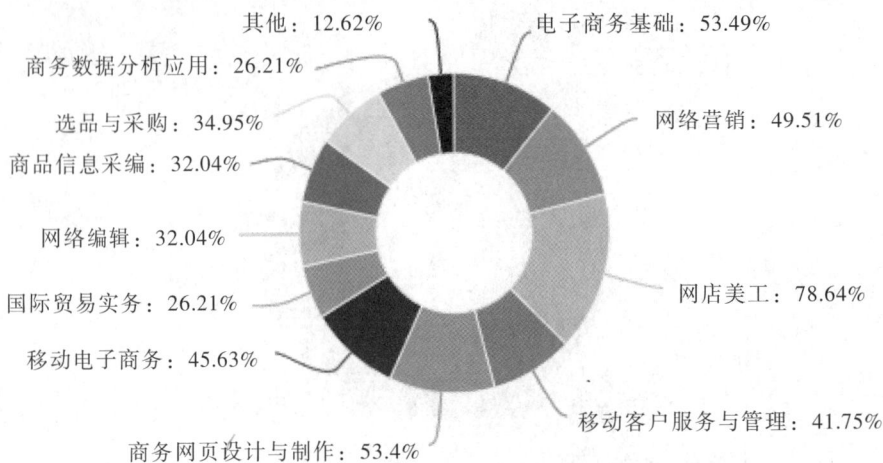

图3-22　专业课程中对工作帮助最大的

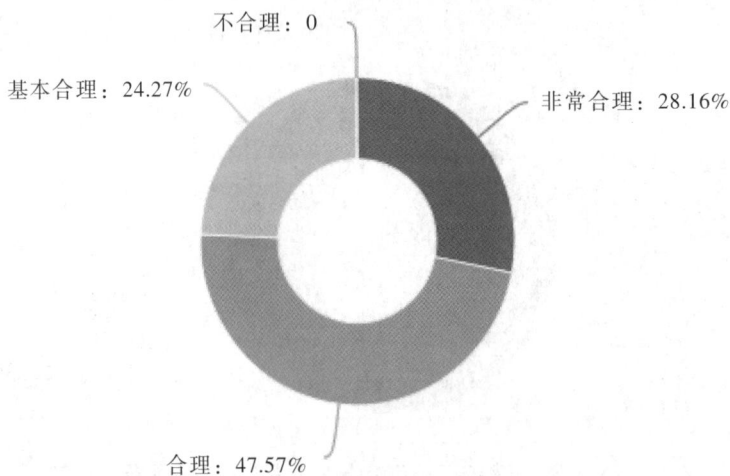

不合理：0

基本合理：24.27%　　　非常合理：28.16%

合理：47.57%

图3-23　学校的教学方法与教学手段是否合理

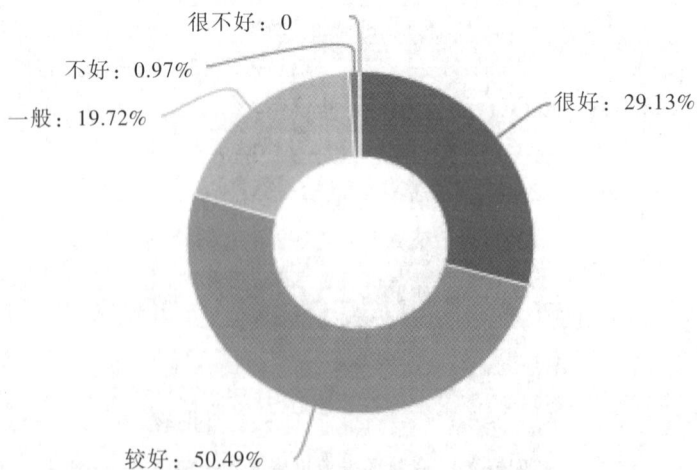

很不好：0

不好：0.97%

一般：19.72%　　　很好：29.13%

较好：50.49%

图3-24　专业基本理论技能掌握情况

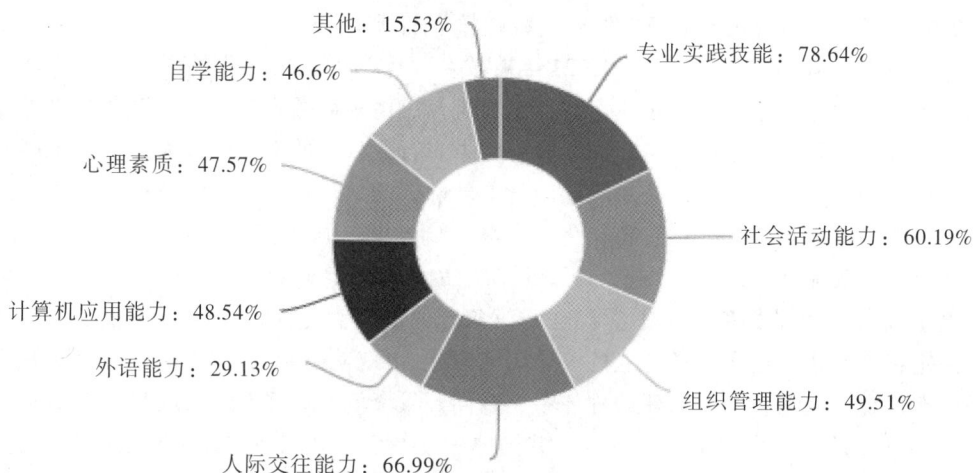

图3-25　在校提高哪些能力会对工作有帮助

通过以上调查分析可以得出毕业生的就业单位在浙江省的占39.81%，黑龙江省内的占30.1%；工作岗位主要为网店美工人员，占29.13%，网络营销人员占21.36%，网络客服人员占17.48%；在薪酬情况中，4 000～5 000 元占27.18%，3 000～4 000 元占25.24%，6 000 元以上占24.27%；认为所从事的工作与专业比较对口的占61.17%，完全对口的占26.21%；认为学校的专业设置合理的占48.54%，基本合理的占29.13%，非常合理的占22.33%；专业课程对工作帮助较大的是网店美工，占78.64%，商务网页设计与制作占53.4%，电子商务基础占53.49%；认为学校的教学方法和教学手段合理的占47.57%，非常合理的占28.16%；认为自己在校期间能力提升对工作有帮助的为专业实践能力占78.64%，人际交往能力占66.99%，社会活动能力占60.19%。以上分析得出结论，电子商务专业设置合理，课程设置符合学生就业需求，从事工作大部分与专业对口，说明该学院电子商务专业设置合理，为进一步优化专业课程设置、调整课程标准与教学内容，提高人才培养质量奠定了基础。

步骤五：调研结论。

本次调研充分了解了电子商务专业对应的产业结构发展现状、未来趋势以及用人单位对电子商务专业人才的需求状况（包括未来三年内人才需求量、对人才的学历层次要求和能力要求等），突出就业指导对学生择业、就业的重要性，使毕业生就业跟踪调查活动更加规范化、制度化。根据电子商务的迅猛发展对电子商务专业人才的需求，明确电子商务专业学生的培养目标和市场定位，加强专业内涵建设，积极探索人才培养模式改革途径与方法，提升人才培养质量，为科学制定课程体系及课程标准提供准确的信息。

1.明确专业人才定位，满足区域人才需求。

调研数据显示，电子商务专业面向网络推广、运营、网站美工、网店客服等工作岗位，分别开设电子商务基础、网络营销、网店运营与管理、网店美工、商务网页设计与制作、商务数据分析与应用、商品信息采编、网络编辑等课程，着力提升学生的知识、能力、素质，具备支撑终身发展、适应时代要求的关键能力，具有较强的就业创业能力和可持续发展能力，满足区域人才需求。

2.建设高水平结构化国家级职业教育教师教学创新团队。

电子商务专业师资力量雄厚。2021年被教育部评为国家级职业教育电子商务教师教学创新团队。通过内培外引、企业实践、国内进修、电子商务师职业资格培训等方式，提高专业教师双师素质，培养及聘任国际有影响力、行业权威的专业带头人，培养能够帮助企业改进产品工艺、解决生产技术难题的骨干教师，聘请行业内具有绝技绝艺的技术技能大师任兼职教师，形成无界化、智能化、高水平结构化、国内垂范的教师教学创新团队。

3.创新"双院融合，三体共导，五能进阶"的人才培养模式。

电子商务专业是特色高水平学校电子商务专业群牵头专业，结合专业特点和生源特点，制定特色高水平电子商务专业的人才培养模式。"双院融合"，即以跨专业交融的数字贸易生态产业学院为依托，共建课程体系，共同开发资源，共建共用实践教学工场、共培师资、共育人才、共融共生，形成育人共同体、创新创业共同体、技术与服务的结合体、科技与产业的融合体；三体共导，以校内教师主体、学术研究体、技术技能体三体教师团队组成导师团，与学生形成"创新合作伙伴关系"，引导学生"技能实践、技术研发、创新创业"；"五能进阶"构建专业认知、岗位技能、专项技能、项目运营、创新创业五大阶梯的学生综合能力成长图谱，同时融入职业素养、职业道德，把精益求精的"工匠基因"植入到学生的思想行为习惯中，遵循从学生→企业实习生→准职业人→合格职业人的递进人才培养规律，让学生在职业氛围中成长，培养具有坚定理想信念和社会主义核心价值观，与电商产业链岗位群相适应，具备认知、合作、创新、职业能力等职业素养，具有艰苦创业的"北大荒精神""铁人精神"的高素质技术技能人才。

4.以赛促教、以赛促学，赛证结合，助推"X"技能提升。

为了全面提升学生技能水平，电子商务专业以技能大赛为抓手，采取"以赛促教、以赛促学，赛证结合"的模式，激发学生的自主学习意识，充分调动学生的积极性和创造性，同时激发教师的教学热情，深化教育教学改革。坚持把立德树人作为根本任务，将技能养成作为培养学生的重心和关键，有序推进1+X电子商务职业技能等级证书试点工作，积极探索课证融通。教师在教学活动中融入竞赛元素，将技能大赛中的新技术、新方法纳入教学标准和教学内容中，满足技术技能教学时效性要求，更好地做到学以致用，助推"X"技能提升。

5.深化产教融合，与优质企业建立稳定合作关系。

该学院与黑龙江俄速通集智科技有限公司合作成立了数字贸易生态产业学院，共同开发特色课程，共同制订人才培养方案，共享优质资源，共同研发行业标准、协同开展技术创新，实行精准育人，服务区域经济。

🎯 任务测评

一、单项选择题

1.（　　）必须准确揭示调查报告的主题思路，做到题文相符，同时，还要有高度的概括性，具有较强的吸引力。

A.标题　　　　　　　　　　　　B.摘要

C.正文　　　　　　　　　　　　D.结尾

2.（　　）是供企业领导、职能部门管理人员使用的内容简明扼要而重点突出的报告。

    A.专门性报告   B.一般性报告

    C.社会实践报告   D.工作总结报告

二、多项选择题

1.网络市场调研报告的结尾主要包括（   ）。

    A.对调研报告归纳总结，深化主题

    B.对事物发展作出展望，提出努力的方向

    C.启发人们进一步去探索，提出建议供参考

    D.尚存在的问题或不足，说明有待今后研究解决

    E.补充交代正文没有涉及而又值得重视的情况或问题

2.网络市场调研报告的正文主要包括（   ）。

    A.标题   B.摘要   C.前言

    D.主体   E.结尾

三、简答题

1.简要说明网络市场调研报告的构成内容。

2.撰写网络市场调研报告的注意事项有哪些？

思政园地

加强网络安全意识，共同维护国家安全

当代社会信息化和网络化不断深入，网络数据已逐渐成为与物质资产和人力资本同样重要的基础生产要素，被广泛认为是推动经济社会创新发展的关键因素。然而，数据在体现和创造价值的同时，也面临着严峻的安全风险：一方面，数据流动打破安全管理边界，导致了数据管理主体风险控制力减弱；另一方面，数据资源因具有价值，引发数据安全威胁持续蔓延，数据窃取、泄露、滥用、劫持等攻击事件频发。当代大学生是伴随着互联网的发展而成长起来的，网络已经深度融入他们的生活和学习当中。要树立正确的社会主义核心价值观，同时严格遵守互联网伦理与法规。防止不良信息的传播，防范大学生网络行为偏差。习近平总书记多次强调："没有网络安全就没有国家安全。"国家近年出台的《网络安全法》《数据安全法》《个人信息保护法》及其他相关法律法规对中国的网络数据安全和个人信息保护事项进行"自上而下"的有序监管，促进企业和个人遵守网络数据安全和个人信息的保护要求。坚持网络安全教育、技术、产业融合发展，形成人才培养、技术创新、产业发展的良性生态。坚持促进发展和依法管理相统一，既大力培育人工智能、物联网、下一代通信网络等新技术新应用，又积极利用法律法规和标准规范引导新技术应用。坚持安全可控和开放创新并重，立足于开放环境维护网络安全，加强国际交流合作，提升广大人民群众在网络空间的获得感、幸福感、安全感。

项目实训

随着移动互联网和短视频等新媒体、新技术的快速发展，人们的心理与行为也发生了

一定的变化。以抖音、快手等为代表的短视频App短时间内大量涌现并呈爆发式增长，通过短视频平台观看视频内容已经成为大学生获取信息的重要途径。而短视频场域呈现的信息具有碎片化、同质化、泛娱乐化的特点，会对大学生的社会认知和思维方式产生深刻影响。随之而来的一些负面影响也开始显现，"刷"抖音成瘾、恶搞玩笑失去尺度把握、精神污染等负能量磁场给大学生的行为方式和价值观念的判断带来严峻挑战。大学生正处在世界观、人生观、价值观形成的关键期，他们所接触的信息会在很大程度上影响价值选择与判断。

基于这些问题，请再设计一份"关于大学生使用短视频调查"的调查问卷并在问卷星网站发布，撰写一份网络市场调研报告。

项目考核

1.考核方式：过程考核。

2.考核内容与评价标准见表3-1至表3-3。

表3-1 　　　　　　　　　　　　　　　学生自评表

姓名：　　　　　　　　时间：　　　　　　　实训小组：

评价内容	评价标准				自评
	优 （86～100分）	良 （76～85分）	中 （61～75分）	差 （60分以下）	
工作态度（20%）	满勤 态度认真	出勤良好 比较认真	出勤一般 态度一般	出勤差 态度差	
自主探究能力（30%）	有强烈的探究欲，不断地发现问题、分析问题，寻找解决问题的办法，自主完成实训任务	有探究欲，能提出问题、分析问题，基本自主完成实训任务	有探究欲，能提出问题，在老师帮助下基本完成实训任务	探究欲不强，懒于思考，懒于动手，不能完成实训任务	
小组交流能力（20%）	积极主动进行组内或组间同学交流讨论，能够条理清晰、正确地展示自己的方案、实训任务成果，达成共识	能够进行组内或组间同学交流讨论，展示自己的方案、实训任务成果	能够完成基本小组间的交流，基本完成实训任务	不能够完成基本小组间的交流，不能完成基本实训任务	
分工合作能力（30%）	在小组分工合作下，各尽其责，出色完成实训任务，并通过小组的讨论交流得到新的建议和想法	在小组分工合作下，完成实训任务	在老师指导下分工合作，完成实训任务	小组内缺乏分工，出现一人包办现象，没有体现分工合作	
合计					

表3-2 　　　　　　　　　　　**实训小组成员互评表**

姓名：　　　　　　　时间：　　　　　　　实训小组：

序号	考核标准	分值	组员1	组员2	组员3	组员4	组员5
1	积极参与实训任务，认真搜集资料，提出建议，与小组成员团结合作，对小组贡献突出	12					
2	参与实训任务，能搜集资料，与小组成员团结合作，对小组贡献较突出	8					
3	参与实训任务，基本能与小组成员合作	6					
4	参与实训任务，不能与小组成员合作	4					
5	合计						

表3-3 　　　　　　　　　　　**任务评价表**

考核内容	评价标准	自评（20%）	互评（30%）	师评（50%）
1.能够完全掌握网络市场调研报告撰写方法，调研报告内容完整，格式符合标准；有准确调研过程记录和分析，并能提出较合理的建议	优秀			
2.能够掌握网络市场调研报告撰写方法，调研报告内容完整，格式符合标准；有准确调研过程记录和分析	良好			
3.能够基本掌握网络市场调研报告撰写方法，调查报告内容完整，格式基本符合标准；有调研过程记录和分析	中等			
4.编制调研报告内容基本完整，格式基本符合标准；有调研过程记录和分析	及格			
5.撰写调研报告	不及格			
合计				

项目四　　熟悉常用网络营销推广方式

近年来，我国电子商务坚持创新驱动，不断加快数字产业化和产业数字化步伐，发展迅速，电子商务交易规模持续扩大。根据商务部《中国电子商务报告（2022）》，电子商务交易额由 2015 年的 336.5 亿元增长到 2022 年的 43.8 万亿元；网络购物交易额由 2015 年的 106 亿元增长到 2022 年 13.79 万亿元。我国已连续 9 年保持全球最大网络零售市场地位。直播电商、即时零售等模式业态创新不断激发消费活力，带动网络零售提质升级，助力构建全国统一大市场。跨境电商、海外仓加速发展，助力外贸企业在新冠疫情影响下逆势突围，保障全球产业链供应链稳定。大数据、物联网、人工智能等新一代信息技术在电子商务领域广泛应用，与制造业、农业、服务业等融合发展，赋能传统产业转型升级不断迈进。

在此背景下，网络营销的价值越来越明显。企业可以利用多种网络营销推广模式，将所有网络营销推广途径连接成一个有机整体，本项目重点介绍各种网络营销方法，如搜索引擎营销、病毒营销、网络广告营销、事件营销等。

学习目标

知识目标：

1. 了解搜索引擎的含义及工作原理，掌握搜索引擎优化的基本方法与内容；

2. 了解病毒营销运作的定义、原理及特点，掌握病毒营销策划的基本方法、内容与技巧；

3. 了解网络广告策划的作用，掌握网络广告的策略流程；

4. 了解事件营销运作的原理及特点，掌握事件营销策划的基本方法、内容、技巧。

能力目标：

1. 能够为某产品进行关键词优化；

2. 能够策划病毒营销方案；

3. 能够策划事件营销方案；

4. 能够策划网络广告营销方案。

素养目标：

1. 具有深厚的爱国情感和中华民族自豪感；

2. 树立诚信理念；

3. 具有较强的团结协作意识，较好的交流沟通表达能力。

思维导图

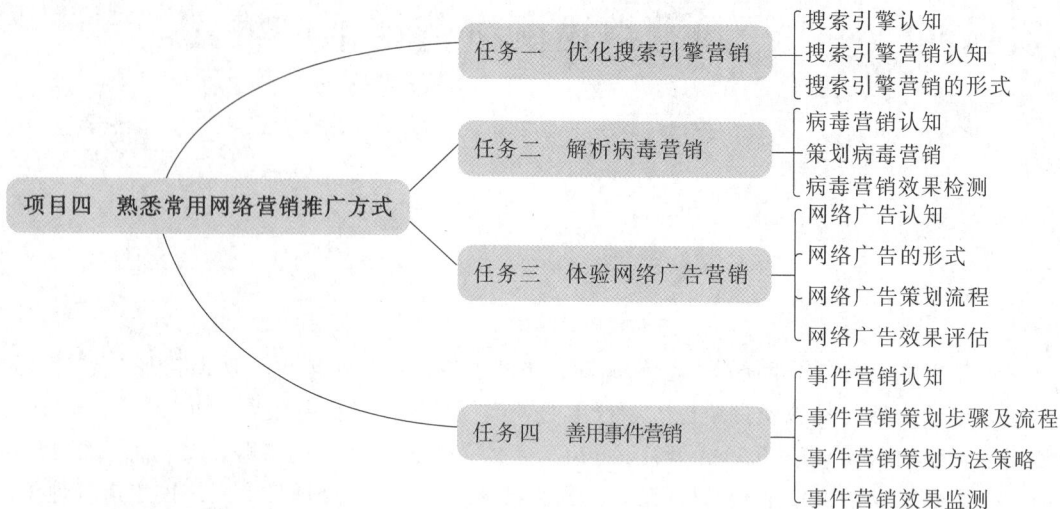

项目四 熟悉常用网络营销推广方式

- 任务一 优化搜索引擎营销
  - 搜索引擎认知
  - 搜索引擎营销认知
  - 搜索引擎营销的形式
- 任务二 解析病毒营销
  - 病毒营销认知
  - 策划病毒营销
  - 病毒营销效果检测
- 任务三 体验网络广告营销
  - 网络广告认知
  - 网络广告的形式
  - 网络广告策划流程
  - 网络广告效果评估
- 任务四 善用事件营销
  - 事件营销认知
  - 事件营销策划步骤及流程
  - 事件营销策划方法策略
  - 事件营销效果监测

任务一 优化搜索引擎营销

任务描述

2023年4月，根据市场研究公司Statcounter的数据，全球搜索引擎市场规模已经超过1 000亿美元，其中谷歌和百度两家公司占据了超过80%的市场份额。搜索引擎的使用已经成为互联网居民的日常网络行为习惯，通过一个搜索框即可简单、直观地获取需要的信息。搜索引擎对于一般的用户来说只是一种工具，用来找到需要的信息；而对于提供内容和商品的网站来说，搜索引擎是一种媒介，帮助它们将自己的内容传递给有需要的用户。在这个过程中，首先，搜索引擎要"倾听"用户的需求，即搜索框里敲下的那几个关键词，究竟是想要找什么；其次，搜索引擎要"检索"数量庞大的内容，从中挑选出最符合要求的那些结果提供给用户。作为互联网的基础应用之一，搜索引擎与其他互联网媒体不同，它是网民的主动行为，关键词能直接反映网民的需求，具有庞大的用户规模与很高的商业价值。

三只松鼠天猫店曾一度包揽了淘宝平台"坚果""碧根果"等关键词的自然搜索排名的前几名位置，如今在淘宝网上搜索"坚果""碧根果"等关键词，三只松鼠依然排在前三名（不包括淘宝直通车广告推广）。

从网店经营的角度来看，搜索引擎营销有着重要的作用。那么如何进行搜索引擎营销呢？

知识准备

一、搜索引擎认知

（一）搜索引擎的定义

搜索引擎（Search Engine）是指根据一定的策略，运用特定的计算机程序从互联网上搜集信息，对信息进行组织和处理后，为用户提供检索服务，将用户检索相关的信息展示给用户的系统。搜索引擎旨在提高人们获取搜集信息的速度，为人们提供更好的网络使用环境。常见的搜索引擎如图4-1所示。

图4-1 常见的搜索引擎

（二）搜索引擎的工作原理

搜索引擎的工作原理是：首先搜索引擎启动网络蜘蛛（Web Spider）在互联网中搜集网页信息，同时对信息进行提取和组织建立索引库；再由检索器根据用户输入的查询关键字，在索引库中快速检出文档，进行文档与查询的相关度评价，对将要输出的结果进行排序，并将查询结果返回给用户。

1. 抓取网页。每个独立的搜索引擎都有自己的网页抓取程序，即网络蜘蛛或称网络爬虫。蜘蛛是一个非常形象的说法，将互联网比作一张信息集合的大网，蜘蛛就负责爬行、寻找信息。爬虫顺着网页中的超链接，连续抓取网页。被抓取的网页被称为网页快照。由于互联网中超链接的应用很普遍，理论上，从一定范围的网页出发，就能搜集到绝大多数网页。

2. 建立索引。为了便于用户在数万亿级别以上的原始网页数据库中快速便捷地找到搜索结果，搜索引擎必须将Spider抓取的原始Web页面做预处理，才能提供检索服务。其中，最重要的就是提取关键词，建立索引库和索引。此外还包括去除重复网页、中文分词、判断网页类型、分析超链接、计算网页的重要度、丰富度等。

3. 提供检索服务。用户输入关键词进行检索，搜索引擎从索引数据库中找到匹配该关键词的网页。搜索引擎按照每个用户的要求检查索引，在极短的时间内找到用户需要的资料，并返回结果给用户。目前返回信息是以网页链接形式提供，为了方便用户进行判断，除了网页标题和URL外，还会提供一段来自网页的摘要以及其他信息。

二、搜索引擎营销认知

（一）搜索引擎营销的概念

搜索引擎营销（Search Engine Marketing，SEM），即根据用户使用搜索引擎的方式，利用用户检索信息的机会尽可能将营销信息传递给目标用户。简单来说，搜索引擎营销就是基于搜索引擎平台的网络营销，利用人们对搜索引擎的依赖和使用习惯，在人们检索信息的时候将信息传递给目标客户。搜索引擎营销的基本思想是让用户发现信息，并通过点击进入网站或网页，进一步了解所需要的信息。

（二）搜索引擎营销的目标层次

搜索引擎营销不仅可以给企业带来更多的点击与关注，还可以带来更多的商业机会。

从搜索引擎营销的信息传递过程和实现搜索引擎营销的基本任务出发，在不同的发展阶段，搜索引擎营销具有不同的目标。最终目标是将浏览者转化为真正存在的顾客，从而实现销售收入的增加和市场份额的扩大。因此，可以将搜索引擎营销的目标归纳为四个层次，即存在层、表现层、关注层和转化层。

1.存在层。

存在层是指在主要的搜索引擎中获得被收录的机会，这是搜索引擎营销的基础。存在层的含义就是让网站尽可能多的网页被搜索引擎收录，即增加网页搜索引擎的可见性。

2.表现层。

表现层是指不仅能被主要搜索引擎收录，还要获得靠前的排名，通常可以通过优化网站的结构、内容等手段来达到这一目标。如果采用主要的关键词检索时网站在搜索结果中的排名靠后，则需要利用竞价等形式作为补充手段来实现排名靠前的目标。

3.关注层。

关注层是指提高网站的访问量。实现这一目标，需要从整体上对网站进行优化设计。搜索引擎营销的第三个目标直接表现为网站的访问量，也就是通过搜索结果点击率的增加来达到提高网站访问量的目的。要想顾客多点击网站和在网站上停留的时间够长，网站自身的优化必不可少。

4.转化层。

转化层是指能够实现网站的最终收益。转化层是前面三个目标层次的进一步提升，是搜索引擎营销效果的集中体现，在搜索引擎营销中属于战略层次的目标。从访问量转化为收益则是由网站的功能、服务、产品、体验等多种因素共同作用而决定的。

搜索引擎追求最高的性价比，以最少的投入，获得最大的来自搜索引擎的访问量，并产生商业价值。用户检索信息所使用的关键词反映出用户对该问题（产品）的关注，这种关注是搜索引擎之所以被应用于网络营销的根本原因。搜索引擎营销效果转化漏斗如图4-2所示。

三、搜索引擎营销的形式

（一）搜索引擎登录

通常搜索引擎给用户提供收录该用户网址的入口，用户可根据相关要求输入网站地址等信息，符合搜索引擎收录标准，搜索引擎会收录该网址，这也是用户主动要求搜索引擎收录的方法之一。各大搜索引擎都提供了网站链接提交的入口。一般来说，符合用户搜索习惯、网站服务具有持续性和稳定性、重视页面质量和用户体验、注重原创内容的网站更符合搜索引擎的收录标准。

（二）搜索引擎优化

搜索引擎优化（Search Engine Optimization，SEO）是指为提高网站流量、提升网站销售和品牌建设，遵循搜索引擎自然排名机制，对网站内部和外部的调整优化，从而使关键词在搜索引擎中自然排名靠前的过程。搜索引擎营销效果转化漏斗如图4-2所示。

对购物类搜索引擎而言，SEO是一种利用搜索引擎的搜索规则来提高网店在有关搜索引擎内自然排名的方式。狭义上讲是通过总结搜索引擎的排名规律对网店进行合理优化，使网店在搜索引擎中的排名提高。广义上讲是通过SEO等一套基于搜索引擎的营销思路，

1. 推广结果在搜索结果页面展现

2. 推广结果获得用户的点击

3. 网站被用户浏览

4. 企业与用户互动交流

5. 获取订单

展现量

点击量

访问量

咨询量

订单量

搜索引擎推广阶段

企业网站阶段

线下销售阶段

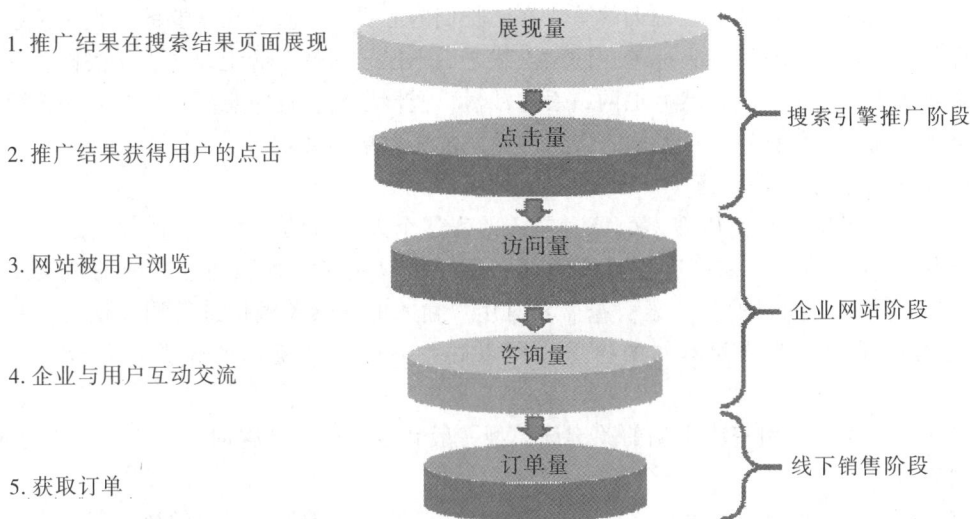

图4-2 搜索引擎营销效果转化漏斗

为网店提供生态式的自我营销解决方案，使网店在行业内占据领先地位，从而获得品牌效应。其本质是迎合搜索引擎的排序机制，让搜索引擎认为该店铺的商品或页面对电子商务平台内的用户最有价值，最终使该商品有可能成交。

以淘宝网为例，在淘宝搜索"洗衣机"，图4-3显示了SEO的结果。

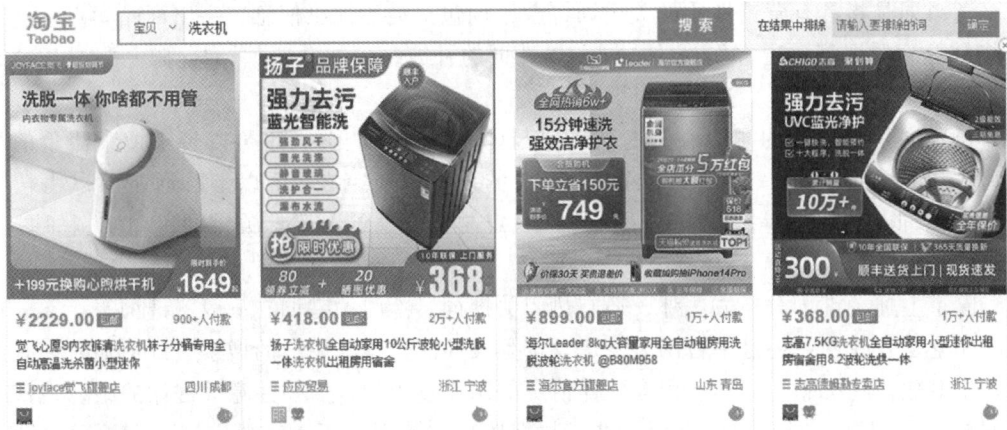

图4-3 淘宝网搜索页面

1. 搜索引擎优化的目标。

搜索引擎优化不能只考虑搜索引擎的排名规则，更重要的是为用户获取信息和服务提供方便，也就是说，优化的最高目标是服务用户。当一个网站能不断为用户提供有价值的信息时，自然会有更多用户访问，搜索引擎的表现也会更好。必须明确的是，搜索引擎优化应该以用户为导向。

2. 搜索引擎优化的方法。

（1）站内优化。站内优化就是指网站内部优化，SEO站内优化包括META标签优化、URL优化、内容优化等。

①META标签优化。例如对标题（Title）、关键词（Keywords）、描述（Description）等

的优化。网站标题、描述、关键词的写法在站长们的心目中一直是很重要的，直接关系网站的排名与流量，而且这三大标签在网站上线之后不能轻易修改。上线之后又去修改，搜索引擎会认为网站不稳定，然后把网站丢进沙盒，慢慢考察，此时想要再度被收录至少要等一个月，而且要保证这一段时间每天给网站添加高质量的文章。

以关键词优化为例。

关键词是指用户在使用搜索引擎时输入的表达个人需求的词汇，它往往是最能直接反映出用户意图的。如果网店选对关键词，那便可以快速出现在精准用户的搜索结果中，从而达到引流的目的。搜索引擎需要对用户输入的搜索关键词进行词性识别，并根据关键词不同的词性分配不同的权重，所以熟悉并掌握关键词的分类是非常重要的技能。

目前，主流搜索引擎中常见的关键词类型一般有核心词、品牌词、属性词、营销词、长尾词等。

核心词是指与商品有紧密联系的，能精准表达商品的关键词，常见的核心词主要有商品词、类目词等，例如"连衣裙""背包""洗衣机"等。

品牌词是指商品的品牌名称，例如"华为""格力""全棉时代"等。

属性词是指描述商品属性、特征的关键词，例如商品的尺寸、材质、颜色、型号、风格、样式、用途等，再如"吹风机负离子护发大功率"中，"负离子护发""大功率"都属于产品属性，是典型的属性词。

营销词是指具有营销性质的关键词，营销词包括描述优惠信息、突出商品卖点、展现品牌信誉等的词汇，通常作为核心词和属性词的补充，例如"新款""包邮""大码""定制"等。

长尾词是指商品的非中心关键词，但与中心关键词相关，也可以带来搜索流量的组合型关键词，长尾词一般由2个或2个以上的词组成，字在3个以上，通常可以由核心词、属性词、营销词等搭配组成，例如"可定制蕾丝婚纱"等。关键词优化实例如图4-4所示。

除了上述关键词分类方法外，还有热门关键词、冷门关键词、一般关键词等。

无论是自建网站还是平台网店，运营都是长期的过程，用户的搜索关键词随时都有可能发生变化。在标题、文案、内容、详情页的制作过程中，需要注意关键词的组合、密度等问题。在网页、产品上架之后，进行数据监控与数据分析，需要定期动态更新关键词库，删除表现不好的关键词，添加新兴关键词。

②URL优化。其包括合理布局导航、栏目权重的合理分配、锚文本链接的合理引导、网站地图的更新等。一个合理的导航布局，可以有效地引导蜘蛛抓取网页，从而提高收录率；在栏目权重的分配方面，一个网站的一级分类、二级分类、三级分类等，一般情况下，栏目的权重应该是递减的；锚文本可以是首页核心关键词，也可以是分类核心关键词，自然地将目标锚文本分配到文章中，将有效地调控整个网站的权重导向；通常来说，蜘蛛在爬行网页的时候，喜欢首先寻找网站地图，首页增加地图，可以提高爬行概率。

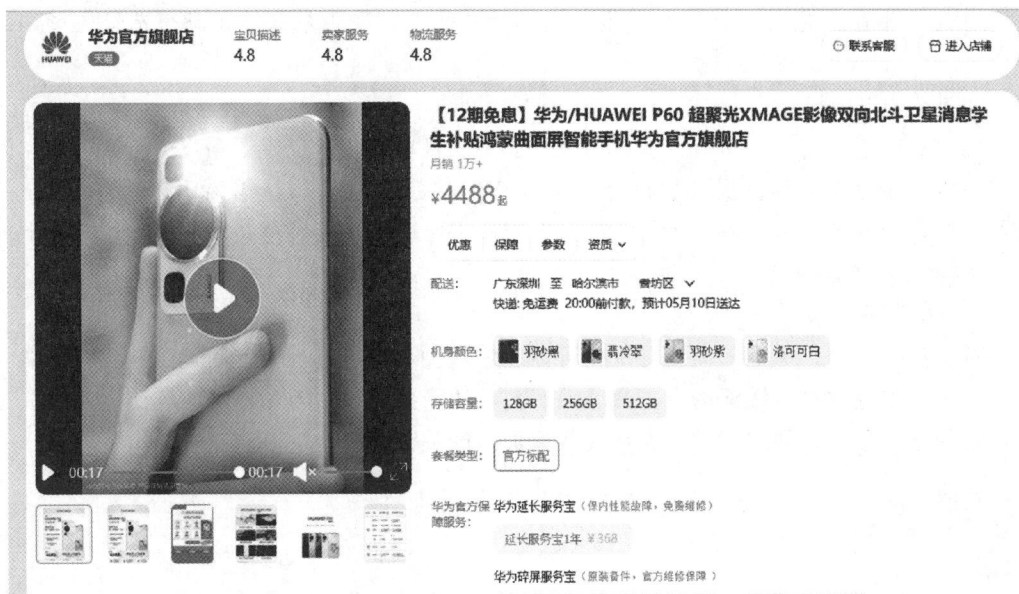

图4-4　关键词优化

③内容优化。要每天保持站点内容的更新，以原创内容为主。原创的网站内容更容易被收录，采集、复制他人信息等做法一般很难收录。原创文章既可以增加网站被搜索引擎收录的概率，也可提升网站优化排名。

（2）站外优化。站外优化是指网站的外部优化，包括网站的外部链接和网站的品牌推广。外部优化中链接的建立并不是越多越好，其精髓主要体现在链接的质量和相关性上。

① 站外链接的多样性。多样性可以从几个方面来看，一是锚文本、超链接、纯文本都可以作为链接的形式；二是站外链接不要全部指向首页，也要有部分指向内页；三是博客、论坛、B2B、新闻、分类信息、贴吧、知道、百科、相关信息网等均可作为站外链接，尽量保持链接的多样性。

② 站外链接的相关性。要去行业相关的网站发外链，同时在选择外部链接时要注意网站的整体质量，与比较好的网站交换友情链接，巩固关键词排名。

（三）竞价排名

搜索引擎优化是个不错的网站推广方式，性价比高，效果好，但不是每个人都能熟练掌握，也并不是每个网站都有能力将关键词优化到搜索引擎结果的首页，此时就需要运用其他手段来进行搜索引擎营销。对于暂时没有实施搜索引擎优化的条件，又想在搜索结果中抢占好位置的公司来说，竞价排名就是有效的解决方案。

竞价排名是指网站通过付费方式来获得搜索引擎的靠前排名，是一种按效果付费的网络推广方式，采用CPC（按点击计费）的计费方式。客户可以通过调整每次点击价格，控制自己在特定关键字搜索结果中的排名，并可以通过设定不同的关键词捕捉不同类型的目标访问者。竞价排名的典型代表是百度推广。

竞价排名在操作时，需要注意以下几个方面：

1.关键词的精准度。

关键词选择是竞价排名的重中之重，而选择关键词的原则就是要精准。在选关键词时要注意与网站业务相关，并且有一定的搜索量。此外，能否带来转化率是选择关键词的关键。

2.网站的页面设计。

用户点击进站之后，所看到的网站页面能不能打动用户，决定了用户会不会下单。因此，在设计网站页面时，要注意符合目标用户群的特点和喜好，要能给用户带来信任感，页面所提供内容要对客户有帮助，并能帮客户解答心中潜在的疑惑，从而促使用户留下信息或者与网站取得联系。

3.数据监测与优化。

对于竞价排名，数据的监测与优化可以有效地发现竞价过程中的问题，并及时采取一定的措施。如通过对关键词的点击数、消费数、注册数、订单转化率等的监测，判断关键词设定的合理性，以便进行调整，从而找到最佳的关键词组合。

思维拓展

AI技术在网站搜索引擎排名优化中发挥着重要的作用。通过搜索意图分析、内容优化、用户体验优化、数据分析和优化，以及自然语言处理和语义搜索等方法，网站可以利用AI技术改善搜索引擎排名，吸引更多的有价值的流量，并提升用户的访问体验和转化率。

搜索引擎未来的升级路线将与AI技术息息相关。其一，将与AI技术不断深度融合。AI技术将从底层架构上改变搜索形态，过去的搜索引擎重点在于检索已有信息，而以GPT为代表的大模型加持将让搜索引擎拥有生成内容的能力，带来全新对话体验，从而为用户提供个性化的问答和对话服务。其二，连接不同互联网服务场景，形成智能化的产品生态。例如，升级后的必应搜索通过引入插件能够使第三方应用融入整个产品生态，必应搜索或将由传统搜索引擎转向能够深入了解用户需求的AI生态平台，旅行、购物、餐饮与外卖等各项任务都可能集成到搜索引擎中。

任务实施

商品标题是描述商品的名称，通过标题可以让买家找到商品，快速了解商品的类别、属性、特点等。商品标题是与买家自然搜索联系最紧密也是影响最大的因素，一个优秀的商品标题可以为商品带来更多的自然搜索流量。对于网店而言，一个商品标题的好坏，在较大程度上决定了商品能否在自然搜索结果中展现，能否提升网店的自然流量，能否提高商品的转化率。通过对某网站农产品营销关键词的分析，对其关键词进行优化。

步骤一：明确任务实施目标。

（1）掌握关键词挖掘的方法；

（2）通过数据分析，对挖掘的关键词进行分类和整理；

（3）建立商品关键词词库。

步骤二：确定目标产品标题。

以秋林里道斯旗舰店商品为例，选择产品标题为：秋林里道斯正宗哈尔滨红肠东北风味特产熟食110g×6支。

步骤三：拆分产品标题。

将拆分的关键词按类别填写到表4-1中。

表4-1　　　　　　　　　　　　　　产品标题关键词分类

关键词类别	秋林里道斯正宗哈尔滨红肠东北风味特产熟食110g×6支
核心词	
品牌词	
属性词	
营销词	
长尾词	
其他词	

步骤四：拆分产品属性拓展关键词。

根据图4-5给定的产品属性拓展关键词，将关键词分类填写到表4-2中。

品牌：秋林·里道斯　　　　　系列：红肠110g*6或儿童肠80g*6　　　省份：中国大陆
产地：中国大陆　　　　　　　省份：黑龙江省　　　　　　　　城市：哈尔滨市
口味：哈尔滨红肠　　　　　　包装种类：袋装　　　　　　　　是否为有机食品：否
包装方式：包装　　　　　　　特产品类：哈尔滨红肠　　　　　肉类产品：经典红肠110g*6支
净含量：660g　　　　　　　　包装规格：1袋　　　　　　　　储存条件：冷藏
单件净含量：110g　　　　　　品名：红肠　　　　　　　　　　生产许可证编号：SC104230112007…
厂名：哈尔滨秋林里道斯食品有限责…　厂址：哈尔滨市阿城新华新区　　　厂家联系方式：4006661900
保质期：90天

图4-5　产品属性关键词拓展词

表4-2　　　　　　　　　　　　　产品属性关键词拓展词分类

关键词类别	秋林里道斯正宗哈尔滨红肠东北风味特产熟食110g×6支
核心词	
品牌词	
属性词	
营销词	
长尾词	
其他词	

步骤五：拆分产品属性拓展关键词。

根据产品拓展关键词，对实训小组选定的产品描述信息进行关键词拆分，借助行业热搜词、Top词库等工具，删掉没有人气的关键词，留下与商品相关、符合买家搜索习惯并且具有推广意义的关键词，填入表4-3中。

表4-3　　　　　　　　　　　　　　　　产品描述关键词拓展词

关键词类别	秋林里道斯正宗哈尔滨红肠东北风味特产熟食110g×6支
核心词	
品牌词	
属性词	
营销词	
长尾词	
其他词	

步骤六：关键词的挖掘与整理。

（1）关键词挖掘。通常挖掘关键词有以下三个步骤：

①深入了解自己的商品或服务以及用户的搜索习惯等，同时，需要了解搜索引擎的排名机制。

②根据所在搜索引擎、行业的情况，设定关键词挖掘的范围。通常情况下，关键词要与商品相关，不能一味地追求关键词的数量。使用与商品不相关的关键词，可能会导致被搜索引擎降权。

③采用多种不同的关键词挖掘方法进行关键词挖掘。目前关键词挖掘主要有以下三类方法。

第一类方法是直接在搜索引擎搜索时给出的提示词中获取关键词，例如搜索下拉框、相关关键词等；推荐关键词是利用平台的数据分析功能，根据产品信息推荐的与产品相关度较高的关键词，推荐的关键词是指在一定时间内统计并经过指数化处理后生成关键词的搜索热度、点击率、转化率、竞争度、市场均价等数据，根据数据找到与产品相关的关键词，如图4-6所示。

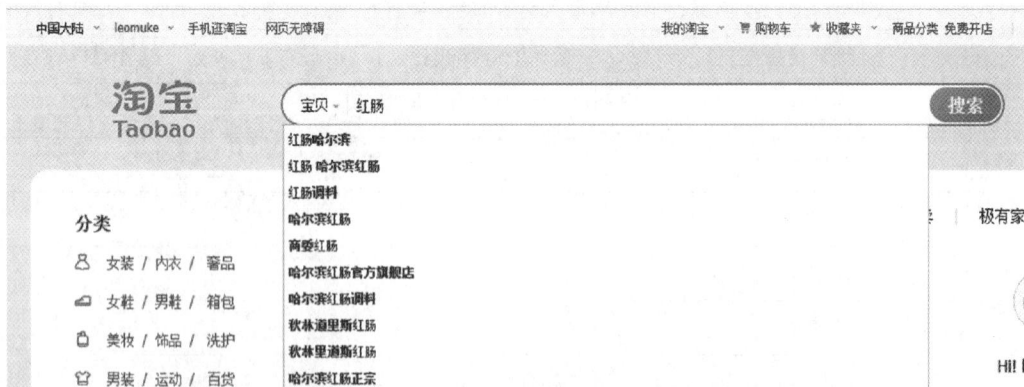

图4-6　搜索框推荐词

第二类方法是利用搜索引擎为网店提供的数据分析工具获取关键词，例如淘宝的生意参谋、京东的商智、速卖通的数据纵横、百度推广的关键词规划师、百度指数等。可以通过搜索查找关键词的形式，进行关键词的拓展。以百度指数为例，关键词如图4-7所示。

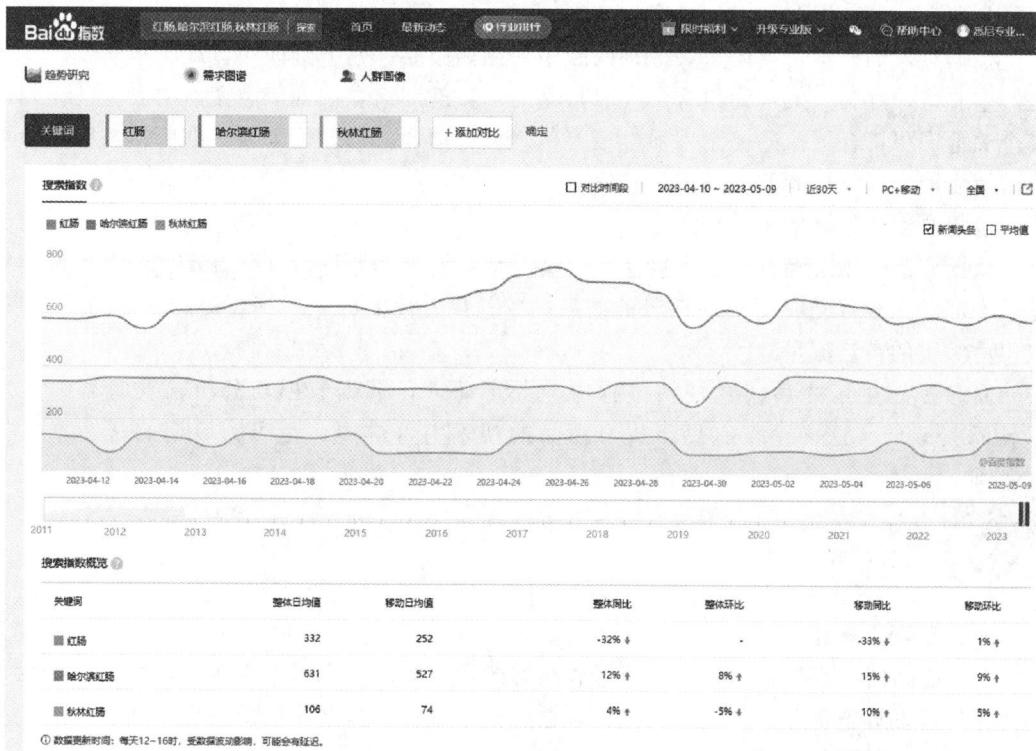

图4-7 百度指数关键词

第三类方法是借助市场中成熟的第三方关键词挖掘工具获取关键词。

④将挖掘到的关键词制作成关键词词库，并定期动态调整词库中的关键词。建立关键词词库的目的是商家在SEO优化的时候，可以省去关键词重复挖掘与重复筛选的过程，商家可以在关键词词库中直接选词，优中选优。

也可以浏览问答平台的提问、网络社区的标题，通过联想用户搜索习惯等提炼关键词。关键词选择的方式不是一成不变的，需要优化人员透析消费者的浏览及消费行为习惯，进行思考与创新。同时，网站关键词要注意选择符合目标定位、质量高、转化效果好的关键词，避免定位模糊的关键词。

（2）关键词整理。在上述归纳的基础上，对关键词进行进一步的分析与整理，删除重复、不相关的词，并将最终结果填写至表4-4中。

表4-4 产品关键词词库

关键词类别	秋林里道斯正宗哈尔滨红肠东北风味特产熟食110g×6支
核心词	
品牌词	
属性词	
营销词	
长尾词	
其他词	

步骤七：调整标题关键词排序。

根据买家的搜索习惯调整关键词的顺序。比如商品标题中到底用"红肠东北特产"还是"东北特产红肠"关键词组合？可以将这两个关键词组合放到淘宝搜索中去验证，判断哪个关键词更符合买家的搜索习惯，最终确定关键词。此外，还需要根据所在电子商务平台的商品搜索权重机制调整关键词排序。

步骤八：调整标题关键词排序。

根据商品的动态经营数据，网店可以适当地对商品标题进行优化调整。商品标题优化是关键词的组合优化，得出高质量的商品标题，提升商品的展现率，提高商品的点击率，获得更优质的自然流量。

商品标题确定之后，在使用过程中，要定期进行数据监控与分析，及时调整表现不佳的关键词，这样不仅有助于提升商品的搜索引擎排序，也可为后期的付费推广打好基础。

任务测评

一、单项选择题

1.为提高网站流量、提升网站销售和品牌建设，遵循搜索引擎自然排名机制，对网站内部和外部的调整优化，从而使关键词在搜索引擎中自然排名靠前的过程是（　　　）。

A.搜索引擎营销　　　　　　　　　　　B.搜索引擎登录

C.搜索引擎优化　　　　　　　　　　　D.竞价排名

2.竞价排名的服务模式是（　　　）。

A.通过付费方式来获得搜索引擎的靠前排名

B.联合众多知名网站，共同提供服务

C.限制用户注册产品关键词数量

D.让用户注册属于自己的产品关键字

二、多项选择题

1.搜索引擎营销的目标层次包括（　　　）。

A.存在层　　　　　B.表现层　　　　　C.关注层　　　　　D.转化层

2.关键词类型包括（　　　）。

A.核心词　　　　　B.属性词　　　　　C.营销词　　　　　D.长尾词

三、简答题

1.简述搜索引擎营销的含义。

2.简述搜索引擎优化的方法有哪些。

任务二　　　　　　　　　　　　　　解析病毒营销

任务描述

病毒营销是一种常用的网络营销方法，常用于进行网站推广、品牌推广等。病毒营销是利用用户口碑传播的原理，在互联网上，这种"口碑传播"更为方便，可以像病毒一样迅速蔓延，使病毒营销成为一种高效的信息传播方式。而且，由于这种传播是用户之间自发进行的，因此几乎是不需要费用的网络营销手段。

微信病毒营销基于微信朋友圈这个相对真实、社交信任度相对较高的背景环境，利用微信某些特定功能，辅助"病原体"在熟人之间有效传播，从而达到传播效益的最大化。甚至可以通过一些小技巧，将热点进行强制性的曝光，如采用"饿了么"发红包转发福利式的病毒营销方式，利用人们的"利己性+利他性"心理，将整个活动传播出去，再利用红包内的优惠券促使用户消费，从而带动整个平台的销售额。

请你为某企业设计一个病毒营销策划方案。

知识准备

一、病毒营销认知

（一）病毒营销的定义

病毒营销（Viral Marketing），又称病毒式营销、病毒性营销、基因行销或核爆式行销，是一种常用的网络营销方法，具体指鼓励目标受众，把想要推广的信息像病毒一样传递给周围的人，让每一个受众都成为传播者，让推广信息在曝光率上呈几何级增长的一种营销推广策略。病毒营销可通过电子邮件、微博、微信、QQ、论坛、视频网站、电子书等多渠道发布消息。

（二）病毒营销的传播机理

提起病毒，人们往往会心生畏惧。病毒之所以可怕，本身的毒性只是一方面，其独特的扩散方式才是真正的厉害之处。病原体捕获易感人群中的个体使其成为最初的病毒携带者，病毒随着携带者的交往活动，传染给下一级的易感人群。如此，病毒在很短时间内就会以几何倍数迅速扩散。病毒营销的传播方式与病毒的传播方式十分类似。

病毒营销传的是"病原体"，依赖的是"病原体"的价值。"病原体"的传播过程可分为5个阶段，即吸引、参与、增值、满意、传递。当含有物质诱惑或娱乐吸引的"病原体"被上传到网络上时，对"病原体"有兴趣的受众就会被这个"病原体"所吸引，并对该"病原体"所提供的信息进行确认，即参与。当受众发现信息属实，并确实为其带来了价值时，受众就会感到满意或有趣，并把这一信息传递给自己的朋友以便共享。如此，"病原体"就被复制，不停地在易感人群中进行"病原体"的传播，达到营销的效果。

（三）病毒营销特点

1.营销成本低。

病毒式营销利用了目标消费者的参与热情，但渠道使用的推广成本是依然存在的，只不过目标消费者受商家的信息刺激自愿参与到后续的传播过程中，原本应由商家承担的广告成本转嫁到了目标消费者身上，因此对于商家而言，病毒式营销是无成本的。

2.传播速度快。

病毒式营销是自发的、扩张性的信息推广，产品和品牌信息被消费者传递给那些与他们有着某种联系的人，这样一传十、十传百，参与的人构成了呈几何倍数的传播力。

3.更新速率快。

病毒式传播一般都来得快去得也快，病毒营销的传播过程通常是呈S形曲线的，即在开始时很慢，当其扩大至受众的一半时速度加快，而接近最大饱和点时又慢下来。针对病毒营销传播力的衰减，一定要在受众对信息产生免疫力之前，将传播力转化为购买力，方可达到最佳的销售效果。

（四）病毒营销的战略要素

病毒营销有着极富吸引力的"病原体"，其第一传播者传递给目标群的信息不是赤裸裸的广告信息，而是经过加工的、具有很大吸引力的产品和品牌信息，而正是这一披在广告信息外面的漂亮外衣，突破了受众戒备心理的"防火墙"，促使其完成从纯粹受众到积极传播者的转变。

1.提供免费的产品或服务。

在市场营销人员的词汇中，"免费"一直是最有效的，大多数病毒营销战略以提供免费产品或服务来引起人们的注意，例如免费的E-mail服务、免费信息、具有强大功能的免费软件等，因此，病毒营销往往意味着报酬滞后，企业可能在短期内不能盈利，但是如果其能从一些免费服务中刺激消费者高涨的需求或兴趣，获利将是很快的事情。

在"6·18"期间，拼多多除了大幅让利给亿万消费者，还带动了老字号品牌销量大幅增长，引发了国潮热，让老字号跻身潮流一线，这个举动让央视也频频点赞。拼多多轮番上演轰炸级的补贴，不仅带动了网购消费群体的热度提升，更是让商家和消费者谋取最大福利，获得全体共赢的局面。

2.提供无须努力便可向他人传递信息的方式。

病毒只在易于传染的情况下才会传播，因此，携带营销信息的"病原体"必须易于传递和复制，如E-mail、视频、图表、软件等。病毒营销在互联网上得以极好地发挥作用是因为通信变得容易，数字格式使复制变得更加简单。从营销的观点来看，必须把营销信息简单化，使信息容易传输，且越简短越好。

支付宝集五福，是2016年春节期间诞生的一个支付宝互动小游戏，目的是吸引更多用户使用支付宝软件，同时促进支付宝用户之间的社交活动。经过几年的时间，这个小游戏成了不少用户惦记的一份年味，一种新年俗，福文化也因此在更多人中传递开来。

3.信息传递范围很容易向大规模扩散。

为了满足病毒所带来的巨大需求，企业服务必须适应从小范围到大规模的迅速改变。例如利用微信、抖音、微博、今日头条等热点平台，迅速扩大病毒传播范围。

2022年9月，一款名为"羊了个羊"的微信小游戏火爆全网（如图4-8所示）。由于太火，服务器2天崩了3次，官方开始急招后端服务器开发人员。

4.利用公众的积极性和行为。

巧妙的病毒营销利用公众的积极性进行，建立在公众积极性和行为基础之上的营销战略容易取得成功。

"羊了个羊"以裂变为主要导向，关卡会给出三个道具（消除槽里的三个方块，撤回上一步，重新洗牌），游戏失败后也会给一次机会，只要转发或者看广告就能多几条命。利用玩家越挫越勇、"出人头地"、"当老大"的竞争心理特征，同时以省份来划分

图4-8 《羊了个羊》游戏截图

用户人群，不光激发了不同省份用户的社交竞争，同时游戏通关的用户也会感受到从社交领域获得的"虚拟荣誉"，带来"病毒式"传播。

5.利用现有的通信网络。

大多数人都是社会性的，每个人都生活在包含8～12人的亲密关系网络之中，这个网络中包括了朋友、家人和同事。每个人所处的社会地位不同，部分人的人际网络可能包含几百乃至数千人。现在互联网上的人们也同样在发展网上关系网络，他们收集社交网络、微博、微信、即时通信账号、电子邮件地址以及喜爱的论坛。通过这些网络，人们可以迅速地把各种信息扩散出去。

"羊了个羊"很清楚，它的客户群体在哪里，因此一开始就没有走弯路，直接通过社交媒体迅速出拳，进行推广，达人赚足了流量和关注，赚足了知名度。

6.利用别人的资源。

最具创造性的病毒营销是利用别人的资源来达到自己的目的。例如，撰写一篇好的稿子发布到大型的网站上，一则新闻就能引起数十甚至数百家媒体和网站的转载，并造就成千上万的读者。

二、策划病毒营销

（一）策划病毒营销的流程

1.设定目标。在开始策划病毒营销前，一定要明确营销目的。是想宣传品牌还是为了吸引消费者购买，抑或为了增加某个网站的流量。

2.分清楚用户是谁。病毒营销的传播通路决定了其人群覆盖力度是很强的，但它更要求策划者必须进行人群细分，知道最有价值的对象是谁，他们有什么特征和共性。

"羊了个羊"人群定位精准，模式简单易传播，门槛低，无须下载，极易上手，可以随时打开随时关上，很适合"杀时间"和在通勤路上忙里偷闲。其玩家大多以年轻一代学生和上班族为主，而这个人群又是互联网重度用户，无论通关与否都会在社交媒体上分享，产生UGC内容，引爆传播。

3.挖掘兴趣点。要认真地分析用户群体的兴趣点。显然，老一辈企业家与"80后"人群的兴趣点是不一样的。将恶搞视频推送给企业管理者，肯定达不到扩散的效果。所以，研究用户的兴趣点，是"营销创意"的真正开始。

4.推广渠道。选择能覆盖到目标用户的渠道，而非覆盖所有的网络渠道。

（二）实施病毒营销的步骤

病毒营销实施的过程一般包括方案的规划和设计、原始信息的发布、信息传递渠道的设计、效果跟踪管理等基本步骤。

1.进行病毒营销方案的整体规划。

确认营销方案符合病毒营销的基本思路，即传播的信息和服务对用户是有价值的，并且这种信息易于被用户自行传播。

2.精心设计病毒营销"病原体"。

病毒营销之所以吸引人就在于其创新性。有效的病毒营销往往是独创的。因此，在方案设计时，特别需要注意将信息传播与营销目的结合起来，如果仅仅是为用户带来娱乐价值或者实用功能、优惠服务，而没有达到营销目的，这样的病毒营销计划对企业的价值就不大了；反之，如果广告气息太重，则会引起用户反感而影响信息传播。

要想使用户主动转载并传播病毒营销的信息，"病原体"就必须有足够的吸引力，让用户过目不忘，或者打动用户，使他们产生情感上的共鸣。创作"病原体"时要遵循以下四点原则：

（1）选对形式。在病毒信息众多且趋于同质化的今天，要想使病毒式营销收到预期效果，"病原体"所采取的形式必须要适合产品及投放媒体的特点。比如，有的企业采取视频的病原体形式，内容本身可以是广告，也可以在视频中自然含有广告元素。通过将产品信息巧妙融合在视频当中，减少了广告的商业气息，给受众留下深刻的品牌印象，从而实现更好的传播效果。

（2）立意新颖。用户分享一个"病毒"，一定是觉得这个东西有趣、新鲜或者体现他的品位，要想做到这点，就要在"新"字上下功夫。例如，在2008年北京奥运会期间，可口可乐联合腾讯进行了一次火炬在线传递活动，如果用户获得在线传递资格，便可以点亮一枚图标，并可以邀请自己的好友参加传递。结果，这项活动在很短的时间内就通过QQ好友传播，实现了四千多万人的参与，相比传统的广告营销方式来说，这样的传播不仅费用低而且效果好。

（3）通俗上口。"病原体"的语言要简短明了，通俗易懂，使其更容易脱颖而出，并由独特的记忆点成为某一时期的流行语。比如必胜客的"吃垮必胜客"、耐克的"Just Do It"口头禅等，都是精心提炼出来的"病毒"语言与话题。

（4）艺术感染力。一则病毒信息，应该具有艺术性、娱乐性与情感因素，使用户在观看或购买使用过程中获得情感体验，进而获得内心深处的认同与情感上的共鸣，强化对品牌的喜爱与忠诚度。

3.原始信息的发布。

如果希望病毒营销可以快速传播，那么对于原始信息的发布也需要认真筹划，原始信息应发布在用户容易发现，并且乐于传递信息的地方。如有必要，还可以在较大的范围内主动传播这些信息，等到参与传播的用户数量比较多之后，再任其自然传播。

4.设计信息传播的渠道。

病毒营销通常使用的网络媒介传播工具有微博、微信、电子邮件、论坛、社交网站、即时通信工具（如QQ）、搜索引擎、博客、播客、视频短片、互动性广告、网络游戏、电子图书、搞笑图片、动画、电子折扣券等。商家在投放"营销病毒"的时候，应根据自身产品特性与目标消费群体的定位，选择与其相符的SNS平台，做到有的放矢，从而实现精准营销。

5.诱发主动传播。

在创作好"病原体"、选好SNS平台之后，要想达到病毒的快速扩散就必须诱发主动传播。首先要找到一部分极易感染的"低免疫力"人群，把"病原体"散播在他们之间，通过他们的快速接受和积极传播使"病毒"快速扩散。但是"低免疫力"人群毕竟是少数，所以在"病毒"的导入期过后，要注重"病毒"的不断更新，进而"感染"大面积的受众。

6.发挥舆论领袖作用。

传播学研究认为，信息常常是先流向意见领袖，然后再通过意见领袖流向人群中不太活跃的其他人。舆论领袖在网络传播中的作用，可以概括为加工与解释的功能、扩散与传播的功能、支配与引导的功能、协调或干扰的功能。网络上的舆论领袖无处不在，而且分布在各个领域，既有大腕儿明星，专家达人，也有平民一族。一些知名的病毒营销案例大多都是企业和第三方服务商共同努力的结果，如果能得到专业人士的建议和帮助，将会达到事半功倍的效果。

7.跟踪管理营销效果。

当病毒营销方案设计完成并开始实施之后，病毒营销的最终效果实际上是无法控制的，但并不是说就不需要进行营销效果的跟踪和管理。实际上，对于病毒营销的效果分析是非常重要的，不仅可以及时掌握营销信息传播所带来的反应（如网站访问量的增长），也可以从中发现这项病毒营销计划可能存在的问题，以及可能的改进思路，为下一次病毒营销计划提供参考。

三、病毒营销效果检测

（一）病毒营销的管理监测

当病毒营销实施之后，对于病毒营销的管理检测和效果分析是非常重要的，不仅可以让企业及时掌握营销信息传播所带来的反应，也可以从中发现营销计划可能存在的问题，以及可能的改进思路，从而及时主动地优化营销进程，促进病毒营销的成功，病毒营销离不开管理，离不开实施过程中的引导和控制，主要包括有效追踪反馈信息，及时调整病毒营销策略，有效控制"病毒"的负面效应等。

1.有效追踪反馈信息。

病毒营销实施之后，是否能在目标消费群体中形成口碑、口碑是好是坏、是否能够达到预期的目的，都应该引起企业足够的重视，这就必须对病毒营销进行跟踪反馈。从这些反馈信息中，可以了解消费者接触"病毒"的途径，以及对"病毒"的意见等重要信息，以便对病毒营销方案及时进行相应的调整。怎样才能追踪到"病毒"的反馈信息呢？有以下7种方法。

（1）定期进行问卷调查。可以用多种方式公布调查问卷，如发布在公司网站、电子刊物、新闻媒体、邮件资料中，或者放置在产品包装箱内等，也可以张贴在网上信息公告板上或电子邮件讨论列表中。

（2）为消费者创建在线社区。包括建立官方微博、QQ群、微信群、留言板、讨论区等，定期了解消费者的看法。

（3）创建消费者服务中心小组。邀请10～12个忠诚消费者定期会面，让他们提供改进服务的意见。

（4）定期与消费者保持联系。可以通过邮件、电话、信件等形式询问他们对"病毒"信息的看法。

（5）通过百度舆情监控，监控网民对公司、品牌、产品的看法。

（6）在消费者的生日或假日定期表达祝福。

（7）邀请消费者出席公司会议、宴会，参观公司或参加讨论会。

企业通过合适的方法收集到反馈信息，就可以了解病毒营销的状况，同时也更进一步了解消费者的需求和市场的变化，有的放矢地开展后续工作。

2.及时调整病毒营销策略。

跟踪反馈信息的目的是发现问题，及时解决问题。如果在反馈信息中发现很多用户不了解或者根本不知道该"病毒"，这说明传播渠道不通畅。针对这样的情况，必须对病毒营销策略中的渠道与途径因素进行细致的分析，找到问题的症结所在，然后再具体地对营销策略进行调整。

如果发现有人开始厌烦此"病毒"了，这说明自己的"病毒"失去了新意，就要及时注入新元素，如升级换代、改善服务、提升价值等。如果发现"病毒"在传播过程被无意或恶意改变了，就要强化"病毒"包含的营销信息，及时纠正偏差，以免造成负面口碑。

3.有效控制"病毒"的负面效应。

消除或者控制负面信息的传播在病毒营销中显得尤为重要。第一，充分利用反馈信息，及时发现并修正产品或服务的失误，并获取新的信息，尽量将负面口碑扼杀在摇篮中。第二，妥善处理消费者的投诉和抱怨。首先应当鼓励消费者投诉，采用各种奖励和补偿的方式让对产品或服务不满的消费者主动将心中的不满反映给企业，同时要建立便捷的消费者投诉渠道，使消费者能方便地将投诉反映到企业；其次要建立有效的投诉处理小组，能在最短的时间内对消费者的投诉进行处理，并将投诉处理结果反馈给消费者。经过灵活处理，使负面口碑转变为正面口碑。第三，诚信为本。如果自己的病毒营销确实已经形成负面口碑，就要诚心处理。自己存在的不足，要妥善改正，进而提高企业的名气和诚信，扭转病毒营销的负面影响。

（二）病毒营销的效果评估

目前，病毒营销的应用规模还不算大，往往会结合其他营销手段综合运用，对其效果进行测量和评估有一定难度。下面主要从产品销售利润、口碑影响力和口碑美誉度3个方面来对病毒营销的效果进行评估。

1.产品销售利润。

作为一种营销手段，病毒营销最直接的目的是销售企业的产品或服务，使企业获得利润。病毒营销以"低成本、高投入产出比"而备受营销人员的喜爱。

2.口碑影响力。

口碑影响力被用于衡量企业在病毒营销过程中，对用户、媒体及广告主等产生的影响力。其主要包括以下四个基本指标。

（1）用户关注度。反映社区网民及企业网站网民对企业的关注程度，主要包括社区用户关注度、用户覆盖人数和用户点击次数3个基本数值。

（2）用户参与度。指社区用户对相关帖子的回复率，反映用户参与相关话题的积极程度。

（3）媒体关注度。反映媒体对企业的关注程度，通过百度新闻和谷歌新闻搜索可获得。

（4）广告关注度。主要针对网络媒体，反映网络媒体作为广告投放平台的价值，包括广告投放量、广告主数量和广告投放金额3个基本数据。

3.口碑美誉度

口碑美誉度是衡量网民和媒体对企业评价的指标，主要包括社区用户评价（正负两方面）和媒体评价（正负两方面）两个基本数据。口碑美誉度计算公式为：

口碑美誉度=社区用户评价×80%＋媒体评价×20%

同样在实际操作中，病毒营销未必会引起网络媒体的关注而对其进行报道，这样就只需考虑社区用户评价（企业、品牌和产品等在网络社区中被谈及的帖子数量及评价的正反面情况）。

病毒营销重在口碑效应，不是短期的营销行为，而是长期的战略。因此，建立病毒营销的效果评估体系，是促使其不断发展的重要动力。

思维拓展

社交货币

社交货币源自社交媒体中经济学的概念，它用来衡量用户分享品牌相关内容的倾向性问题。通俗地说，社交货币就是利用人们乐于与他人分享的特质，来塑造自己的产品或思想，从而达到口碑传播的目的。社交货币体现了一个人在社交场合的出场价值。

社交货币的观点认为，我们在微信和微博上讨论的东西就是代表并定义了我们自己，所以我们会比较倾向于分享那些可以向他人证明自己的眼光、价值和口味的内容。朋友圈相当于每个人的社交货币交易市场，你分享的每一件事、每一张图片、每一个感受、每一个评论，都成为衡量你社交货币价值的重要参数，朋友们能够通过这些参数，对你社交货币的价值进行评估，继而得出你和他之间的一种对比关系。

比如随手转发别人的垃圾信息，就等于对所有关注你的人说，你是一个没有原则的人，长期这样就会引起掉粉，屏蔽你的朋友圈或者不让你看他的朋友圈，而掉粉则相当于通货膨胀——你的社交货币贬值了。

任务实施

为某企业设计病毒营销策划方案。

步骤一：明确实训目的。

了解病毒营销策划的步骤及流程，运用合适的策划方法和策划策略，完成一个病毒营销方案的策划工作。

步骤二：选择策划对象。

在淘宝平台或京东等其他电商平台选取一个自己感兴趣的网店，作为策划病毒营销方案的对象。

步骤三：确定病毒营销主题。

浏览并熟悉你所选取的网店的经营状况，进行小组讨论，确定传播主题。

步骤四：确定目标人群。

对目标人群进行定位，需要重点关注的是目标人群的性别、年龄、兴趣爱好等特点，找出他们的共性，如目标群体主要的购物习惯是怎样的？他们比较关注哪方面的新闻信息？平时常用的社交工具是什么？主要上网时间是几点？每天在线时长有多久？

步骤五：制定传播策略。

分析病毒营销的传播策略，选取较合适的一种或几种传播策略。

步骤六：选择传播渠道。

微信和微博这两个社交平台的分享传播效果最好，也是现代社会人们最常用的信息分享渠道之一。

步骤七：实施病毒营销。

实施病毒营销，对用户体验进行分析对比，重点关注病毒式营销所带来的话题度、浏览量、转发量等数值，看看实施前后有何变化。

步骤八：形成实训报告。

形成完整的病毒营销策划方案，提交实训报告。

任务测评

一、单项选择题

1.病毒营销是利用（   ）进行促销。

A.生产企业 　　　　　　　　　　　B.原材料供应商

C.消费者 　　　　　　　　　　　　D.销售企业工作人员

2.下列对病毒营销的一般规律说法错误的是（   ）。

A.病毒营销的基本思想只是借鉴病毒传播的方式，本身并不是病毒，不具有任何破坏性

B.病毒营销并不是随便可以做好的，需要遵照一定的步骤和流程

C.病毒营销的方案设计是需要较高成本的，并且实施过程通常也要付费

D.网络营销信息不会自动传播，需要进行一定的推广

二、多项选择题

1.病毒营销离不开管理，离不开实施过程中的引导和控制，主要包括（ ）。

A.有效追踪反馈信息

B.及时调整病毒营销策略

C.有效控制"病毒"的负面效应

D.完成评估报告

2.病毒营销的效果评估主要从（ ）进行。

A.产品销售利润   B.口碑影响力

C.口碑美誉度   D.品牌影响力

三、简答题

1.病毒营销的策划流程是怎么样的？

2.如何对病毒营销效果进行监测？

任务三 体验网络广告营销

任务描述

2023年3月2日，中国互联网络信息中心（CNNIC）在京发布第51次《中国互联网络发展状况统计报告》，数据显示，截至2022年12月，我国网民规模达10.67亿人，较2021年12月增长3 549万人，互联网普及率达75.6%。中国广告业市场规模由2017年的3 023亿元增长至2022年的4 854亿元，年均复合增长率为12.55%，2022年较2021年增长了450亿元。随着居民收入水平和消费水平持续提高，以及国家文化产业政策的扶持与引导，广告行业市场规模持续增长。预计2023年中国广告业市场规模将达到4 900亿元；在经济形势好转和国家文化产业政策支持下，中国广告业市场规模将保持增长态势。

这一趋势正颠覆性地影响着受众对媒介内容及广告信息接收的行为习惯。请你为某企业策划一个简单的网络广告营销方案。

知识准备

一、网络广告认知

（一）从技术层面来看

从技术层面来看，网络广告是指以数字代码为载体，采用先进的多媒体技术设计制作，通过网络广泛传播、具有良好交互功能的广告形式。

该定义突出网络广告是充分利用网页制作中超文本链接功能而形成的。由于网络广告本身含有浓缩的广告语，用各种色彩组合或静态或动态地向受众传递信息，因此强调网络广告制作中的技术本身。

（二）从传播层面来看

从传播层面来看，美国著名传媒研究者霍金斯对网络广告的定义为：网络广告即电子广告，指通过电子信息服务传播给消费者的广告。

与传统的四大传播媒体（报纸、期刊、电视、广播）广告相比，网络广告是实现现代营销媒体战略的一个重要部分，网络广告一经产生便获得了迅猛发展，它具有速度快、传播效果理想、覆盖面广、表现形式多样等特点。随着互联网的普及和计算机硬件的发展，网络广告日益获得更广的传播平台。

（三）从法律层面来看

国家市场监督管理总局修订发布的《互联网广告管理办法》于2023年5月1日起施行。《互联网广告管理办法》中提出："在中华人民共和国境内，利用网站、网页、互联网应用程序等互联网媒介，以文字、图片、音频、视频或者其他形式，直接或者间接地推销商品或者服务的商业广告活动，适用广告法和本办法的规定。"

根据这一规定，可以归纳出网络广告的三个法定特征。

1. 依附性。依附性指广告需要通过一定媒介和形式来呈现信息。

2. 目的性。目的性指广告"直接或者间接地推销商品或者服务"。

3. 商业性。商业性指广告是"商业广告活动"。

（四）从发展层面来看

在网站或网页上以旗帜、按钮、文字链接、电子邮件等形式发布的广告自然具备上述特征。但由于互联网本身具有媒体性质，网上大量其他涉及商品或服务的信息，同样也符合法定的广告特征。例如，专门发布商品信息的网上商城网页内容，企业在自建网站上对自己商品或者服务的介绍等。

综上，考虑到网络广告形式的多样化和网络技术的快速发展，从发展的角度可将网络广告直接界定为符合广告的法定特征，即依附性、目的性、商业性等特点的网络信息。

二、网络广告的形式

网络广告采用先进的多媒体技术，拥有灵活多样的广告投放形式。我们可以将网络广告分为以下几类。

（一）主页形式广告

通过主页对企业进行宣传已经是企业的共识。Web技术为企业提供了一个树立企业数字形象，宣传企业产品和服务的良好工具。企业需要把自己的地址、名称、标志、电话、传真等发布在互联网上，主页广告如图4-9所示。

（二）横幅广告

横幅广告是网络广告最早采用的形式，也是最常见的形式。横幅广告又称旗帜广告，它是横跨于网页上的矩形公告牌，当用户点击这些横幅的时候，通常可以链接到广告主的网页。其宽度一般在400~600个像素之间（8.44~12.66cm），高度在80~100个像素之间（1.69~2.11cm），以GIF、JPG等格式建立图像文件，放置在网页中。图4-10为网易首页上的旗帜广告。移动端横幅广告类似于PC端，如图4-11所示，常出现在移动端顶部或底部，其优点是展示更直观，能快速吸引住用户，缺点是在用户观看内容时会造成一定的遮挡，影响用户体验。

图4-9 华为官网首页截图

图4-10 网易首页上的横幅广告

图4-11 手机端横幅广告

（三）分类广告

分类广告又称"需求广告"，是一种网络广告服务形式，网络分类广告主要满足企事业单位和个人商户在互联网上发布各类产品和服务广告的需求，并为广大网民提供实用、丰富、真实的消费和商务信息资源。与传统媒体分类广告相比，网络分类广告容量大，表现形式多样化、立体化，可查询、收藏信息。在形式上，分类广告一般是指版面位置相对固定、规格较小的非工商广告，往往"扎堆"出现，并按行业划分开，以便于浏览者查找。图4-12为58同城首页上的分类广告。

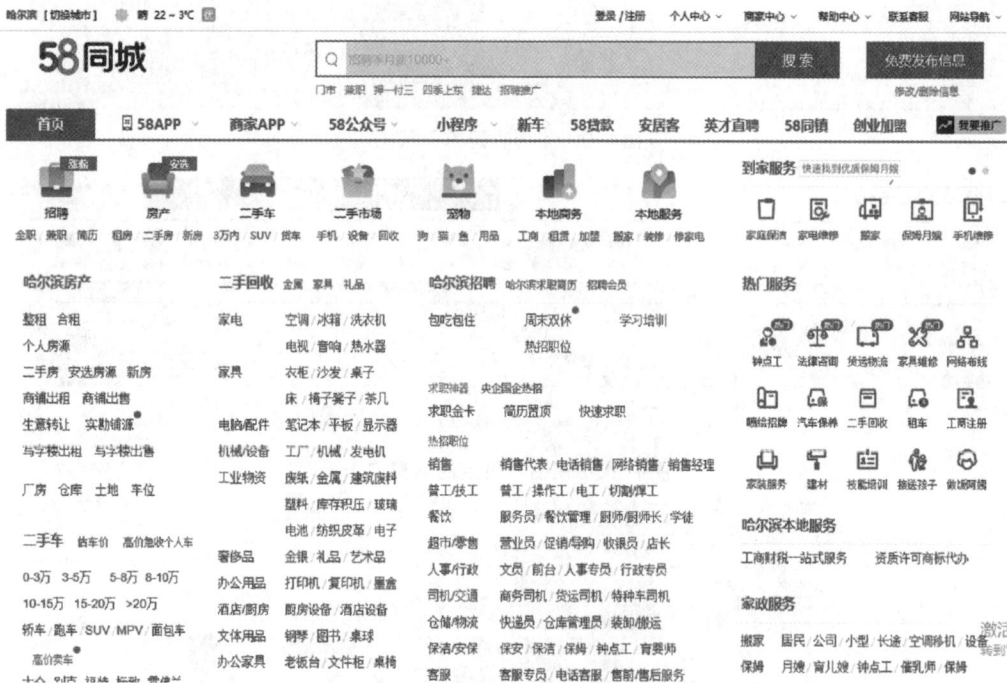

图4-12　58同城首页上的分类广告

（四）贴片广告

贴片广告分为前贴片、中贴片和后贴片广告。插入到视频中的广告根据它们在视频中的位置（视频播放的前、中、后）可以被分类为前贴片（Pre-Roll）、中贴片（Mid-Roll）和后贴片（Post-Roll）广告。

前贴片广告是指在视频播放前播放的广告，如图4-13所示。当点击想要观看的视频，如果视频中有前贴片广告，播放器将先播放前贴片广告，然后再开始播放用户请求的视频内容。使用前贴片广告有一些明显的优势：用户明确请求视频，并有兴趣观看，广告疲劳很可能还没有出现。因此，用户观看广告的概率很高，且用户因为视频内容包含广告而放弃观看的概率较低。在设置前贴广告时，要注意不要设置过多以免用户反感。

中贴片广告是指通过中断视频播放来播放的广告（如图4-14所示）。视频暂停，然后播放中贴片广告，在中贴片广告播放完成或者跳过后，视频恢复正常播放。中贴片广告被认为是具有相当高的完播率以及高转化的广告。对于中贴片广告，有以下两点需要考虑到。一是插入位置：在哪里插入广告？广告间相隔多久？如果插入了几个离得很近的中贴片广告，很容易引起用户反感；二是频率：要在视频中插入多少个中贴片广告？如果视频10分钟长，每隔一分钟就插入两个30秒的广告，是非常不恰当的。

图4-13 前贴片广告

图4-14 中贴片广告

后贴片广告在视频播放完成后、下一个视频播放开始前播放。

如果视频是自动播放，视频播放完成后所看到的广告，可能是刚刚观看的视频的后贴片广告，也可能是播放列表中下一个视频的前贴片广告。在完播率方面，后贴片广告表现不佳，主要原因是用户缺乏观看动机。用户已经看完了视频，通常情况下他们会观看另一个视频，从而跳过后贴片广告。

（五）文字链接广告

文字链接广告又称文本链接广告，是将一排文字作为一个广告，点击就可以进入相应的广告页面。这是一种对浏览者干扰最少，但却较为有效果的网络广告形式。这种广告方式成本较低，通过精心设计的文字能达到良好的广告效果。文本链接广告一般不超过10个汉字，发布在首页、重点频道首页的推荐位置。

（六）电子邮件广告

电子邮件是指向用户发送电子报纸或电子杂志。企业利用网站电子刊物服务中的电子邮件列表，将广告加在读者所订阅的刊物中发放给相应的邮箱所属人。电子报纸和杂志的成本很低，它可以发送给任何一个互联网用户。由于电子报纸和杂志是由上网用户自己选择订阅的，所以此类广告更能准确有效地传递到潜在客户。

（七）富媒体广告

富媒体广告是一种不需要受众安装任何插件就可以播放的整合视频、音频、动画图像，具有双向信息通信和用户交互功能的新一代网络广告形式。它具有容量大、交互性强的特性，拥有更大的创意空间，可以更好地展现品牌形象，其带来的高浏览率、高点击率、高转化率，更使其成为网络营销不可错过的广告形式。

（八）悬停广告

悬停广告是指在页面滚动中始终可以看到的广告，可以根据客户的要求并结合网页本身特点设计移动轨迹，有助于增强广告的曝光率。悬停广告如图4-15所示。

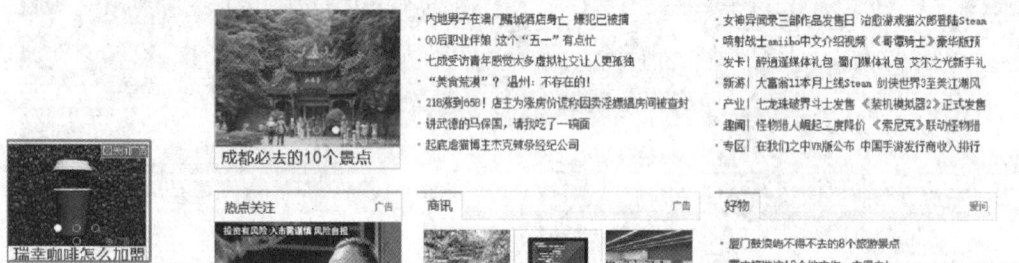

图4-15　悬停广告

（九）摩天楼广告

摩天楼广告是指出现在文章页面两侧的竖型广告。摩天楼广告形状为长方形，较为醒目，能够承载比悬停广告更多创意表现。

（十）其他类型广告

1.插屏广告。

插屏广告包含半屏、全屏两种形态。插屏广告是移动广告的一种常见形式，在应用流程中弹出，当应用展示插页式广告时，用户可以选择点按广告，访问其目标网址，也可以将其关闭，返回应用。插屏半屏广告分为小规格纯图片（横屏）和大规格纯图片（竖屏）、插屏横屏视频、插屏竖屏视频，具体种类可以在开发者平台进行选择。插屏全屏广告分为插屏全屏图文、插屏全屏视频、奖励式插屏视频（插屏激励），如图4-16所示。

2.启动页广告。

启动页广告又称全屏广告（Full Screen Ads），几乎在常用的App上都能看到，可以以图片、视频、Flash等形式加载，如图4-17所示。用户首次进入App时，将会出现启动页。

其优点是合理利用资源，在用户等待 App 加载时呈现内容，当用户刚打开启动页时，直接呈现广告内容，能够更好地刺激用户记忆。缺点是部分 Flash 安装包加载缓慢，影响用户体验。

图4-16　插屏广告

图4-17　启动页广告

3.信息流广告。

信息流广告常常和正常的信息混在一起，不容易被识别，用户在不知不觉中就将广告阅读完了，如图4-18所示。常出现在社交类App和咨询类App，如微信朋友圈、微博、照片墙、今日头条、网易新闻等。其优点是不影响用户操作行为，缺点是内容定位如不精准，可能会让用户产生厌烦情绪。

图4-18　公众号文章中的信息流广告

4.积分广告。

积分广告主要是通过下载注册赢取部分积分或优惠，以流量导流的方式把自身一部分用户流量导向目标App，实现流量变现。常出现在部分移动端游戏、应用商店等App中。其优点是通过积分的方式实现互利共赢。缺点是在品牌信誉度不强的情况下，容易让用户怀疑目标App的安全性，情况严重的会影响品牌形象。

5.下拉刷新广告。

当列表内容需要刷新的时候，一般App会采用下拉刷新的形式刷新列表，广告便会填充空白页，起到宣传效果。其优点是隐藏在内容页面板下，用户刷新才会出现，节约空间成本，不影响用户体验。缺点是广告出现时间过短，不容易引起用户注意。

6.私信通知。

私信通知是以私信的形式将商品信息发送给用户，用户可以通过查看私信了解商品详情，其优点是具有精准性，通过后台分析用户喜好并发送特定商品。缺点是常常忽略用户需求，增加用户筛选成本。

7.移动视频广告。

移动视频广告针对的用户群体分为VIP用户和普通用户，VIP用户在购买VIP业务后能够直接跳过广告，普通用户则需要先把广告看完才能看后面的内容。常出现位置：播放类App内容的开头。其优点是以内嵌的形式植入广告，不增加额外的内容板块。其缺点是普通用户（不愿意付费购买VIP业务）长时间观看会影响用户体验。

三、网络广告策划流程

网络广告策划是指根据广告主的网络营销计划和广告目的，在市场调研的基础上对广告活动进行整体的规划。它是根据互联网的特征及网络人群的特征，从全局角度展开的一种运筹和规划。在有限的广告信息体上，策划者对整个网络广告活动加以协调安排，对广告设计、广告投入、广告时间、广告空间安排等各个具体环节做到充分考虑并精益求精。它是网络广告活动的中心环节。

（一）确定网络广告目标

广告目标的作用是通过信息沟通使消费者产生对品牌的认识、情感、态度和行为的变化，从而实现企业的营销目标。公司在不同发展时期有不同的广告目标，比如说有形象广告，也有产品广告。对于产品广告，在产品的不同发展阶段，广告的目标可分为提供信息、说服购买和提醒使用等。在确定网络广告目标的过程中可以用到AIDA法则。

1.Attention（注意）。

在网络广告中，消费者在电脑屏幕上通过对广告的阅读，逐渐对广告主的产品或品牌产生认识和了解。

2.Interest（兴趣）。

网络广告受众注意到广告主所传达的信息之后，对产品或品牌产生兴趣，想要进一步了解广告信息，其可以点击广告，进入广告主放置在网上的营销站点或网页中。

3.Desire（欲望）。

感兴趣的广告浏览者对广告主通过商品或服务提供的利益产生购买欲望，他们会仔细阅读广告主的网页内容，这时就会在广告主的服务器上留下网页阅读的记录。

4.Action（行动）。

广告受众把浏览网页的动作转换为符合广告目标的行动，可能是在线注册、填写问卷、参加抽奖，或者是在线购买等。

（二）确定网络广告群体

简单来说就是确定网络广告希望让哪些人来看，确定他们是哪个群体、哪个阶层、在哪个区域。只有让合适的用户来参与广告信息活动，才能使广告有效实现其目标。

企业的产品特性是准确定位广告目标群体的关键。因为广告的目标群体是由企业的产品消费对象决定的，网络营销人员要深入调查和分析目标群体的性别、年龄、职业、爱好、文化程度、素质水平、收入、生活方式、思想方式、消费心理、购买习惯和平时接触网络媒体的习惯等。了解了目标群体的特征，才能有的放矢地调整企业的营销策略。

网络浏览或网上购买者是具有时代特征的。在网络广告中，要清楚了解目标群体的网络操作水平，这决定了网络广告呈现时所能采用的技术和软件。由于现在广告管理系统具有定向发布和定向反馈的功能，网络营销人员能更准确地了解广告目标群体的情况。企业在进行网络营销时，必须分享网络的既有群体与企业整体营销策略的目标市场之间的重合度有多大，以避免盲目地进行网络营销决策。

（三）选择网络广告创意及策略

1.要有明确有力的标题。广告标题是一句吸引消费者的带有概括性、观念性和主导性的话。

2.简洁的广告信息。

3.发展互动性。如在网络广告上增加游戏功能，提高访问者对广告的兴趣。

4.合理安排网络广告发布的时间因素。

网络广告的时间策划是其策略决策的重要方面。它包括对网络广告时限、频率、时序及发布时间的考虑。时限是广告从开始到结束的时间长度，即企业的广告打算持续多久，这是广告稳定性和新颖性的综合反映。频率即在一定时间内广告的播放次数。时序是指各种广告形式在投放顺序上的安排。发布时间是指广告发布是在产品投放市场之前还是之后。根据调查，消费者上网活动的时间多在晚上和节假日。

5.正确确定网络广告费用预算。

公司首先要确定整体促销预算，再确定用于网络广告的预算。整体促销预算可以运用量力而行法、销售百分比法、竞争对等法或目标任务法来确定。而用于网络广告的预算则可依据目标群体情况及企业所要达到的广告目标来确定，既要有足够的力度，也要以够用为度。

量力而行法即企业确定广告预算的依据是它们所能拿出的资金数额。

销售百分比法即企业按照销售额（销售实绩或预计销售额）或单位产品售价的一定百分比来计算和决定广告开支。

竞争对等法是指企业比照竞争者的广告开支来决定本企业广告的开支，以保持竞争上的优势。

目标任务法的步骤包括确定广告目标、决定为达到这种目标而必须执行的工作任务、估算执行这种工作任务所需的各种费用，这些费用的总和就是广告预算。

6.设计好网络广告的测试方案。

（四）选择网络广告发布渠道及方式

网上发布广告的渠道和形式众多，各有长短，企业应根据自身情况及网络广告的目标，选择网络广告的发布渠道及方式。目前可供选择的渠道和方式主要有以下几种。

1.主页形式。

建立自己的主页，对于企业来说，是一种必然的趋势。它不但是树立企业形象的手段，也是宣传产品的良好工具。在互联网上做广告的很多形式都只是提供了一种快速链接公司主页的途径，所以建立公司的 Web 主页是最根本的。公司的主页地址像公司的地址、名称、电话一样是独有的，是公司的标识和无形资产。

2.网络内容服务商（ICP）。

网络内容服务商（ICP）如新浪、搜狐、网易等，提供了大量的互联网用户感兴趣并需要的免费信息服务，包括新闻、评论、生活等内容，因此，这些网站的访问量非常大，是网上最引人注目的站点。目前，这样的网站是网络广告发布的主要阵地，但在这些网站上发布的主要是旗帜广告。

3.专业类的销售网。

专业类的销售网是一种专业类产品直接在互联网上进行销售的方式。进入这样的网站，消费者只要在一张表中填上自己所需商品的类型、型号、制造商、价位等信息，然后按一下搜索键，就可以得到所需要商品的各种细节资料。

4.企业名录。

企业名录是由一些互联网服务商或政府机构将一部分企业信息融入主页。

5.免费的E-mail服务。

在互联网上有许多服务商提供免费的E-mail服务，企业能将广告主动送至使用免费E-mail服务的用户手中。

6.黄页形式。

在互联网上有一些专门用以查询检索服务的网站，这些站点就同电话黄页一样，按类别划分，便于用户进行站点的查询。采用这种方法的好处如下：一是针对性强，查询过程都以关键字区分；二是醒目，处于页面的明显处，易于引起注关，是用户浏览的首选。

7.网络报纸或网络杂志。

随着互联网的发展，国内外一些著名的报纸和杂志纷纷在互联网上建立了自己的主页；更有一些新兴的报纸或杂志，放弃了传统的纸质版本，完全地成为一种网络报纸或网络杂志。随着影响力越来越大，访问的人数不断上升。对于注重广告宣传的企业来说，在这些网络报纸或杂志上做广告，也是一个较好的传播渠道。

8.新闻组。

新闻组是人人都可以订阅的一种互联网服务形式，阅读者可成为新闻组的一员。成员可以在新闻组上阅读大量的公告，也可以发表自己的公告，或者回复他人的公告。新闻组是一种很好的讨论和分享信息的方式。广告主可以选择与本企业产品相关的新闻组发布公告，这是一种非常有效的网络广告传播渠道。

四、网络广告效果评估

（一）网络广告效果评估的原则

对网络广告效果评估的原则是进行评估时必须遵循的原则，这些原则是贯穿整个工作过程的指导思想。

1.相关性原则。

相关性原则要求网络广告的效果测定的内容必须与广告主所追求的目的相关，如果广告的目的在于推出新产品或改进原有产品，那么广告效果评估的内容应针对广告受众对品牌的印象；若广告的目的在于在已有市场上扩大销售，则应将评估的内容重点放在受众的购买行为上。

2.有效性原则。

评估工作必须要达到测定广告效果的目的，要以具体、科学的数据而非虚假的数据来评估广告的效果。要采用多种评估方法，多方面综合考察，使网络广告效果评估得出的结论更加有效。

（二）网络广告效果评估的内容及指标

广告的根本目的是促成消费者购买产品，但是由于网络广告产生作用是一个缓慢的过程，其效果也不仅仅表现为销售效果，因此应将广告的传播效果、经济效果及社会效果等几方面综合衡量，并按照网络广告活动过程分阶段进行评估。

1.网络广告传播效果评估的内容及指标。

广告主可以依据不同的广告目的，用"AIDA"来检验网络广告的效果。广告的AIDA的每一个阶段都可以作为网络广告传播效果评估的内容，网络广告AIDA与评估指标的对应关系见表4-5。

表4-5   **网络广告AIDA与评估指标的对应关系**

网络广告AIDA（评估内容）	网络广告传播效果评估指标
Attention注意	广告曝光次数（媒体网站） Advertising Impression
Interest兴趣	点击次数与点击率（媒体网站） Click & Click Through Rate（CTR）
Desire欲望	网页阅读次数（广告主网站） Page View
Action行动	转化次数与转化率（广告主网站） Conversion & Conversion Rate

（1）广告曝光次数（Advertising Impression）。广告曝光次数是指网络广告所在的网页被访问的次数，这一数字通常用Counter（计数器）来进行统计。假如广告刊登在网页的固定位置，那么在刊登期间获得的曝光次数越多，表示该广告被看到的次数越多，获得的关注就越多。但是，在运用广告曝光次数这一指标时，应该注意以下问题：首先，广告曝光次数并不等于实际浏览的广告人数。在广告刊登期间，同一个网民可能多次进入刊登同一则网络广告的同一网站，这样他就可能看到不止一次这则广告，此时广告曝光次数应该大于实际浏览的人数；还有一种情况就是，当网民偶尔打开某个刊登网络广告的网页后，也许根本没有看上面的内容就将网页关闭，此时的广告曝光次数与实际阅读次数也不相等。其次，广告刊登位置不同，每个广告曝光次数的实际价值也不相同。通常情况下，首页比内页得到的曝光次数多，但不一定是针对目标群体的曝光，相反，内页的曝光次数虽然较少，但目标受众的针对性更强，实际意义更大。最后，通常情况下，一个网页中很少刊登一则广告，更多情况下会刊登几则广告。在这种情形下，当网民浏览该网页时，他会将自己的注意力分散到几则广告中，这样广告曝光的实际价值到底有多大我们无从知道。总的来说，得到一个广告曝光次数，并不等于得到一个广告受众的关注度，只可以从大体上来反映。

（2）点击次数与点击率（Click & Click Through Rate）。网民点击网络广告的次数称为点击次数。点击次数可以客观准确地反映广告效果。而点击次数除以广告曝光次数，就可得到点击率（CTR），这项指标也可以用来评估网络广告效果，是广告吸引力的一个指标。如果刊登这则广告的网页的曝光次数是8 000次，而网页上广告的点击次数为800次，那么点击率是10%。点击率是网络广告最基本的评价指标，也是反映网络广告最直接、最有说服力的量化指标，因为一旦浏览者点击了某个网络广告，说明他已经对广告中的产品产生了兴趣，与曝光次数相比，这个指标对广告主的意义更大。不过，随着人们对网络广告的深入了解，点击率也越来越低。因此，在某种程度上，单纯的点击率已经不能充分反映网络广告的真正效果。

（3）网页阅读次数（Page View）。浏览者在对广告中的产品产生了一定的兴趣之后进入广告主的网站，在了解产品的详细信息后，他可能就会产生购买欲望。浏览者点击网络广告之后，即进入介绍产品信息的主页或者广告主的网站，浏览者对该页面的一次浏览阅读称为一次网页阅读。而所有浏览者对这一页面的总的阅读次数就称为网页阅读次数。这个指标也可以用来衡量网络广告效果，它从侧面反映了网络广告的吸引力。广告主网页阅读次数与网络广告的点击次数事实上是存在差异的，这种差异是由于浏览者点击了网络广告而没有去浏览阅读所打开的网页所造成的。目前由于技术的限制，很难精确地对网页阅读次数进行统计，在很多情况下，就假定浏览者打开广告主的网站后都进行了浏览阅读，这样的话，网页阅读次数就可以用点击次数来估算。

（4）转化次数与转化率（Conversion & Conversion Rate）。网络广告的最终目的是促进产品的销售，而点击次数与点击率指标并不能真正反映网络广告对产品销售情况的影响，于是，引入了转化次数与转化率的指标。网络广告的转化次数包括两部分：一部分是浏览并且点击了网络广告所产生的转化行为的次数；另一部分是仅仅浏览而没有点击网络广告所产生的转化行为的次数。由此可见，转化次数与转化率可以反映那些浏览而没有点击广告所产生的效果，同时，点击率与转化率不存在明显的线性关系。通常情况下，将受网络广告的影响所产生的购买行为的次数看作转化次数。

2.网络广告经济效果评估的内容及指标。

网络广告的最终目的是促成产品的销售，那么广告主最关注的是由于网络广告的影响而得到的收益。收益是广告收入与广告成本两者的差，因此，网络广告经济效果评估的内容及指标可以概括为以下几点。

（1）网络广告收入（Income）。顾名思义，网络广告收入就是指消费者受网络广告刊登的影响产生购买而给广告主带来的销售收入。

（2）网络广告成本（Cost）。目前有以下几种网络广告的成本计算方式：

①千人印象成本（CPM）。千人印象成本是指网络广告所产生1 000个广告印象的成本，通常以广告所在页面的曝光次数为依据。其计算公式为：

CPM=总成本/广告曝光次数×1 000

CPM是目前应用最广，也是使用起来最简单的指标。广告主投放网络广告的费用是一个明确的数字，而广告曝光次数是由Internet服务提供商或Internet Content Provider（网络内容服务商）直接提供的，所以CPM能够很容易地计算出来。然而CPM的真实性要受到质疑，这是因为广告曝光次数是由ISP或ICP提供的，它们为了宣传其网站经营效益，必然要夸大曝光次数。这样，网络广告的CPM的客观性就降低了，不能真实反映网络广告的成本。

②每点击成本（CPC）。所谓每点击成本，就是点击某网络广告1次广告主所付出的成本。其计算公式为：

CPC=总成本/广告点击次数

CPC也是目前常用的指标，这一数据是基于点击次数计算出来的，而点击次数除了由ISP或ICP提供外，广告主是可以自己来进行统计的。所以利用CPC在一定程度上限制了网站作弊的可能，在很大程度上提高了评估的准确性。但是如果一个浏览者点击了广告而没有进行下一步的行动就关闭了浏览器，那么广告效果只是停留在曝光次数上，CPC的数值就比实际情况偏小，这是不科学的。由于CPM和CPC两个指标都存在一定的局限性，所以有人提出了CPA指标。

③每行动成本（CPA）。所谓每行动成本，就是广告主为每个行动所付出的成本。其计算公式为：

CPA=总成本/转化次数

CPA指标对于广告主是最有借鉴意义的，因为网络广告的最终目的就是促进产品的销售，这是通过消费者的行动来实现的。但是由于目前技术的限制，很难将那些在网络广告影响下产生实际行动的数字准确地统计出来，所以这个指标应用起来受到很大的限制。

例如，一定时期内一个广告主投入某产品的网络广告费用是6 000美元，这则网络广告的曝光次数为600 000次，点击次数为60 000次，转化次数为1 200次。

这个网络广告的千人印象成本为：CPM=6 000/600 000×1 000=10（美元）

这个网络广告的每点击成本为：CPC=6 000/60 000=0.1（美元）

这个网络广告的每行动成本为：CPA=6 000/1 200=5（美元）

（3）网络广告社会效果的评估内容及指标。网络广告的社会效果主要是指广告活动所引起的社会文化、教育等方面的作用。无论是广告构思、广告语言，还是广告表现，都要受到社会伦理道德的约束。评估网络广告的社会效果，要受一定的社会意识形态下的政治观点、法律规范、伦理道德及文化艺术标准的约束。

（三）网络广告效果评估的方法

在广告效果评估中，使用最多的就是DAGMAR（Defining Advertising Goals for Measured Advertising Results，为度量结果而确定广告目标）方法，在网络广告的效果评估中同样适用，只不过在这里是通过网络广告中的特定指标和方法来体现的。根据使用评估指标的情况，可以将评估方法大体分为以下两大类，但是DAGMAR方法一直贯穿其中。

1.单一指标评估法。

单一指标评估法是指当广告主明确广告的目标后，采取适当的单个指标来对网络广告效果进行评估的方法。当广告主所追求的广告目的是提升和强化品牌形象时，只需要选择那些与此相关的指标，如广告曝光次数、广告点击次数与点击率、网页阅读次数等指标来衡量；当广告主所追求的广告目的是追求实际收入时，只需要选取转化次数与转化率、广告收入、广告支出等相关指标进行评估。

2.综合指标评估法。

综合指标评估法就是在对广告效果进行评估时所采用的不是简单的某个指标，而是利用一定的方法，在考虑几个指标的基础上对网络广告效果进行综合衡量的方法。综合指标评估方法有以下两种，其评估结果从不同方面反映了网络广告的效果。

（1）传播效能评估法。所谓传播效能就是指随着网络广告的刊登，其广告宣传对象的信息也在不断传播，从而产生对品牌形象和产品销售潜力的影响，这种影响侧重于长期的综合效果。传播效能评估法就是在网络广告刊登后的一段时间内，对网络广告所产生效果的不同层面赋予权重，以判别不同广告所产生效果之间的差异。这种方法实际上是对不同广告形式、不同投放媒体或者不同刊登周期等情况下广告效果的比较，而不仅仅反映某次广告刊登所产生的效果。

（2）耦合转化贡献率评估法。耦合转化贡献率评估法是指广告主在以往网络广告的经验基础上，会产生一个购买次数与点击次数之间的经验比例数值，根据这个比例即可估算广告在网站刊登时一定的点击次数可能产生的购买转化次数，而该网站上的广告的最终转化次数可能与这个估计值并不完全吻合，由此产生了实际转化次数相对于预期转化次数的变化率，称为该网络广告与该网站的耦合转化贡献率。

思维拓展

根据《中华人民共和国广告法》《中华人民共和国电子商务法》等法律、行政法规制定的《互联网广告管理办法》已于2023年2月25日由国家市场监督管理总局令第72号公布，自2023年5月1日起施行。

第三条规定："互联网广告应当真实、合法，坚持正确导向，以健康的表现形式表达广告内容，符合社会主义精神文明建设和弘扬中华优秀传统文化的要求。利用互联网从事广告活动，应当遵守法律、法规，诚实信用，公平竞争。国家鼓励、支持开展互联网公益广告宣传活动，传播社会主义核心价值观和中华优秀传统文化，倡导文明风尚。"

第九条规定："互联网广告应当具有可识别性，能够使消费者辨明其为广告。对于竞价排名的商品或者服务，广告发布者应当显著标明'广告'，与自然搜索结果明显区分。除法律、行政法规禁止发布或者变相发布广告的情形外，通过知识介绍、体验分享、消费测评等形式推销商品或者服务，并附加购物链接等购买方式的，广告发布者应当显著标明'广告'。"

第十七条规定："利用互联网发布、发送广告，不得影响用户正常使用网络，不得在搜索政务服务网站、网页、互联网应用程序、公众号等的结果中插入竞价排名广告。未经用户同意、请求或者用户明确表示拒绝的，不得向其交通工具、导航设备、智能家电等发送互联网广告，不得在用户发送的电子邮件或者互联网即时通讯信息中附加广告或者广告链接。"

任务实施

为某企业策划网络广告营销方案。

步骤一：明确实训目的。

了解网络广告策划的内容，针对企业营销活动制订简单的网络广告策划方案，说明广告受众、目标、广告内容、广告形式、发布媒体、价格等。

步骤二：选择策划对象。

在淘宝平台或京东等其他电商平台选取一个自己感兴趣的网店，作为策划网络广告的对象。

步骤三：进行产品分析和市场分析。

浏览并熟悉你所选取的网店的产品经营状况，进行市场分析，小组讨论，确定网络广告目标及群体。

步骤四：网络广告策划。

小组讨论选择网络广告创意及策略。

步骤五：设计网络广告作品。

涉及网络广告作品初稿，网络广告发布渠道及方式。

步骤六：决定广告投放方向。

选择合适的网络广告发布渠道及方式。

步骤七：费用预算。

列出预算明细表，见表4-6。

表4-6   预算明细表

广告形式	发布渠道	价格（元/天）	发布期限（天）	合计费用（元）

步骤八：形成实训报告。

形成完整的网络广告策划方案，主要包括方案概述、投放方案、费用预算等内容，并提交实训报告。

任务测评

一、单项选择题

1.（   ）又称旗帜广告，它是横跨于网页上的矩形公告牌，当用户点击这些横幅的时候，通常可以链接到广告主的网页。

A.信息流广告   B.横幅广告

C.前贴广告   D.开屏广告

2.插入到视频中的广告根据它们在视频中的位置（视频播放的前、中、后）可以被分类为前贴片（Pre-Roll）、中贴片（Mid-Roll）和后贴片（Post-Roll）广告。（   ）被认为是具有相当高的完播率以及高转化的广告。

A.旗帜广告   B.后贴片广告

C.中贴片广告   D.前贴片广告

3.每千人印象成本的简称是（   ）。

A.CPA   B.CPM   C.CPC   D.CPP

二、多项选择题

1.网络广告的三个法定特征为（   ）。

A.依附性   B.目的性

C.商业性   D.灵活性

2.网络广告的形式有（   ）。

A主页形式广告   B.横幅广告

C.分类广告   D.文字链接广告

三、简答题

1.什么是网络广告？

2.网络广告有几种类型?

3.网络广告策划的流程有哪些?

任务四 善用事件营销

任务描述

随着自媒体的迅速发展,一个事件或者一个话题可以轻松地引起广泛关注并进行传播。因此,成功的事件营销案例开始大量出现,越来越多的火爆事件让网络营销人员意识到"事件"的重要力量。如果可以制造一个事件让更多的人关注,或者借助一个本身已经有很多人关注的事件,并在这个事件中适当、适时地植入企业、品牌、产品等信息,不仅保证了高关注度,更保证了营销信息的高效传达,可谓"一箭双雕"。

那么,如何利用事件来开展网络营销呢?

知识准备

一、事件营销认知

(一)事件营销的含义

事件营销(Event Marketing)是企业通过策划、组织和利用具有名人效应、新闻价值以及社会影响的人物或事件,引起媒体、社会团体和消费者的兴趣与关注,以提高企业或产品的知名度、美誉度,树立良好品牌形象,并最终促成销售的手段和方式。简单地说,事件营销就是通过把握网络传播的规律,制造具有营销价值的事件,并通过具体的操作,让这一事件得以传播,从而达到广告的效果。

事件营销已成为网络营销传播过程中的一把利器,也是企业低成本营销的方法之一。事件营销集新闻效应、广告效应、公共关系、形象传播于一体,能为产品、品牌展示创造机会,能建立品牌识别和品牌定位,是一种快速提升品牌知名度与美誉度的营销手段。

(二)事件营销的特点

与常规的广告等传播活动相比,网络事件营销能够以更快的速度、更短的时间创造最大化的影响力,其特征主要表现在以下几个方面:

1.事件具有时效性、不确定性和风险性。

企业在运作事件营销时,要注意热点事件的时效性、不确定性与风险性,即应注意风险管理。事件营销是企业要借社会热点事件、新闻之势或通过企业本身策划的事件进行造势来达到传播企业信息的目的。热点事件并不一定都可以用来做事件营销,因此,有必要对将运作或利用的事件进行全面的风险评估。

2.事件营销具有依附性,要找准事件与品牌的关联。

事件营销不能脱离品牌的核心理念,必须与品牌和产品、其他营销活动、目标消费者利益相关联。如果联结过于牵强,就难以让消费者对事件的关注热情转移到品牌上,当然也无法提升品牌的知名度。无论是借助已有的事件,还是自行策划事件,事件营销自始至终围绕着同一个主题运作，敏锐地抓住公众关注的热点并进行创造性对接，从消费者利益和社会福利的角度出发，来实现营销的目的。在营销过程中，营销者要通过事件进行有新闻价值的传播活动，把产品、服务和创意的优秀品质传递给已有的和潜在的顾客，从而建立品牌美誉度并树立良好的企业形象。

3.能避开媒体多元化形成的噪声，投资回报率高。

事件营销因为具有新闻的特征，尤其针对目标受众关切的热点事件，所以可以避开同其他广告的正面冲突。有了消费者的主动参与，企业的知名度就能在短期内有很大的提升。事件营销的传播往往体现在新闻上，企业借助第三方组织或权威个人，将理念、产品与服务质量传播给目标市场。受众对于其中内容的信任程度远远高于广告。相关统计显示，企业运用事件营销手段取得的传播投资回报率约为一般传统广告的3倍，能有效地帮助企业树立产品的品牌形象，直接或间接地影响产品的销售。

4.事件营销可形成二次传播。

一个事件如果成了热点，会成为人们津津乐道、互相沟通的话题。传播层次不仅仅局限于看到这条新闻的读者或观众，还可以形成二次传播。相比之下，广告的传播一般局限于一个层面，且很难具有传播活性，同时其可信度往往易被消费者质疑。

（三）事件营销的要素

新闻价值是事件营销成功的关键点。成功的事件营销必须包含下列四个要素之一，即重要性、接近性、显著性和趣味性之一，一个事件只要具备一个要素就具有新闻价值了。如果同时具备的要素越多、越全，新闻价值就越大，事件营销成功的可能性就越大；当一件新闻同时具备所有要素时，肯定会极具新闻价值。

1.重要性。

重要性是指事件内容的重要程度。要判断内容重要性主要看其对社会产生影响的程度。一般来说，对越多的人产生的影响越大，其新闻价值越大。

2.接近性。

越是心理、利益和地理上与受众接近和相关的事实，新闻价值越大。心理接近包含职业、年龄、性别等因素。从地理上说，人们对自己的出生地、居住地和曾经给自己留下美好记忆的地方有一种特殊的情怀，所以在策划事件营销时必须关注事件与受众的接近程度。通常来说，事件关联的点越集中，就越能引起人们的注意。

3.显著性。

新闻中的人物、地点和事件越出名，新闻价值也越大。国家元首、政府要人、知名人士、历史名城、名胜古迹往往是出新闻的地方。

4.趣味性。

有人认为，人类本身就有天生的好奇心，大多数受众对新奇、反常的东西比较感兴趣。

（四）事件营销的原理

1.事件营销的原始动机。

注意力的稀缺是事件营销的原始动机。注意力是指人的心理活动指向和集中于某种事物的能力。当各种信息进入人的意识范围时，人将关注其中特定的一条信息，然后决定是否采取行动。注意力对于企业来说，是一种可以转化为经济效应的资源。注意力的稀缺成了企业进行事件营销的动力。

2.事件营销的实现桥梁。

大众媒介议程设置是事件营销的实现桥梁。大众媒介议程设置，就是大众传播媒介具有一种为公众设置议事日程的功能，传媒的新闻报道和信息传达活动以赋予各种议题不同程度的显著性的方式，影响着人们对周围世界的"大事"及其重要性的判断。因此，如果企业想成功地实施一次事件营销，必须善于利用大众媒介，只有营造出有利于企业的社会舆论环境，才能帮助企业达到借势或造势的目的，引起大范围的公众重视。

3.事件营销的必要途径。

整合营销资源是事件营销的必要途径。营销大师菲利普·科特勒认为整合营销就是企业所有资源为服务于顾客利益而共同工作。它有两层含义：其一是不同营销手段共同工作；其二是营销部门与其他部门共同工作。企业整合营销资源表现在整合多种媒体发布渠道、多种媒体传播渠道、多种营销工具等方面，是事件营销的必要途径。

二、事件营销策划步骤及流程

互联网具备信息传播速度快、传播范围广的特点，在一定程度上能够提升企业营销效果。在营销过程中，策划人员能够通过借助制造新闻事件及炒作手段，提升公众的关注度以及传统新闻媒体关注度，借助社会化媒体以及传统媒体的传播，达到最好的营销效果。

（一）确定网络事件营销的目的

在营销中，重要的是企业在制造新闻的过程中，达到提升企业品牌知名度、曝光度以及实现盈利等目的。所以在策划营销方案的过程中，企业应该分析形势、明确目标，一切新闻事件都要围绕目标来策划。一般事件营销的目的包括吸引用户注册、吸引用户流量、吸引用户购买以及扩大品牌的传播等。

（二）寻找与品牌的关联性

网络事件营销最后的落脚点是提升企业的知名度，树立良好的品牌形象，所以事件营销无论是借助时事、公益活动还是热点新闻，一定要与品牌有关联，不能生搬硬套。不仅要对品牌起到宣传作用，而且要达到正面积极的效果。企业应该避免炒作一些恶俗的事件，以免给企业带来负面影响。

（三）进行事件内容的策划

事件的内容是整个事件营销的焦点，它在很大程度上决定了营销成功的概率，内容的策划需要契合营销想要达到的目的。此外，结合互联网的特点，趣味性是一个很好的设计点，如萌宠、爆料、搞笑、亲民的路线，都可以让网民心动。

（四）选择合适的传播渠道

影响力大的新闻事件往往借助网络用户资源丰富的网络媒体，如门户网站、各大论坛等进行传播，这些平台借助本身的用户资源能够有效扩大新闻的传播范围，引起轰动效应，为此在新闻事件传播的过程中要注意引入媒体的力量，从而达到宣传推广的目的。

（五）鼓励网民的参与和再创作

没有网民的参与和互动，就不会形成大规模的传播效果。因此在确定受众群体后要与他们进行接触，感受他们的快乐与喜好；与他们互动，增进彼此的感情。在了解参与者的基础上，引导和激发网民的创作力，从而达到二次传播的效果。

（六）监测效果和控制风险

事件营销不是临时性的战术，而应该是一项长期的战略工程，因此需要就前期的效果进行监测和分析，以便引导舆论，及时将参与者转化为客户，并为下一阶段的营销做好准备。同时，鉴于网络事件营销的特征，在策划方案时，一定要充分考虑风险因素，控制好风险，以免造成负面影响。

三、事件营销策划方法与策略

（一）事件营销策划方法

1.情绪感染法。

民生类、情感类、励志类等话题最容易引起网民共鸣。网络平台自身的优势在于传播话题的多样性，一段视频、一篇微博，甚至几个字，均能在互联网上引起轩然大波。

如2023年4月根据日本篮球漫画《灌篮高手》改编的同名电影在中国上映，作为无数人的童年和青春记忆，电影上映后吸引了大批中青年观众前往观影，引发了一代人的集体怀旧。《灌篮高手》的漫画和动画在20世纪90年代就已经风靡了亚洲，影响了一代人对篮球和青春的理解，其本身也成为文化界的知名IP。此次电影的上映，对于很多原作粉丝来说，是一种久违的回归和致敬。任何成功的营销策略，都离不开情感因素，谁能把所有人的情感激起，谁的营销就是最成功的。

2.超女营销法。

"超女营销法"是指在线上活动传播过程中，对参与活动的网民进行主动包装，有针对性地进行话题营销，从而提升整个活动效果的方法。在早期选秀比赛中，活动进程的话题营销，使《超级（快乐）女生》成为人生梦想实现的大舞台。

3.草船借箭法。

草船借箭法是指在事件传播过程中，在适当的时机借助其他热点事件达到产品传播的效果。很多经典的案例都是借助了别人的力量，达到了良好的传播效果。如借助当前热点事件、借助名人参与、借助专家点评、借助传统媒体引导等。

4.概念带动法。

企业在传播一个产品的时候，都希望能一夜走红，但网络的不可预见性使众多企业对事件营销望而却步。理论市场和产品市场同时启动，先推广一种观念，消费者有了观念，市场就会好做。互联网无疑提供了一个良好的平台，从早期的农夫山泉的天然水，到"人工智能""无人驾驶""手机全面屏"都是先概念、后产品或者概念产品同步推广的经典案例。

（二）事件营销策划策略

事件营销"四两拨千斤"的传播效果历来为企业所青睐。只有从消费者关心的事情入手，营销策略才能打动消费者，实现营销目标。

1.借势营销。借势是指企业及时抓住广受关注的社会新闻、事件以及人物，结合企业或产品在营销上展开的一系列相关活动。

（1）知名艺人策略。当购买者不再把价格、质量当作购买顾虑时，利用知名艺人的知名度去加重产品的附加值，可以培养消费者对产品的感情、联想，来赢得消费者对产品的信赖。

（2）体育策略。体育策略主要是借助赞助、冠名等手段，通过所赞助的体育活动来推广自己的品牌。体育活动已被越来越多的人关注和参与，体育赛事是品牌最好的广告载体，体育背后蕴藏着无限的商机。

体育营销作为一种软广告，具有沟通对象量大、传播面广和针对性强等特点。例如，安踏连续多年作为中国奥委会官方合作伙伴，与中国奥运代表团相伴相随，累计为包括体操、举重、柔道、游泳、短道速滑、速度滑冰等在内的中国国家队打造比赛装备，让中国运动健儿穿上由中国民族品牌自主研发的专业装备，征战重大国际赛事。通过体育营销不断提升品牌的知名度和美誉度。

（3）新闻策略。企业利用社会上有价值、影响面广的新闻，不失时机地将其与自己的品牌联系在一起，来达到借力发力的传播效果。在这一点上，海尔的做法堪称典范。

2.造势营销。造势是指企业通过策划、组织和制造具有新闻价值的事件，吸引媒体、社会团体和消费者的兴趣与关注。

（1）舆论策略。企业通过与相关媒体合作，发表大量介绍和宣传企业的产品或服务的软性文章，以理性的手段传播自己。此类软性宣传文章现如今已经大范围，甚至大版面地出现在各种相应的媒体上。

2022年《羊了个羊》迅速火爆，其背后的游戏公司，据说每周收入2 500万元。这款小游走红网络的原因是，其巧妙利用两次事件营销。一是因为玩家太多，导致游戏崩盘，急招后端运营，推荐入职奖励5 000元。二是疑似抄袭，登上热搜，通过黑洗白，利用这两次营销事件，赚足了宣传热度。

（2）活动策略。企业为推广自己的产品而组织策划一系列宣传活动，吸引消费者和媒体的眼球，以达到传播自己产品的目的。

（3）概念策略。企业为自己的产品或服务创造一种"新理念""新潮流"是十分重要的。例如，农夫山泉宣布停止生产纯净水，只出品天然水，大玩"水营养"概念，借此树立了自己倡导健康的专业品牌形象。

四、事件营销效果监测

（一）事件营销效果的评估体系

事件营销效果的评估，主要分为两个阶段：第一阶段是对事件本身的评估，第二阶段是对品牌影响的评估。对事件本身的评估可以从事件知晓率、信息准确性和获取渠道、报道／转载次数等指标来衡量；对品牌形象的评估可以从认知、情感和意愿3个方面来衡量，具体指标包括品牌认知率、品牌认同感、品牌推荐等。

对于评估的时间，应遵循迅速、及时、有效的原则，一般来讲最佳的评估时间通常是在活动结束的一周内进行的。

1.第一阶段：事件本身的评估。

第一阶段的评估主要侧重事件本身，从事件的知晓率到具体内容的评价，都是较为具体的指标。

（1）事件知晓率。事件知晓率是指对于此次事件营销有多少人知道，也就是此次事件本身的影响力。对于一个事件来讲，知晓率是非常重要的，它是衡量品牌知晓率的基础。除此之外，可以对事件中的具体内容进行知晓率的调查，来进一步获取受访者对事件的了解程度。

（2）信息准确性。信息准确性是指企业通过事件营销希望传达的信息与受访者真正接收到的信息两者之间的差异。信息在传播的过程中，由于新闻法规、传播者限制、媒介损失等原因，不可避免地会产生一定的偏差。准确性是一个难以量化的指标，但对于准确性的评估，却是一个不可缺少的环节，可以采取定性的方法来评估这个指标。

（3）获取渠道。信息的获取途径主要是了解受访者获取信息的主要方式，以及企业对各个主要传播渠道的覆盖情况。另外，企业可以充分了解受访者的背景资料，了解到各类受访者获取信息的主要渠道，便于企业针对目标群体进行更加有效的传播。

（4）报道/转载次数。可以通过"关键词+搜索引擎"的方式来获得事件营销被报道/转载的次数，作为衡量事件营销效果的一部分。

分析受访者对于事件营销的总体评价以及对各具体内容的评价，可以通过重要性因素模型，推导出事件营销中的薄弱环节，从而有针对性地予以调整，避免今后出现同样的问题。

2.第二阶段：品牌影响的评估。

第二阶段的评估主要侧重于对品牌的影响，按照对公众影响的深度和流程来看，品牌影响的评估主要包括认知、情感和意愿三个层面的效果。

（1）认知层面。品牌认知是评估品牌影响的第一个环节，这里面的认知包括三层含义：一是认知的广度，二是认知的深度，三是品牌形象认同。通过这三个指标，一方面可以衡量经过此次事件后相关的品牌知晓率，另一方面可以了解人们对相关品牌在认知方面的深刻程度。

认知的广度可以通过事件后的品牌知晓率来衡量，也就是在事件营销中涉及的相关品牌有多少人知道，以此来反映认知的广度。

认知的深度可以通过相关品牌在无提示下的第一提及率来反映——也就是在没有任何提示的情况下，询问受访者知道哪个相关的品牌，此时受访者第一个提到的，往往就是对受访者影响最大、让其印象最深的品牌。

品牌形象认同指受访者对企业品牌形象的认可程度，可用以判断经过此次事件后受访者对相关品牌形象的认同程度以及变化幅度。

（2）情感层面。情感层面是指经过此次事件营销的影响，公众对于相关品牌在感情上的变化情况。我们可以通过两个指标来测量：①品牌偏好，即他们通过此次事件是不是更加喜欢某个品牌了，变化幅度如何；②品牌信任，即通过此次事件是不是更加信任某个品牌了，其变化幅度如何。这两个指标能够较为准确地反映出事件营销对于受访者情感方面的影响。

（3）意愿层面。意愿层面也可称为行为层面，认知是基础，情感是过程，而意愿才是真正的结果。意愿层面是指受访者经过此次事件营销的影响，对于相关品牌在最终行为上的变化程度。这里通过3个指标来测量：①品牌关注，即通过此次事件受访者是不是对某品牌更加关注了，可以通过官方网站日浏览量的变化来衡量；②尝试和购买，即通过此次事件受访者是不是更加愿意尝试和购买某个品牌了，尝试和购买的变化幅度如何；③品牌推荐，即通过此次事件今后，在家人或朋友要购买相关产品时，受访者是不是会优先推荐某品牌，变化的幅度如何。

（二）事件营销效果监测跟踪

1.内容监测。

发布内容需要严格监控，如是否已发布到想要发布的论坛，图片的大小尺寸在论坛的表现力怎么样，文案发布以后是否按要求、节奏、数量进行灵活维护。

2.媒体监测。

媒体对发布内容的推荐和转载程度，即发布的内容，网站喜欢吗、版主喜欢吗、编辑喜欢吗、他们有没有自发进行推荐、推荐位置都在哪里；是否及时做了监测截屏；除了发布的媒体，是否有其他媒体的内容出现，哪些内容是网民自发转载的。

3.舆情监测。

舆情监测的内容包括网民的反馈和关注点是什么，他们对文案中哪部分内容最感兴趣；他们是否按企业期待的方向展开讨论，如果没有怎么办；针对他们的关注热点，是否需要及时调整传播计划等。

思维拓展

事件营销本身是一把"双刃剑"：事件营销虽然可以短、平、快的方式为企业带来巨大的关注度，但也可能起到相反的作用，就是企业或产品的知名度扩大了，但却不是美誉度而是负面的评价。

事件营销中的三大切入点可以按可控度进行排列，从大到小分别是公益、聚焦和危机。可控度降低的同时，影响度是递增的，即风险越大，营销效果越好。

事件营销的利益与风险并存，我们既要学会取其利，还要知道避其害。对于风险项目，我们首先要做的是风险评估，这是进行风险控制的基础。风险评估后，根据风险等级建立相应的防范机制。事件营销展开后还要依据实际情况，不断调整和修正原先的风险评估，补充风险检测内容，并采取措施化解风险，直到整个事件结束。

任务实施

为某企业做一个事件营销策划方案。

步骤一：明确实训目的。

了解事件营销策划的步骤及流程，运用合适的策划方法和策划策略，完成一个事件营销方案的策划工作。

步骤二：选择策划对象。

在淘宝平台或京东等其他电商平台选取一个自己感兴趣的网店，作为策划事件营销方案的对象。

步骤三：确定传播目标。

浏览并熟悉你所选取的网店的经营状况，进行小组讨论，确定传播目标。

步骤四：制订传播方案。

分析网络舆论环境，制订话题传播方案。

步骤五：选择策划策略。

小组讨论，选择合适的事件营销策划策略。

步骤六：选择推广渠道。

选择合适的渠道（论坛、微博、微信、视频网站）推广。

步骤七：形成实训报告。

形成完整的事件营销策划方案，提交实训报告。

任务测评

一、单项选择题

1.对品牌影响的评估不包括（　　）。

A.认知层面   B.情感层面

C.意愿层面   D.心理层面

2.事件营销的特点不包括（　　）。

A.时效性   B.可二次传播

C.无风险性   D.投资回报率高

二、多项选择题

1.制造网络事件的步骤包括（　　）。

A.确定网络事件营销的目的

B.寻找与品牌的关联性

C.选择合适的传播渠道

D.鼓励网民的参与和再创作

2.对事件本身的评估可以从（　　）方面进行评估。

A.事件知晓率   B.信息准确性

C.获取渠道   D.报道/转载次数

三、简答题

1.什么是事件营销？

2.事件营销的具体方法有哪些？

思政园地

2020年4月20日，习近平总书记在陕西省商洛市柞水县小岭镇金米村考察时的讲话中提出："电商，在农副产品的推销方面是非常重要的，是大有可为的。"习近平总书记的讲话既肯定了农村电商的成绩，又对农村电商的发展提出更高的要求。

2022年4月1日，第7期《求是》杂志发表了中共中央总书记、国家主席、中央军委主席习近平的重要文章《坚持把解决好"三农"问题作为全党工作重中之重，举全党全社会之力推动乡村振兴》。

巩固拓展脱贫攻坚成果，全面推进乡村振兴，加快农业农村现代化，是需要全党高度重视的一个关系大局的重大问题。全党务必充分认识新发展阶段做好"三农"工作的重要性和紧迫性，坚持把解决好"三农"问题作为全党工作重中之重，举全党全社会之力推动乡村振兴，促进农业高质高效、乡村宜居宜业、农民富裕富足。

要真抓实干做好新发展阶段"三农"工作。从中华民族伟大复兴战略全局看，民族要复兴，乡村必振兴。只有深刻理解了"三农"问题，才能更好理解我们这个党、这个国家、这个民族。全面建设社会主义现代化国家，实现中华民族伟大复兴，最艰巨最繁重的任务依然在农村，最广泛最深厚的基础依然在农村。从世界百年未有之大变局看，稳住农业基本盘、守好"三农"基础是应变局、开新局的"压舱石"。"三农"向好，全局主动。

要全面推进乡村振兴落地见效。全面实施乡村振兴战略的深度、广度、难度都不亚于脱贫攻坚，必须加强顶层设计，以更有力的举措、汇聚更强大的力量来推进。第一，加快发展乡村产业。要积极发展农产品加工业，优化产业布局，推动农村由卖原字号向卖制成品转变，把增值收益更多留在县域。发展乡村旅游、休闲农业、文化体验、健康养老、电子商务等新产业新业态，既要有速度，更要高质量，实现健康可持续。第二，加强社会主义精神文明建设。第三，加强农村生态文明建设。第四，深化农村改革。第五，实施乡村建设行动。第六，推动城乡融合发展见实效。第七，加强和改进乡村治理。

项目实训

2022年中央一号文件提出实施"数商兴农"工程、"快递进村"工程、"互联网+"农产品出村进城工程等。农村电商正在异军突起，农产品的加工、县乡村物流配送体系的建设，将释放出大量工作岗位和创业机遇，无论对于高校毕业生还是返乡能人，都将是大有可为的舞台。农村电商作为经济发展新引擎，逐渐成为壮大村级集体经济、推动乡村振兴的重要一环，为农村经济发展注入了新的活力，也为乡村振兴添加了新动能。互联网打通了产销对接之路，促进农副产品顺畅地"走出去"，解决了许多土特产滞销的问题。新业态不仅为农村地区增收、脱贫、致富带来更多的机遇和动能，还促进了贫困地区农村人口的生活方式和生活态度发生积极转变。请各小组利用搜索引擎营销、病毒营销、网络广告营销、事件营销等网络营销方法为家乡的农特产品设计营销方案。

项目考核

1.考核方式：过程考核。

2.考核内容与评价标准见表4-7至表4-9。

表4-7　　　　　　　　　　学生自评表

姓名：　　　　　时间：　　　　　　任务小组：

评价内容	评价标准				自评
	优 （86～100分）	良 （76～85分）	中 （61～75分）	差 （60分以下）	
工作态度 （20%）	出勤饱满 态度认真	出勤良好 比较认真	出勤一般 态度一般	出勤差 态度差	

续表

评价内容	评价标准				自评
	优 （86~100分）	良 （76~85分）	中 （61~75分）	差 （60分以下）	
自主探究能力（30%）	有强烈的探究欲，不断地发现问题，分析问题，寻找解决问题的办法，自主完成任务	有探究欲，能提出问题，分析问题，基本自主完成任务	有探究欲，能提出问题，在老师帮助下基本完成任务	探究欲不强，懒于思考，懒于动手，不能完成任务	
小组交流能力（20%）	积极主动进行组内或组间同学交流讨论、能够条理清晰、正确展示自己的方案、任务成果，达成共识	能够进行组内或组间同学交流讨论，展示自己的方案、任务成果	能够完成基本小组间的交流，基本完成任务	不能够完成基本小组间的交流，不能完成基本任务	
分工合作能力（30%）	在小组分工合作下，各尽其责，出色完成任务，并通过小组讨论交流得到新建议和想法	在小组分工合作下，完成任务	在老师指导下分工合作，完成任务	小组内缺乏分工，出现一人包办现象，没有体现分工合作	
合计					

表4-8　　　　　　　　　　　　　**任务小组成员互评表**

姓名：　　　　　　时间：　　　　　　任务小组：

序号	考核标准	分值	组员1	组员2	组员3	组员4	组员5
1	积极参与任务，认真搜集资料，提出建议，与小组成员团结合作，对小组贡献突出	12					
2	参与任务，能搜集资料，与小组成员团结合作，对小组贡献较突出	8					
3	参与任务，基本能与小组成员合作	6					
4	参与任务，不能与小组成员合作	4					
5	合计						

表4-9　　　　　　　　　　　　　**任务评价表**

考核内容	评价标准	自评（20%）	互评（30%）	师评（50%）
1.能够完全掌握网络调查问卷编制方法，调查问卷内容完整，格式符合标准；有详细操作过程记录和分析，并能提出较新的建议	优秀			
2.能够掌握网络调查问卷编制方法，调查问卷内容完整，格式符合标准；有详细操作过程记录和分析	良好			
3.能够基本掌握网络调查问卷编制方法，调查问卷内容完整，格式基本符合标准；有操作过程记录和分析	中等			
4.编制调查问卷内容基本完整，格式基本符合标准；有操作过程记录和分析	及格			
5.编制调查问卷内容不完整，格式不符合标准；无操作过程记录和分析	不及格			
合计				

项目五 整合新媒体营销方式

移动互联时代新媒体的出现使整个营销环境发生了巨大改变。新媒体逐渐被企业和个人作为营销活动的重要载体，企业能否适应时代的变革、展开有效的营销，在深入研究互联网资源、熟悉网络营销方法的基础上，从企业的实际情况出发，根据不同产品的优缺利弊整合多种网络营销方法，成为新媒体时代企业竞争力提升的关键。本项目重点介绍新媒体平台的选择、软文推广、网络视频营销、社群营销等新媒体营销方式。

学习目标

知识目标：

了解新媒体营销的特点；

熟悉软文营销的策划步骤；

掌握短视频营销的步骤、直播的流程；

掌握社群营销的技巧、社群的变现方式。

能力目标：

1. 能够区分不同的新媒体营销平台类型；

2. 能够利用软文撰写技巧创作软文；

3. 能够制作短视频并进行推广，能够开展直播营销；

4. 能够利用社群营销技巧开展社群营销。

素养目标：

1. 能够在创作中树立正确的价值观；

2. 能够遵守严谨认真、实事求是、精益求精的职业道德；

3. 能够具有版权意识，养成认真细致的工作作风。

思维导图

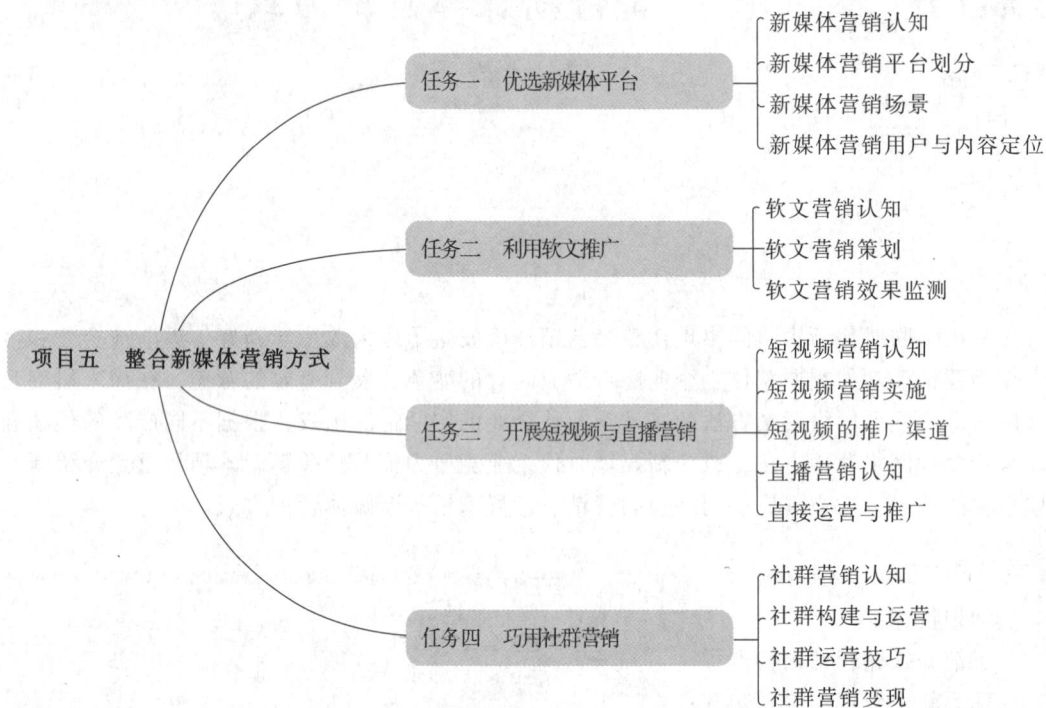

项目五　整合新媒体营销方式

- 任务一　优选新媒体平台
  - 新媒体营销认知
  - 新媒体营销平台划分
  - 新媒体营销场景
  - 新媒体营销用户与内容定位
- 任务二　利用软文推广
  - 软文营销认知
  - 软文营销策划
  - 软文营销效果监测
- 任务三　开展短视频与直播营销
  - 短视频营销认知
  - 短视频营销实施
  - 短视频的推广渠道
  - 直播营销认知
  - 直接运营与推广
- 任务四　巧用社群营销
  - 社群营销认知
  - 社群构建与运营
  - 社群运营技巧
  - 社群营销变现

任务一　　　　优选新媒体平台

任务描述

　　你是否每天都会习惯性地打开微信查看朋友圈？是否每天都会打开抖音或快手等短视频平台？如果答案是肯定的，说明你已经被新媒体的各种途径"营销"了。

　　那么，你知道新媒体究竟是什么吗？怎样开展新媒体营销呢？请为黑龙江的某种农特产品制作一个新媒体营销方案。

知识准备

一、新媒体营销认知

（一）新媒体营销的含义

　　新媒体时代的到来，预示着企业的营销方式也要随之改变。新媒体技术的运用逐渐代替了传统的交流方式，成为市场经济的主导方向。新媒体其实是一个宽泛且相对的概念。它是一种建立在数字网络技术上的"互动式数字化复合媒体"，包括微博、微信、直播平台、电子杂志和移动数字电视等，是报纸、杂志、广播和电视等传统媒体以外的新兴数字化媒体形态。狭义上讲，新媒体可以被理解为"新兴媒体"，是新数字技术支撑的新型传播媒介，即通过技术手段改变了信息传送的通道，只是一种信息载体的变化。

新媒体营销是指利用互联网、移动通信、社交网络等新兴媒介，进行品牌推广、用户互动、内容传播等营销活动的方式。新媒体营销具有低成本、高效率、强互动、易传播等特点，已经成为当下品牌营销的重要手段。

随着大数据和人工智能技术的发展，新媒体营销更加注重数据驱动的营销模式。企业需要通过数据分析和挖掘，了解目标用户的需求和兴趣点，提高内容的匹配度和准确度，进而提升用户参与度和转化率。如今新媒体平台不断涌现和发展，品牌需要根据不同平台的特点和用户画像，制定合适的内容策略和传播方式。同时，品牌也需要跨越平台之间的壁垒，实现内容的跨界融合和流量的互通互利。内容是新媒体营销的核心要素，也是品牌与用户建立信任和情感的桥梁。随着用户对信息的需求和审美的提升，品牌需要提供更有价值、更有质感、更有温度的内容，而不是单纯地推广产品和服务。品牌需要去除营销感，讲好自己的故事，展现自己的态度和价值观，与用户产生共识和共鸣。未来的新媒体营销将更加注重创新和个性化。

（二）新媒体营销的特点

新媒体具有信息发布实时化、传播去中心化、传播渠道多样化、传播内容多样化等多种有别于传统媒体的特点，新媒体营销也具有自身的特点。

1.用户具有自主选择性。

新媒体平台上的用户具有一定的自主选择性。用户可以根据自身需求以及喜好，浏览相关内容，并将感兴趣的内容通过转发、@等形式，传播给其他用户；也可以根据不同平台、不同用户的使用体验，选择适合自己的产品进行购买，并根据自身使用体验，决定是否对产品进行评价、如何评价、如何选择评价发表的平台等。

2.营销成本降低。

新媒体改变了传统媒体信息传播的形态，由一点对多点变为多点对多点，并且新媒体形态多样，很多平台免费对大众开放，信息发布、共享、传播和创造均只需要较低的成本，为企业提供了一个良好的营销平台。

企业在进行新媒体营销时，其成本可以分为平台成本和传播成本。

平台成本。企业进行新媒体营销需要开通相应的新媒体账号，大部分新媒体平台都可以免费注册账号，或者只需要缴纳少量服务费用就可以注册账号。

传播成本。新媒体时代，企业将营销信息通过创意包装，引起新媒体平台用户的注意，使用户产生兴趣，从而进行自发传播。当营销信息足够吸引人时，甚至可以达到用较少的成本、在较短的时间内，就可传播到更广范围的目的。除此之外，企业也可以根据曝光人次或有效互动进行付费推广，如微博"粉丝"通。

新媒体营销是科学技术发展到一定阶段的产物，其技术含量相当高，但与高端技术相比，新媒体营销的技术成本却不是很高。以微博为例，微博营销对技术性支持的要求相对较弱，具体表现为企业微博的注册、认证、信息发布和回复功能的使用已经非常简单。

3.目标客户精准定向。

在新媒体平台上，基于大数据、云计算等技术，通过用户填写的社交资料、浏览记录、消费行为、兴趣爱好等，绘制出产品的目标人群画像，企业可以利用新媒体有效地挖掘用户需求，可以为其推荐感兴趣的内容，为产品设计开发提供精准的市场依据，制定更加精准的营销策略并获得良好的投放效果。

4.传播去中心化。

去中心化，不是不要中心而是由节点来自由选择中心、自由决定中心。传统的传播中心如广播、报纸、杂志和电视台等接触对象有限。新媒体时代传播中心越来越分散，传播已经没有中心点，人人都可以成为传播者和有效影响用户的人。

5.企业与用户互动增强。

新媒体信息的传播是双向的。一方面，企业可以借助新媒体平台开展活动，进行问答，与用户互动，甚至吸引用户参与创造内容或产品，与用户共享利润；另一方面，用户可以对营销信息进行传播、讨论、反馈，甚至是参与营销的策划与改进，这样也提升了用户参与感，具有很强的互动性。

6.营销内容注重创意。

新媒体的发展使得用户获取信息的渠道越来越多，用户的注意力也越来越分散。企业营销方式越来越同质化，只有那些具有创意、能引起用户好奇心的营销内容，才有可能在竞争激烈的营销市场中获得成功。注重强互动性的新媒体营销，鼓励用户参与内容创造，注重内容的创意性。随着新媒体终端逐渐向手机移动端转移，人们的阅读方式越来越碎片化，营销讲的不再仅是文案，而是创意，是随时随地的热点借势；讲的不再是媒体关系，而是眼球效应。

7.内容生产与内容分发能力合二为一。

新媒体时代，内容生产和内容分发这二者是合二为一的，一篇文章或视频不仅要看内容生产能力，同时亦要看文章分发能力。专业的内容分发新媒体平台变得越来越重要，越来越独立。新媒体内容生产者不仅要关注内容生产也要关注内容分发，而传统媒体的内容生产者只需要做好内容生产。

二、新媒体营销平台划分

随着互联网的高速发展和用户消费需求的不断升级，新媒体平台逐渐细分为资讯类平台、导购类平台、视频类平台、社交类平台和音频类平台等类别。

（一）资讯类平台

资讯新媒体平台是传统新闻资讯在互联网上的衍生品，通过网络用户获取资讯内容方式的改变，诞生了提供某类综合性互联网信息资源并提供有关信息服务的应用系统。资讯类平台主要有今日头条、百家号、网易号、腾讯新闻、一点号、搜狐号、大风号、趣头条等，还有一些垂直资讯分类信息平台，即专注某一领域的平台。

以今日头条为例，今日头条是北京字节跳动科技有限公司开发的一款基于数据挖掘的推荐引擎产品，为用户推荐信息、提供连接人与信息的服务产品。其产品特色是基于个性化推荐引擎技术，根据每个用户的兴趣、位置等多个维度进行个性化推荐，推荐内容不仅包括狭义上的新闻，还包括音乐、电影、游戏和购物等资讯。

（二）导购类平台

1.淘宝"逛逛"。

淘宝作为电商平台的龙头，于2016年启动淘宝达人计划，可以说是电商平台中最早全面探索内容的导购平台。2020年12月，淘宝正式升级改版，将原本的买家秀社区升级为"淘宝逛逛"。淘宝"逛逛"的定位是真实生活分享社区，主要立足于好物分享，形成从泛生活方式分享到泛娱乐消费的阶梯式内容供给。2021年10月，淘宝"逛逛"上线新功能——双11种草机，使用了搜索和推荐一体的创新设计，用户在搜索框里输入自己的购物需求，或选中种草机推荐的话题，点击"去种草"按钮就能看到达人发布的种草内容。

2.京东"逛"。

京东、苏宁易购等平台也纷纷入局内容的建设与发展，这类平台大多经历了图文、短视频再到直播一体化的发展历程。2021年10月，京东首页"发现"频道正式升级为"逛"。目前，京东"逛"频道栏目主要有宝藏秘籍、大牌集市、全民种草、好物宝典、数码等，消费者不但可以获取更多的商品资讯，在不知道买什么时还可以通过"购物推荐"了解更多潮流趋势。

3.小红书。

小红书成立于2013年，以社区形式分享海外购物经验起家，由美妆个护开始，陆续分享运动、家居、餐馆、酒店及旅行等信息，涉及生活和消费的方方面面。小红书是年轻人的生活方式平台，以"Inspire Lives分享和发现世界的精彩"为使命，用户可以通过短视频、图文等形式记录生活点滴，分享生活方式，并基于兴趣形成互动。

4.拼多多。

拼多多成立于2015年，用户通过发起和朋友、家人、邻居等熟人关系的拼团，可以以更低的价格购买到优质商品。这种团购和拼购的底层逻辑是凝聚更多可信任的"朋友"力量，用更低的价格买到更好的商品，体会更多的实惠和乐趣。通过沟通分享明显的社交属性，拼多多形成了独特的新社交电商模式。

（三）视频类平台

随着网民的个人价值观和网络行为特征日趋复杂化和多样化，简单的文字、图片信息传播已经难以满足需求，消费需求结构的多元化驱动了视频新媒体的多元化发展，成为休闲娱乐类平台的主要应用。用户对于网络视频的需求越来越大，给视频网站带来的市场和机遇也越来越多，微视频、视频社交、大数据、用户付费、视频直播等，都有望给视频网站今后的发展带来新亮点。企业可以借助视频新媒体进行品牌宣传、产品促销、业务推广等活动，从而增加用户触达，提高用户参与度。

1.视频平台。

常见的视频平台有优酷网、土豆网、乐视网、奇艺网、酷6网、腾讯视频、搜狐视频等。

2.短视频平台。

随着短视频用户数的增长，短视频平台也呈现出"百花齐放"的态势，不同的平台聚集着不同属性的用户，作为创作者和短视频运营机构，应当对主流的短视频平台有一定的认识。

常见的短视频平台有抖音、快手、美拍、秒拍、小咖秀、火山小视频、全民小视频等。

3.直播平台。

直播电商进入万物可播、人人可播、随时可播、随地可播的时代。常见的直播内容有娱乐类、游戏类和带货类。娱乐类直播代表平台有映客和 YY 等，游戏类直播代表平台有斗鱼和虎牙等，带货类直播平台有淘宝直播、抖音带货直播等。

（四）社交类平台

用户在社交媒体中自己生产和创造内容，并与其他群体进行交流与讨论，参与、公开、对话等特点为社交新媒体增添了活力，进一步使其成为人们获取信息和资讯的重要平台。

基于六度分隔理论，社交网络可以对人群进行精准的定位，其商业价值不言而喻。微博、微信、QQ、百度贴吧、豆瓣、知乎等社交平台相继成长，发展迅速，成为人们日常分享意见、见解、经验和观点的重要平台，也成为企业进行新媒体营销的主要阵地。下面以微博为例，简要介绍社交平台。

1.微博营销特点。

微博用户可以根据自己的兴趣偏好，依据对方发布内容的类别与质量，来选择是否"关注"某用户，并可以对所有"关注"的用户群进行分类。用户发布信息的吸引力、新闻性越强，对该用户越感兴趣、关注该用户的人数也越多，影响力越大。微博信息共享便捷迅速，可以通过各种连接网络的平台，在任何时间、任何地点即时发布信息，其信息传播速度超过传统纸媒及网络媒体。

微博营销有着非常明显的传播效应，特别适合新媒体人开展曝光推广的需求。微博发布门槛低，相较传统媒体及其他平台营销成本低；转发方便，覆盖面广，收效快；支持文字、图片、视频等多种展现形式并注重拟人化，更具亲和力；操作简单、传播速度快、互动性强。

2.微博运营技巧。

（1）明确定位。只有具有利他的价值，才能更好吸引和留存用户。另一个重要定位是，从现在主流的新媒体平台看来，企业微博更适合被定位为一个种草的载体或平台，通过平台更好地与用户保持联系与互动。

（2）形象构建。微博的特点是"关系""互动"，作为企业微博，要给人感觉像一个人，有感情，有思考，有回应，有自己的特点与个性，有个性拟人化的微博具有很高的用户黏性，可以持续积累粉丝。

（3）内容规划。无论是整体企业微博账号还是账号运营中某一个项目，都需要进行系统的内容规划。磨刀不误砍柴工，对账号的内容进行顶层的设计与梳理非常重要。

（4）持续更新。微博有时候更像一本期刊、报纸或杂志，按照一定的节奏围绕内容定位更新，企业的品宣更像是种草的阶段，要不急不躁、定时定量定向地发布内容，使用户养成习惯。

（5）注重互动。微博的魅力在于互动，互动性是使微博持续发展的关键。"活动内容+奖品+关注（转发/评论）"的活动形式一直是微博互动的主要方式。

（五）音频类平台

网络电台等音频新媒体把传统意义上的电台搬到了网上，借助网络传播优势，对传统广播的传播方式和效果进行改造和优化。由于音频具有独特的伴随性特点，因此在跑步、做饭、上下班、睡前等各类移动场景下，当用户的双眼被占用的时候，音频会成为一种最方便地获取信息、娱乐放松的途径和方式。相比过度开发的开屏（视觉）广告，音频的闭屏特点，能更有效地让品牌信息触达用户，这是音频营销的关键点。常见音频平台有喜马拉雅、蜻蜓、荔枝、企鹅、千聊、懒人听书、网易云音乐等，越来越深入大众不同的生活场景。

三、新媒体营销场景

随着移动端的普及，用户在短暂休闲时间常见的五个行为是看新闻、看资讯、刷朋友圈、看微博、看短视频。

（一）图文应用场景

新媒体营销不局限于微博、微信公众号营销，随着今日头条、百家号、企鹅号、一点资讯等内容创作平台的出现，每个平台的推荐机制虽有不同，但是大致方向相似，可以图文并茂地展示想要表达的内容。

常见的图文应用大多是通过标题、热点词汇、文章内容、排版、文章维度、精准人群定位、关键词等角度运营相关内容。

在图文应用场景中，男性用户偏好科技、军事、财经、汽车、理财致富等更易受兴趣驱使的新闻领域，而女性用户更关注生活，喜好生活常识、娱乐、健康、教育类的新闻。在整个内容消费分类中，新闻资讯依然是受众最广泛的类别，并随着用户年龄的增长渗透率越来越高。

（二）视频应用场景

在通过手机观看短视频的用户中，多数用户每天观看短视频1个小时以上，更年轻的用户通常愿意刷上更久的短视频作为娱乐。幽默搞笑类的短视频更受用户喜爱，在技能传授、知识课程、旅游风景、歌舞才艺方面，男女偏好程度并无过大差异。美食科普、萌宠萌娃类的短视频更受女性用户钟爱；而猎奇挑战、游戏类短视频则更迎合男性用户的兴趣。

（三）直播应用场景

直播技术应用场景主要包括课堂、企业直播、教育直播、网络会议等。常见的企业直播应用场景有以下几种：

1.商务会议。

分支机构较多的企业，开展大型会议、内部会议、异地协同办公等直播，可以降低企业运营成本，感受高效的办公新体验。

2.在线培训。

在线直播、点播、录播全功能实现直播的同时即可自动生成回放，无须二次制作。视频、文档、应用程序、图片等实时共享，营造全新的在线学习体验。

3.数字营销。

高度自定义的企业直播间，更立体地展示品牌形象、产品和服务。抽奖、投票、红包、打赏、问答等功能营造销售氛围，自定义多个直播宣介页面，作为产品宣传、引流入口，助力用户成单。

4.文化演出直播。

对于音视频质量要求较高，通过轻直播平台一站式解决方案，清晰稳定的直播技术不仅能保障活动直播过程中的流畅性与稳定性，还能完美呈现现场的盛况。

（四）音频应用场景

音频类内容消费范围正在扩大，音频相对视频少了内容的视觉呈现，一定程度上解放了双眼，让自己有更多的精力做其他事，同时，音频占用空间小，耗电量小，这也是在特定应用场景下，用户优选音频娱乐的原因之一。

四、新媒体营销用户与内容定位

（一）新媒体营销用户定位

新媒体平台上汇聚了各种各样的人，他们有着不同的性格、兴趣、爱好、价值观，构成了一个个或截然不同或相似但不相同的用户群体，这让市场细分程度越来越高。营销成功取决于许多因素，但根本的是要赢得目标市场受众的认可和支持。营销人员想要取得更好的营销效果，就必须深入了解自己的目标用户，并提供他们所需的优质内容和服务。

1.提炼用户标签。

想要更好地了解用户，可以构建用户画像。用户画像又称用户角色，其作为一种勾画目标用户、联系用户诉求与设计方向的有效工具，在各领域得到了广泛的应用。构建清晰准确的用户画像，首先要提炼用户标签。提炼用户标签可以从以下三个角度入手。

（1）用户基本特征。用户基本特征指用户短期内不会发生变化、可视化的特征描述，包括年龄、性别、学历、职业、地域、兴趣爱好等，要重点关注用户基本特征群体中占比最大的特征类型描述。

（2）用户行为特征。用户行为特征指用户在互联网上做出的行为。例如，用户是从什么渠道了解和进入新媒体平台，他们在新媒体平台上做出了哪些行为？新媒体平台上的行为又具体包括上网时间段、上网时长、上网频率、喜欢的标签或分区、用户活跃度等。

（3）用户场景特征。用户场景特征指用户使用产品时的场景特征。比如，用户是在早上起床、上下班路上、吃饭时、晚上睡前等哪些场景内使用新媒体产品？用户在该场景下如何学习、工作、娱乐？

从这三个角度提炼用户标签，利用若干个关键词来描述用户的基本特征，不仅要从基本特征的宏观层面描述用户，而且要从行为、场景特征的微观层面来描述用户，从而进行内容和服务的准备。

2.构建用户画像。

用户画像的构建首先要收集用户数据。用户在联网上浏览网页，都必定会在后台留下数据，新媒体运营者可以从后台直接获取用户的ID、性别、年龄等基本信息，也可以获取用户的浏览偏好、浏览习惯等信息。

其次要构建标签体系。不同的公司账号有不同的标签体系设计需求，可以根据自身情况，建立包括用户价值、行为偏好、内容偏好、社交偏好、消费偏好在内的标签体系。

最后进行用户画像的数据可视化。提炼用户标签后，要将数据可视化，利用各种图表，多维度地呈现用户画像。

（二）新媒体营销内容定位

新媒体营销，内容是关键，内容的好坏决定着新媒体账号的粉丝数、阅读量、互动量、盈利等。想要更好地吸引目标用户，必须做好内容定位。新媒体内容定位指确定新媒体账号的运营方向，即具体创作哪方面的内容，如娱乐、美妆、教育、旅游、体育、互联网等方向。

在确定新媒体运营方向时，应选择自己能够提供超额价值，并比竞争对手有优势的领域。选定领域后应做好账号的垂直管理，即专注于某一领域的新媒体运营。当专注于某一领域之后，账号创作的内容都会围绕这个领域，对该领域进行内容定位，长时间打磨，把内容做精做细，可以使账号更有辨识度，用户也会对账号非常信任。一般可以从兴趣、专业、市场三个角度来进行定位。

1.兴趣定位。

兴趣定位指根据运营者自身喜好、兴趣进行定位。我们愿意花时间去了解自己喜欢和感兴趣的事物，对它们关注越多、了解越多，就能够获取更多的信息。运营新媒体账号需要付出超出预想的时间，也会遇到很多的困难，如果做的不是自己感兴趣的内容会很难坚持下去，因此想要持续地运营好新媒体账号，需要对制作内容充满热爱。

2.专业定位。

专业定位指根据自己的专业领域进行定位。在自己专业领域内，新媒体运营者可以更快地了解自己的优势，能在内容的广度、深度上有更多的展示，因此选择自己擅长的、有能力做好的领域进行内容运营，可以在新媒体运营的开始阶段就具备专业性优势。

如果运营的是自媒体，可以先将自己的专业领域罗列出来，从中选择自己最擅长的部分，进行相关内容的制作。在你选定的这一细分领域中，寻求自身的优势特点，做到差异化和再细分，形成具有独特竞争力的内容领域。如果运营的是企业新媒体，可以围绕企业的品牌、产品、活动、行业特点，结合新媒体的相关热点进行内容制作和运营。

3.市场定位。

市场定位指根据用户关注较多、喜爱程度高的市场热门领域定位。这些热门领域具有极大的受众群体基础，选择这些领域可以较快获得关注量与互动量，如理财、教育、情感、美食等。可以选择热门领域中自己感兴趣或者擅长的领域进行内容创作。

此外，市场定位需要在做好账号粉丝用户画像分析的基础上，根据粉丝群体的喜好，进行精准内容提供，因此对已经有一定粉丝基础的账号来说，更好地了解粉丝群体的变化和抓住新媒体行业热点趋势同样重要。

选择好新媒体账号的运营方向后，一定要充分了解自己账号细分领域的特征，在内容制作时，对自己账号内容进行深度的分析，充分掌握各项产品、服务的特性，选择文字、图片、音频、视频等不同形式展现。不同新媒体平台的用户属性不同，要选择合适的新媒体平台进行内容的传播，并根据平台的用户属性调整自己的制作内容。

思维拓展

软文营销的六大策略

软文营销是指通过发布一篇或多篇文章，以宣传品牌、推销产品或服务的一种营销手段。软文的特点在于它不像硬广告那样直接推销产品，而是通过故事叙述、有趣的案例分享、有价值的行业知识传播等手段吸引读者的兴趣，从而在潜移默化中加深读者对品牌的印象，提高品牌认知度和好感度。在网络营销中，使用技巧最多的就是软文营销了，企业在进行网络营销的时候，必须要掌握好软文营销的策略，扩大品牌粉丝群体，从而拉近和消费者之间的距离，提高品牌知名度以及产品的销量。

1.以读者为中心，注重内容价值。软文应该是以读者需求为导向的，尽量提供有趣、有价值、有帮助的内容，而不是简单地描述产品或服务的特性。

2.突出品牌特色。软文的最终目的是为了推销产品或服务，因此需要通过软文来突出品牌的特点和优势。

3.选好平台，注意分发。软文需要发布在适当的平台上，比如行业媒体、论坛、社交媒体等，以达到最佳的推广效果。同时，也需要注意软文的分发，例如社交媒体分享、搜索引擎推广等。

4.借助KOL和网红力量。KOL和网红在社交媒体上具有很高的影响力和号召力，可以通过与他们合作，让他们代言或分享软文，以扩大品牌的影响力。

5.创新形式，加强互动。软文可以采用各种形式，比如视频、图片、动态图、音频等，以增加互动和吸引读者的注意力。

6.优化SEO，提高曝光率。软文需要通过优化SEO，提高文章的排名和曝光度，以实现更多人的浏览和分享。

任务实施

为黑龙江的某种农特产品制作一个新媒体营销方案。

步骤一：明确实训目的。

了解新媒体营销平台的划分，熟悉新媒体营销用户及内容定位方式，完成一个新媒体营销方案的策划工作。

步骤二：选择新媒体营销产品。

通过小组讨论确定黑龙江的某种农特产品作为营销对象。

步骤三：构建用户画像。

搜集用户数据，构建标签体系，将数据可视化，利用各种图表，多维度地呈现用户画像。

步骤四：选择新媒体营销平台。

分析各类营销平台特征，选择营销平台。

步骤五：进行平台账号设置。

设置平台账号名称、头像、简介、定位等。

步骤六：策划营销方案。

小组讨论，创作营销内容。

步骤七：形成实训报告。

形成完整的新媒体营销策划方案，提交实训报告。

任务测评

一、单项选择题

1.以下属于新闻资讯类平台的是（　　　）。

A.今日头条   B.微信

C.抖音   D.美团

2.在新媒体运营中，根据用户关注较多、喜爱程度较高的热门领域选择制作内容的方向，属于（   ）方式。

A.兴趣定位   B.专业定位

C.市场定位   D.资源定位

二、多项选择题

1.以下属于社交类平台的有（   ）。

A.微博   B.微信

C.QQ   D.喜马拉雅

2.新媒体营销场景包括（   ）。

A.图文应用场景   B.视频应用场景

C.直播应用场景   D.音频应用场景

三、简答题

1.简述新媒体营销的特征。

2.新媒体营销可以从哪几个方面进行定位？

任务二   利用软文推广

任务描述

好的文章可以温暖人心，穿透人的灵魂。自古至今，流传下来的好文章让一代代喜好文字的人有了"腹有诗书气自华"的美好气质。战争年代，文章是随时可以向敌人发起进攻或者反击的有力武器；和平年代，在日益激烈的市场竞争中，软文持续不断地植入各媒体，发挥它的宣传价值，成为保证企业经营和发展的必要支撑之一。软文的"软"，犹如太极，柔中带刚，刚柔并济。

那么如何进行软文营销呢？软文营销有哪些方法和技巧呢？请为某农产品撰写软文并进行发布。

知识准备

一、软文营销认知

（一）软文的定义

软文是公关和广告实践领域的一个模糊统称，理论界还未有统一而明确的称呼，其定义只能在一些实践领域、流行观点中探究。在国内，软文主要有两个层面的解释：狭义的软文是指企业在报纸或杂志等宣传载体上刊登的纯文字性的广告，也就是早期所谓的付费文字广告。广义的软文则指企业通过策划在报纸、杂志、网络等宣传载体上刊登的、可以提升企业品牌形象和知名度，促进企业销售的一些宣传性、解释性文章，包括特定的新闻报道、深度文章、付费短文广告等。

（二）软文的类型

软文虽然千变万化，但是万变不离其宗，主要有以下几种方式。

1.悬念式。

悬念式也称设问式，核心是提出一个问题，然后围绕这个问题自问自答。例如，"什么使她重获新生？"等，通过设问引起话题和关注是这种方式的优势。但是必须掌握火候，提出的问题要有吸引力，答案要符合常识，不能作茧自缚、漏洞百出。

2.故事式。

故事式软文通过讲一个完整的故事带出产品，让产品的"光环效应"和"神秘性"给消费者心理造成强烈暗示，使销售成为必然。如"1.2亿元买不走的秘方""神奇的植物胰岛素"等。讲故事不是目的，故事背后的产品才是文章的关键。故事的知识性、趣味性、合理性是此类软文成功的关键。

3.情感式。

情感一直是广告的重要媒介，软文的情感表达由于信息传达量大、针对性强而更直击人心。如"你的名字是天使""写给那些战'疫'的青春"等，情感式软文最大的特点就是容易打动人心，走进消费者的内心。

4.恐吓式。

恐吓式软文属于反情感式诉求，情感式诉说美好，恐吓式直击软肋，如"高血脂，瘫痪的前兆！"。实际上恐吓式软文要比宣扬美和爱更让人印象深刻，但是也往往会遭人诟病，所以一定要把握分寸和尺度。

5.促销式。

促销式软文常常在上述几种软文见效时跟进，如"一天断货三次，西单某厂家告急"。促销式软文直接配合促销使用，通过"攀比心理""影响力效应"等多种因素使人们产生购买欲。

6.新闻式。

新闻式软文就是寻找一个由头，以新闻事件的手法去撰写软文，让读者认为仿佛是在阅读刚刚发生的新闻事件文章。这样的文章是对企业本身技术力量的体现，但文案要结合企业的自身条件，真实有效，否则会造成负面影响。

7.诱惑式。

具有实用性，让消费者能受益、有便宜可占的软文属于诱惑式。诱惑式软文要能给读者解答一些问题，或者告诉读者一些对他有帮助的东西。当然也包括一些打折的信息等，抓住人们爱占便宜的心理。

上述七类软文不是孤立使用的，企业需根据战略整体推进情况选择软文类型。

（三）软文营销的定义

软文营销，就是以摆事实、讲道理的方式使消费者走进企业设定的"思维圈"，以强有力的心理攻势实现产品销售的文字和口头传播的营销方式，如新闻、第三方评论、访谈、采访、口碑等。

（四）软文营销的特点

软文营销具有发布成本低廉、传播渠道及形式多元化、互动性强、目标人群更精准、文案易被用户再创作等特点。

1.发布成本低廉。

传统媒体广告发布成本动辄上百万元，而随着新媒体的兴起，企业的广告发布成本逐步降低，并不断将品牌推广预算转移到新媒体上。

2.传播渠道及形式多元化。

新媒体传播渠道广泛，文案传播渠道包括但并不局限于QQ动态、微信公众号、微博、支付宝服务窗等，很多企业为了占据多渠道，会将同一信息根据渠道人群的不同而用不同的文案进行发布。

传播形式的多元化，让广告不仅以文字的形式发布，更有图文、视频、游戏等多种形式，这让广告形式实现了多元化呈现。

3.互动性强。

相较于传统媒体，软文传播不再是单向输出，用户可借助微信、微博等社交平台，直接与企业品牌方沟通互动，从而达到品牌传播或产品销售的目的，如通过游戏互动赠送优惠券、通过新媒体提供更好的售后服务等。

4.目标人群更精准。

新媒体各平台人群均有明显的特征，如"00后"常用的社交媒体为QQ、微博，他们常用的视频网站为哔哩哔哩；而职场人群则更喜欢通过微信订阅号和朋友圈进行信息传播。

此外，由于用户在新媒体上的各种行为均被以数据形式记录，因此企业可根据自己的目标人群，有选择地进行相关信息的推送及广告投放。

5.文案易被用户再创作。

用户创作内容，简称UGC，即User Generated Content。软文更乐于让每个目标人群都能够进行二次创作，并鼓励用户分享其再创作的内容。

二、软文营销策划

软文从本质上来说，是企业软性渗透的商业策略在广告形式上的实现，即借助文字表述与强论传播使消费者认同某种概念、观点和分析思路，从而达到企业品牌宣传、产品销售的目的。

在"互联网+"时代，软文营销成为带动商品销售和提升品牌知名度的杀手锏。一篇优秀的软文能够抓住用户的痛点，与用户产生情感共鸣，并且能够形成口碑传播，降低营销成本，有力地促进销售。

（一）软文营销策划步骤

软文营销策划步骤简单来说主要分为明确软文的写作目的、列出软文创意简报、软文输出、软文复盘四步。

1.明确软文写作目的。

明确软文撰写的主要目的：是品牌传播，还是提高商品的销售量，或是进行商品的推广宣传？目的不同，软文写作的思路和方法也不同。

如果是品牌传播，则需要思考如何让软文内容符合品牌风格，引起共鸣；而如果是提高商品的销售量，需要思考的则是如何让人感觉到有需要、产生信任，即为什么不购买竞争对手的商品而购买你的，并且能够立即付诸购买行动；如果是商品的推广宣传，就要思考如何让人觉得这个推广活动有吸引力，很值得参与，而且参与的门槛也不高。

2.列软文创意简报。

软文创意简报也叫创意纲要，在广告公司主要用来指导软文的创意、撰写及制作。但对于企业软文来说，列出软文创意简报有利于软文的最终出品。

列软文创意简报主要在于梳理清楚三个问题，即：对谁说？说什么？在哪儿说？这也是软文营销的方向。

软文写作前期需要重点梳理清楚这三个问题，只有厘清了这三个问题，软文的写作才会更有方向。

（1）对谁说？

本次软文要写给谁看，即对目标人群的分析。目标人群不同，写作的方向和方法也会有所不同。目标人群分析就是要分析清楚不同人群的区别，从而指导我们写出更有针对性的文案。当面对高收入、注重品质的人群时，如果文案只一味强调价格便宜的特点而非商品品质的话，就会无效。因此，要了解影响目标人群的相关因素，可以从文化因素、社会因素、个人因素三个方面入手。此外，还可以通过寻找消费者的购买动机，找到其与文案所需推广的商品或品牌之间的契合点，目标人群为什么需要某种商品或服务？为什么从多种商品中选购了某个品牌的商品？为什么消费者对商品广告有截然不同的态度？为什么消费者经常惠顾某些零售店？

（2）说什么？

在"对谁说"的基础上，再考虑"说什么"，即软文通过怎样的方式去说服目标人群信任所推广的内容。这就需要深入挖掘自身的卖点，卖点要符合目标人群的需求，能够与竞争对手相区别。最好每个软文都让消费者明白，购买文案中的商品能够获得独特的、竞争对手的商品所没有的利益。

（3）在哪儿说？

根据人群选择合适的媒体、合适的时间进行文案发布。有时候也会根据不同的媒体特性发布不同形式的软文内容。

3.软文输出。

在明确了软文的写作目的、目标人群、竞争对手以及自身的卖点后，找到本次软文需要解决的问题，结合媒体投放渠道的特性，再进行创意思考，最后完成软文输出。

4.软文复盘。

复盘即对已做过的工作内容再次进行梳理、总结。可通过数据、目标人群反馈等方式对软文工作中的优势及劣势——归纳总结。优点可以继续发扬，对于缺点则需要根据意见进行修改完善，并进行保留，以备日后再次撰写时进行参考修改。

（二）软文撰写技巧

1.标题撰写技巧。

软文要想"吸睛"，首先要从标题入手，要将产品或者服务的最吸引人之处，就是消费者最关注的内容体现在标题中，即最显眼的地方。打造一个"吸睛"的软文标题可以从以下四个方面着手。

（1）调动好奇心。好的标题能吸引消费者注意力并让人顺势阅读，要让用户产生好奇心。当你想知道一件事但还不知道的时候，就好像身上很痒总想伸手去挠一样。要让读者意识到他们需要知道些什么。让他们先感到"痒"，他们才会去"挠痒"。

（2）制造对比。我们大脑会对对比强烈的信息加以关注，因为人的感官会主动搜寻周围环境中的突发情况，如寂静空间中的响动、漆黑环境下的亮光等，而对比的事物能加强人的这种感官体验，所以反差较大的事物能触发大脑的预警机制，引起受众的关注。因此，在软文创作中，可以通过制造对比来引起消费者的关注。可以制造的对比有：之前和之后、常态和非常态、你和竞争对手。

例如："学会这5种超实用整理术，项链、戒指……再多我也能一秒就找到"，解决了消费者之前到处寻找饰品的痛点。"再也不怕来客人！一大桌好菜照着做就行"，解决了来客人后不知如何做一大桌好菜的问题。"谁说运动服就一定丑？这件太好看了""洗了20年的头，竟然不懂如何选择洗发水"。

（3）承诺利益。就软文而言，较有效的是在标题中向用户做出利益承诺。如"免受粉刺之苦"等的表达容易吸引消费者继续阅读，尤其是那些有实际需求的消费者。

（4）情感刺激。通过情感、情绪的刺激，达到吸引人注意、打动人心的作用。

情感、情绪可以按照不同的范畴分类。如按照价值的正负变化方向可以分为正向情感和负向情感，正向情感包括愉快、信任、感激、庆幸等，而负向情感则包括痛苦、鄙视、仇恨、嫉妒等；按照价值主题的类型又分为个人情感、集体情感和社会情感。按照美国心理学家保罗·艾克曼的说法，我们人类有喜、怒、哀、惧四种基本情感、情绪。

2.开头撰写技巧。

俗话说，好的开头等于成功了一半。一个好的软文开头，通常需要具有引发好奇、引入场景等特点。

引发好奇即利用图片、文字等内容吊足读者的胃口，使读者产生继续阅读的兴趣。当读者点击标题进入文章后，如果开头索然无味，读者会直接关闭页面。所以，开头写不好，会浪费精心设计的标题。

不同的软文有不同的场景设计，因此需要在开头就把读者引入场景。通过故事、提问等方式，让读者了解文案要表达的情感、环境和背景。

软文开头设计有以下几种方法：

（1）故事式。如今越来越多的品牌在写文案时，喜欢运用讲故事的方式。以讲故事开头，就是在软文开头进行情景导入，创造一定的故事情景，可以使用富有哲理的小故事，或者用要表达的中心思想或段落相关的小故事开头，一句话揭示道理；也可以直接写故事，然后在其中进行商业植入。

（2）疑问式。疑问式开头能吸引人的好奇心，以提问开头的好处就是可以自然而然地导入文案的主题，不仅能引起受众的思考，还显得软文主旨鲜明、中心突出。

例如，某软文的开头"你有多久没大声笑了？"是一种经典提问句式，是互动式文案的常用方法，一句提问让读者一秒去注意，然后去思考，反问自己，想去了解接下来文案要说什么。

（3）金句式。金句，容易发人深省，击中人心。在软文中，以金句开头，可以吸引读者，产生共鸣。比如："人生就像巧克力，你永远也不知道下一颗是什么味道。""每天叫醒我的不是闹钟，而是梦想。"

（4）直接式。直接式开头，就是开门见山，直截了当地奔向主题，不拖泥带水。它要求快速切入文章主题，将文章需要表达的内容直接描述给受众。若是推广某事物，就是马上表述某产品或服务是什么，有什么好处，能解决什么问题等。这种写作方法常以标题为立足点进行直接的阐释。

例如："今晚7点，淘宝直播准时开场，不同体型模特现场试穿，高额无门槛优惠不限量发送，你还在等什么？"这就是一种直接式开头，开门见山地直奔主题。

（5）图片式。软文一开始就是一张图片，这张图片可以吸引受众的眼球，延长受众在软文中的停留时间，并提升其阅读欲望，而且图文编排的形式也会给受众留下深刻的印象，增强软文的整体表现力。

（6）热点式。人们总是对新发生的或受到广泛讨论的事情有较高的关注，所以在软文开头借助热点也不失为一个吸引受众注意力的好办法。

（7）悬疑式。设置悬念的方法与利用故事创造效果有点类似，都比较重视故事的作用。但是悬念常与刺激、恐惧联系在一起，这种开头表达的意思较抽象和晦涩。以悬念故事开头的文案，通常都是把吸引受众放在了第一位。

3.结尾撰写技巧。

（1）金句式。跟前面提到的以金句开头的文案一样，由于金句往往可以帮助受众领悟出软文的核心，容易引起受众的共鸣，因而结尾埋有金句的软文，往往容易发人深思，戳中痛点，引起分享转发。

（2）转折式。转折结尾，就是运用出其不意的逻辑思维，在软文正文部分一直在叙述一个与推广产品无关的内容，但在结尾部分突然转移到另一个看似与之前叙述的内容毫不相干的话题，或是在结尾部分亮出一个出人意料、峰回路转的结局并展示广告。

（3）行动引导式。行动引导式结尾也可以称为动之以情式结尾，这种行动引导就是从感情上打动对方。让这款产品有温度、有情感，做到"以情动人"。这种结尾还可以通过利益和好处对受众进行诱导。在推广软文中用这种结尾方式可以将利益最大化，打动那些还在犹豫的目标人群、引领受众产生行动。

（4）提问式。在结尾进行提问，可以实现两个效果：一是用提问的方式，比正面的陈述力度要大，可以引领受众进行思考；二是在文案的末尾提问后，发起互动，提升受众的参与感。

三、软文营销效果监测

软文营销效果监测的几种常见有效方法如下：

（一）文章流量分析

进行软文的点击量、IP等数据分析，往往点击或者评论可带来直接客户。

（二）文章的转载率

软文写好之后要分析有没有人转载，有多少人转载。软文具有二次传播特性，即一个网站或平台首先发布出来之后，别的网站或平台也会转载，转载率可说明这篇软文的受欢迎程度。

（三）软文的收录情况

搜索引擎有没有收录这篇软文，这篇软文在不同的平台上被搜索引擎收录了多少次，搜索文章的关键字是否可以找到此软文，都是评价该软文作用大小的重要指标。

思维拓展

软文写作之前要做好市场环境分析，主要有两种方法。

1.PEST环境分析方法

PEST分析是指宏观环境的分析，P代表政治（Politics），E代表经济（Economy），S代表社会（Society），T代表技术（Technology）。

在新媒体文案创作前，可以对产品或服务所在的宏观环境进行PEST分析。其中，经济方面主要有经济发展水平、规模、增长率、政府收支、通货膨胀率等。政治方面有政治制度、政府政策、国家的产业政策、相关法律及法规等。社会方面有人口、价值观念、道德水平等。技术方面有高新技术、工艺技术和基础研究的突破性进展等。这些都会影响到目标人群的决策思维，最终影响对文案的接受程度。

2.SWOT环境分析方法

SWOT由Strengths、Weaknesses、Opportunities、Threats四个单词简化而来。SWOT环境分析即通过分析企业自身的优势、劣势、机会和威胁，将内外部条件、资源有机结合起来。

对整个企业品牌、产品来说，SWOT大致包含以下分析范围：

（1）优势，主要分析企业自身最擅长的优势，在成本、产品、营销、渠道上的优势；有哪些是本企业能做而竞争对手做不到的。

（2）劣势，主要分析企业自身最不擅长的地方和缺陷，以及哪些是竞争对手做得好而自己做得不好的；消费者离开本企业的原因；最近的失败案例及原因。

（3）机会，主要分析外部的产品、渠道、营销等方面存在哪些机会；公司内部的短、中、长期规划目标的机会点在哪里。

（4）威胁，主要分析客观的经济环境、行业发展、政策等方面是否利于企业的发展；最近的威胁在哪里，是否有机会规避。

任务实施

为某农产品撰写软文并进行发布。

步骤一：选择软文营销产品。

通过小组讨论确定黑龙江的某种农特产品作为软文营销对象。

步骤二：明确软文写作目的。

明确软文撰写的主要目的，是品牌传播，还是提高商品的销售量，或是进行商品的推广。

步骤三：确定软文标题。

小组讨论确定软文标题，选取一个具有冲击力的标题。

步骤四：列出软文创意简报。

小组讨论梳理清楚三个问题，即：对谁说？说什么？在哪儿说？

步骤五：完善软文内容。

利用软文撰写技巧完善整体文字，按框架丰富完善内容。

步骤六：软文输出。

选择发布渠道，确定发布时间，分析覆盖范围。

步骤七：软文复盘。

对软文营销效果进行评估。

步骤八：形成实训报告。

形成完整的软文营销策划方案，提交实训报告。

任务测评

一、单项选择题

人为什么会有好奇心呢?"这属于（   ）的开头撰写技巧。

A.疑问式 　　　　　　　　　　　B.悬念式

C.直接式 　　　　　　　　　　　D.金句式

二、多项选择题

1.软文创作的忌讳包括（   ）。

A.无病呻吟（缺乏趣味和销售力）

B.论文式软文（理性太强，没有吸引力）

C.缺乏真实性

D.没有一个核心的卖点

2.软文撰写的技巧包括（   ）。

A.制造悬念 　　　　　　　　　　B.引发好奇

C.承诺利益 　　　　　　　　　　D.制造对比

三、简答题

1.软文撰写的步骤有哪些?

2.如何打造一个"吸睛"的软文标题?

任务三　　开展短视频与直播营销

任务描述

在众多电商与内容平台开通直播功能的推动下，"短视频+直播+电商"模式愈演愈烈，直播带货的形式更加多元化，促进用户从主动消费转变为即兴消费或被动消费，将传统电商的搜索式购物转变为直播电商的发现式购物，边玩边消费，可以同时实现用户价值和商业价值，预计未来几年直播电商仍将迅猛发展。

那么，怎样开展短视频与直播营销呢？请为黑龙江的某种农特产品制作短视频进行营销。

知识准备

一、短视频营销认知

随着新媒体行业的不断发展，短视频应运而生，并迅速发展成为移动互联网的入口和平台之一。短视频是新媒体时代基于互联网诞生的新型媒介形式，这种媒介形式因其自身的传播特点，符合大众碎片化的使用习惯而迅速火爆，现在已经成为人们生活、娱乐中必不可少的一部分。

（一）短视频

短视频是指制作简单、内容生动有趣、具有可视化的表现形式及多元化的移动设备使用场景，可以在社交媒体平台实时分享与无缝对接的一种新型互联网内容传播方式。短视频通常指播放时长在5分钟以内，具有社交属性强、碎片化等特点，易形成"观看—创作—传播—观看"的闭环，内容成本与获客成本相对较低。

随着短视频行业的持续发展，短视频已经成为新媒体的重要流量入口和发展风口，同时也催生出了一大批短视频平台。目前，国内主流短视频平台有抖音、快手、微视、微信视频号、好看视频、哔哩哔哩、美拍、秒拍等，国际短视频平台有TikTok等。

（二）短视频营销

短视频营销是企业或者个人在社交媒体平台上通过发布短视频及其相关活动，展示产品的优点、企业的品牌理念，将互联网、视频与营销三者相结合的活动。

短视频通过具有真实性、创意性和震撼力的视听内容制作，开展相应的营销活动，不仅仅满足了用户的感官需求，直接触达用户的内心，而且强化了用户对产品或品牌的体验与印象，从而取得了更加精准的营销效果。短视频营销以时间短、内容丰富、传播方式灵活、传播速度快等特点，收到众多用户的喜爱，引领了新媒体时代的潮流，成为当下各行各业均十分青睐的营销方式。

二、短视频营销实施

（一）短视频创作流程

创作者只有做出合理的规划，才能确保正确的创作方向，打造出优质的短视频作品，从而提升自身的核心竞争力。短视频的创作流程主要包括确定选题、策划内容、拍摄剪辑、发布运营、商业变现五个步骤。

1.确定选题。

对于选题，创作者可以从以下两个方面进行考虑，以实现作品的独特性、创意性。

（1）有创意。优秀的选题通常新颖、有创意，独树一帜。其创意很难被模仿，他人只能学习创作的思路和创意点。

（2）注重用户体验。以用户为中心，优先考虑用户的喜好和需求，并投其所好。

2.策划内容。

确定选题之后，短视频创作者要想成功打造短视频账号，实现曝光、变现的目标，必须要将短视频账号当作一个内容产品进行运营规划。创作者需要做好账号运营定位的关键点，即用户定位、内容定位、IP定位。

（1）用户定位。

对短视频的用户进行定位即构建短视频的用户画像，将用户信息标签化。一般情况下，短视频用户定位的步骤如下：

① 获取用户的信息数据。用户的信息数据包括静态信息数据（即用户的固有属性，包括用户的基本信息，如姓名、年龄、性别等）和动态信息数据（即用户的网络行为，如点赞、收藏、关注、分享等）。对于短视频创作者来说，要想获取用户的动态数据，可以利用各大网站的详细数据。

② 确定用户的使用场景。掌握用户信息之后，短视频的创作者，还需要将用户信息融入其使用场景。

③ 构建短视频用户画像。结合用户的信息数据和使用场景，就可以形成短视频的用户画像。

（2）内容定位。

短视频的内容定位可以从以下三个方面入手。

① 行业定位。行业定位是指根据要推广的品牌所属的行业来确定短视频发布的内容。也就是说，企业产品属于哪个行业领域，就要发布与该领域相关的内容，如一个美妆企业要发布短视频，就应该将短视频的内容定位在美容护肤领域。例如，主打天然植物配方的护肤品牌，就可以在短视频中强调其产品安全、温和、适合敏感皮肤等特点。

② 人群定位。人群定位是指根据品牌的主要消费人群的喜好来确定短视频发布的内容。例如，一个母婴品牌，其用户主要是年轻妈妈，她们更加关心孩子健康、教育以及产后调理等方面的问题，因此短视频内容可以与婴幼儿相关，如小孩的日常生活片段、幼儿教育、婴儿食谱，也可以是产后身材恢复、身体调理等。

③ 产品定位。产品定位是指通过分析自身产品来选择合适的表现方式。例如，服饰鞋包类产品就可以将内容定位为以美女穿搭为主；数码类产品就可以选择以开箱测评类的方式来呈现内容；而知识付费、课件教程等虚拟产品由于没有实体，则可以通过展示、讲解来体现自身的专业水准。

（3）IP定位。

IP即符号，是别人想到创作者时的第一印象，也是创作者想给别人留下的认知。通过成功打造一个IP，能在短时间内占领短视频高地。

IP类型可以分为：故事型IP，偏向剧场类型；产品型IP，主要介绍产品功能，推荐好物；知识型IP，以输出专业知识为主；日常搞笑型IP，以表现日常生活搞笑事情为主。IP类型确定后，需要通过个性头像、色调统一的头图、鲜明突出的造型、统一风格的封面进行视觉强化，同时对标语、标签、道具、名号进行人格强化，通过这两大部分对IP进行强化。

3.拍摄剪辑。

一个优质的短视频，其脚本的策划和撰写是不容忽视的。短视频的脚本即主线，用于表现内容的整体方向。短视频的脚本可分为拍摄提纲、文学脚本和分镜头脚本三种，创作者可根据拍摄内容自行选择脚本的类型。

（1）拍摄提纲。确定短视频的拍摄提纲即搭建基本框架，适用于一些不容易掌控和预测的内容，如记录类、故事类短视频。在一般情况下，确定拍摄提纲包括五个步骤：

① 明确选题。明确选题即明确短视频的立意、创作方向等，确定明确的创作目标。

② 明确视角。明确视角就是确定选题的角度和切入点。

③ 确定调性。确定调性即确定短视频的风格、画面、节奏、色调影调、构图、用光等，如短视频光线的使用，节奏是轻快还是沉重。

④ 呈现内容。呈现内容即完整地阐述短视频场景的转换、结构、视角和主题等，从而指导创作者的后续工作。

⑤ 充盈细节。短视频的细节可以增强表现感，调动用户的情绪，使视频中的人物更加丰满。细节的完善包括音乐、配音、解说等。

（2）文学脚本。撰写文学脚本需要列出所有可控的拍摄思路，其在拍摄提纲的基础上增添了一些细节，使脚本更加完善。文学脚本的重点在于镜头拍摄的要求上，适用于没有剧情、直接展现画面的短视频，如教学视频、测评视频等。在文学脚本中，只需规定人物需要执行的任务、台词、所选用的镜头和短视频的长短。如下所示为一个简化形式的关于某哑铃的短视频脚本。

场景：看电影，吃零食，坚果打不开，用手机砸、用门夹。

字幕："巧剥各种坚果"。

剥核桃。拿出核桃，用哑铃轻轻敲打，然后挑出核桃壳。

把夏威夷果、碧根果等坚果都按照上述方法操作一次。

空镜：将剥好的各种坚果摆放在精美的托盘里。

结尾：哑铃不仅可以用来健身，还可以用来快速剥坚果。

（3）分镜头脚本。分镜头脚本的要求十分细致，每一个画面都要在掌控之中，包括每一个镜头的长短和细节，适合类似微电影的短视频。在策划分镜头脚本时，必须充分体现短视频故事所要表达内容的真实意图，另外还需要清楚规划短视频的对话和音效等。分镜头脚本大多采用表格形式，格式不一，一般设有镜号、景别、拍摄技巧、时长、画面内容、解说等栏目。

表5-1是一个分镜头脚本的范例。

表5-1 　　　　　　　　　　　　　　　　**稻田分镜头脚本**

第一场：							
镜号	景别	远镜	角度	画面内容	时间	音乐	备注
01	远景	由近及远	俯拍	一望无际的稻田，像铺了一地的金子	6秒	鸟声、蝉鸣声、蛙声	
02	特写	由上及下	平拍	一颗颗稻穗鼓着肚皮	2秒	轻快钢琴曲或吉他曲	
03	近景	由下及上	低角度	空气里满是稻香味	8秒	轻快钢琴曲或吉他曲	

短视频创作者可以借助常见的脚本模板来撰写自己的短视频内容脚本，既提高了工作效率，又可以借鉴很多优秀短视频内容的优点，起到事半功倍的作用。

制作好脚本之后就可以准备拍摄了，创作者需要准备好适合拍短视频的器材，包括手机、单反相机、微单相机、迷你摄像机、专业摄像机等，还有一些辅助性工具，如三脚架、遮光板、各种相机镜头等。同时创作者还要考虑好拍摄表达手法与场景，机位的摆放切换，灯光位的布置，收音系统的配置等。待一切准备工作就绪，就可以结合拍摄技巧和构图方式，进行拍摄了。

待拍摄完成，拿到第一手素材后，就进入剪辑环节。创作者可以根据自己的水平选择合适的剪辑工具，如选择剪映、小影、爱剪辑、Premiere Pro等软件进行视频剪辑。

4.发布运营。

短视频制作完成后，创作者首先要根据产品类型，熟知各个平台的推荐规则，同时还要积极寻求商业合作、互推合作等来拓宽短视频的曝光渠道，以获得更多的流量曝光。其次，根据作品及产品特点，确定投放时间及频次，把握好节奏，并及时地把短视频推到"点"上。

同时要做好短视频企业号运营，从标题、关键词、文案、推广技巧等方面，搭建品牌私域流量池，获取更多曝光机会，扩大宣传范围，从而提升品牌知名度。

（1）"吸睛"的标题。标题是用户对短视频形成第一印象的重要影响因素，是短视频内容最直接的反映形式，也是吸引用户关注和点击短视频的敲门砖，可以激发用户看完视频的兴趣，形成认同感，增加评论数量，提高短视频的完播率和互动率，形成良好传播的效果。

（2）"有用"的关键词。关键词的设置要考虑用户的需求，绝大多数短视频用户通过关键词搜索来获取想了解的相关内容。

（3）"触心"的文案。好的文案能带来高流量，因此创作者能否创作出触动心灵的文案至关重要。文案创作的基本形式有叙述类、悬念类、段子类、互动类、正能量类等。

（4）运用推广技巧。

① 结合@功能。@功能是指在发布短视频时，设置@好友。@是网络中的向指定账号通知发布的信息的方式，"@"好友账号后，短视频App会在该好友账号中提示观看某个短视频，也可以@官方账号等。通常@的目标都是自己关注的某个短视频达人，有可能该达人在收到提示后会观看该短视频，并进行转发。这样就能增加短视频被更多用户观看的机会，从而获得更多的关注。

② 地址定位。在发布短视频时可以选择地址定位功能，将地点展现在短视频用户名称的上方。

③ 话题参与。话题是指平台中的热门内容主题，通常是在短视频界面的内容介绍中以"#"开头的文字，如"#美食制作""#搞笑""#挑战赛"等。话题分为普通话题与挑战话题。普通话题涉及用户生活的各个方面，如生活、娱乐、工作和学习等。挑战话题是一种非常特别的话题，设置这种话题的主要目的是引发用户积极参与，其传播度较高，能有效聚焦流量。

5.商业变现。

运营短视频的最终目的是变现，以实现短视频的商业价值，所以流量变现是至关重要的环节。当创作的短视频依靠优质的内容、有效的运营推广积累起足够的人气时，创作者就要考虑商业变现了，这不但能有效提高创作者创作的积极性，还会得到资金的支持，继而进一步优化视频内容与推广活动。短视频变现的方式有很多种，主要有广告变现、电商变现、直播带货、渠道分成等形式。

（二）短视频创作技巧

要想让我们的短视频火起来，我们也要学会一些爆款短视频内容创作的技巧。

1.剧情反转。

剧情反转就是故事的过程和结局有强烈反差，过程在情理之中，结局在意料之外。在有限的视频时长内设置精彩的剧情反转，不仅能造成悬念，还能引发观看者的兴趣，产生极佳的观看体验。

在抖音、快手等主流短视频平台，短短几秒到一分钟的时间内，"反转"设计凭借出人意料的戏剧化特性最大程度地吸引了用户的注意力，满足了用户的好奇心理、娱乐心理。因此，各类"反转"短视频层出不穷，"反转"式的剧情设计正在成为爆款短视频的标配之一。

2.角色扮演。

角色扮演是用角色互换、角色模仿、对口型等方式创作出对比强烈、不一样的视频，容易让受众产生过目不忘的效果。

3.集合优化。

集合优化是指把其他创作者的爆款视频元素拿过来，再组合优化一下，然后做成一个新的视频。其策略就是把其他家产品的卖点及短视频创作的方式模仿过来，组合优化成新的产品、新的短视频。从操作层面上来说，我们也可考虑把同一段舞蹈、同一段音乐、同一个段子，点击量最高的几个视频组合成一个新的短视频或者在组合的基础上再融入一些微创新的元素，分发推广，效果也会不错。

4.蹭热点。

短视频创作者要具备紧跟热点创作短视频的能力，要善于蹭热点，当下什么话题火就考虑做什么话题的视频。当然蹭热点时，要避免写人或产品的负面新闻，也不要写未经证实的谣言。

5.干货分享。

分享知识、经验、方法、策略、技能等内容，只要有行业垂直度，就会有人来看。而且行业越垂直，粉丝会越精准。

6.模仿创作。

在短视频的内容创作中，优质原创内容是非常重要的，是创作内容的主方向。但是有较高难度，而模仿是一种较简单、较好、较快的学习创作方式，但不能单纯地模仿和复制，以免侵权。在模仿优质内容的同时，要对创作内容做升级、优化和微创新，创作出更优质的短视频内容。

三、短视频的推广渠道

（一）付费推广渠道推广

创作者为了更好地推广自己的短视频作品，可以选择付费推广，如抖音的"DOU+"。抖音短视频官方推出的"DOU+"是一项帮助内容创作者获取更多流量和曝光机会的付费推广服务。"DOU+"的推广服务可以使用户在"推荐"模式观看短视频时，有很大概率观看到"DOU+"服务推广的短视频。只有短视频内容能够达到抖音短视频平台审核的标准，如社区内容规范、无版权法律风险等，才能够获得使用"DOU+"推广服务的资格。

（二）免费推广渠道

比较常用的方式就是参加各种挑战赛，让短视频账号获得更多的曝光机会，从而推广账号中的各种短视频。

（三）企业号推广渠道

1.公众号推广。

订阅号具有信息发布和传播的功能，主要用于向用户传达资讯，类似报纸、杂志，展示网站或商品的个性、特色和理念，达到宣传效果。

企业微信具有实现内部沟通与内部协同管理的功能，主要用于企业内部通信。

服务号具有用户管理和提供业务服务的功能，能够实现用户交互，而且可以开通微信支付功能，这两项都非常符合短视频推广的需求。

小程序是一种开放功能，可以被便捷地获取与传播，适合有服务内容的企业。

2.微信群推广。

通过微信群推广短视频已经成为一种非常有效的推广形式。内容创作者可以通过建立微信群、并在微信群中与用户交流和互动，增强用户黏性，使用户产生聚心力，从而提高用户在短视频平台中的留存率。短视频新手则可以在一些微信群中定期发布和分享自己的短视频，增强自己的存在感和曝光率，慢慢引导微信群中的其他成员对自己进行关注。

3.朋友圈推广。

内容创作者也可以在朋友圈中发布短视频，引起朋友的关注和转发，达到推广的目的。其方法是直接将短视频分享到朋友圈，这样朋友圈中的好友就可以看到该短视频和自己的短视频账号，甚至通过短视频平台加关注。当然，与微信群推广相同，朋友圈的推广也不能太频繁，否则会被微信好友屏蔽。

四、直播营销认知

基于互联网的直播，即用户以某个直播平台为载体，利用摄像头记录某个事件的发生、发展进程，并在网络上实时呈现，其他用户在相应的直播平台上能直接观看并进行实时互动。

因此，直播营销是以直播平台为载体，以视频、音频直播方式为主，在现场根据事件的发生和发展进程同步制作和播出节目，最终达到提升企业品牌或增加销量的目的。简单来说，直播营销是以直播平台为载体，通过开展各种形式的直播来实现营销目的的一种营销活动。

与传统电商平台的营销方式相比，直播营销能有效弥补传统营销方式的缺陷，改变传统电商仅仅通过图文来传递商品相关信息的不足，从而加强对消费者购物决策的影响。它具有真实动态内容的双向实时互动、精准传播、场景化直播、增强用户购物临场感等特点。常见的直播平台有短视频平台、电商平台和微信视频号等私域流量平台。

五、直播运营与推广

直播营销活动的工作流程主要包括五个环节，即确定整体思路、策划筹备、直播执行、后期传播、效果总结。

（一）确定整体思路

直播营销的第一个工作环节是确定整体思路。在做直播方案之前，直播运营团队必须先理清直播营销的思路，然后有目的、有针对性地策划与执行。

直播营销的整体思路设计包括三部分：定目标、定方式、定组合。

首先，需要以SMART原则为依据，明确直播营销要实现的目标。SMART原则即具体（Specific）、可衡量（Measurable）、可实现（Attainable）、相关性（Relevant）、有时限（Time-bound）。例如，一场直播营销活动，有时更注重直播的"带货"量，有时则着力于提升合作品牌的影响力，所要达到的营销目的不同，适合的直播营销策略也有所差异。

其次，在确定直播目的后，直播运营团队需要根据用户群体的关注偏好、消费偏好，在名人营销、稀有营销、利他营销、对比营销等方式中，选择其中的一种或多种方式进行组合。

最后，确定营销方式后，直播运营团队需要对场景、商品、创意等内容进行组合设计，确定最有效的直播策略。如果是直播新手，要对直播领域进行有效分析，考虑自己擅长的方面、专业，针对产品或服务进行市场需求分析，筛选出适合的直播领域。直播运营团队可以从直播风格定位与设计、主播人设构建、商品选择和规划等方面来完善整体直播思路。

（二）策划筹备

直播营销的第二个工作环节是策划筹备，具体准备如下：

1.方案编写。直播运营团队撰写完善的直播营销方案，将抽象思路具体化。直播营销方案的主要内容包括直播目标、直播简介、人员分工、时间节点、预算等。

2.宣传引流。在直播开始前，要借助多方力量为直播间积聚知名度。在直播间有了一定知名度之后，才能不断地吸引新、老用户的关注，提高曝光率。

3.脚本策划。一场直播成功与否，决定性因素是主播的内容输出。只要直播的内容有特色，就很容易吸引人，其中最为关键的在于撰写优质的直播脚本。直播脚本为直播内容的策划方案，优质的直播脚本可提高直播筹备工作的效率，帮助主播梳理直播流程，控制直播预算，以确保直播过程的顺利进行及直播内容的输出质量。

直播脚本可以分为整场脚本和单品脚本。

整场脚本，即直播运营团队策划并撰写的直播过程中的每一个具体环节的关键内容，见表5-2。

表5-2 整场脚本

直播脚本要点	具体说明
直播主题	从用户需求出发，明确直播的主题，避免直播内容没有价值
直播目标	明确直播要实现何种目标，是积累用户，提升用户进店率，还是宣传新品等
主播介绍	介绍主播、副播的名字、身份等
直播时间	明确直播开始、结束的时间
注意事项	说明直播中需要注意的事项
人员安排	明确参与直播人员的职责，例如，主播负责引导关注、讲解商品、解释活动规则；助理负责互动、回复问题、发放优惠信息等，后台或客服负责修改商品价格、与粉丝沟通转化订单等

单品脚本是概括介绍单个商品的脚本，其内容包含商品的品牌介绍、商品的使用场景和卖点、商品价格等内容，见表5-3。

表5-3 单品脚本

序号	商品名称	商品图片	品牌信息	品牌介绍	商品卖点	使用场景	市场价	直播间商铺价格	优惠模式
1	引流款	—	—	品牌理念	—	—	标签价	9.9元	9.9元包邮
2	印象款	—	—	品牌理念	—	—	标签价	优惠后价格	3件3折
3	利润款1	—	—	品牌理念	—	—	标签价	优惠后价格	3件3折
4	"宠粉"款	—	—	品牌理念	—	—	标签价	1元	1元"秒杀"
5	利润款2	—	—	品牌理念	—	—	标签价	优惠后价格	1件8折

4.话术设计。主播对于商品特点、功效、材质的口语化表达，是吸引用户停留的关键，因此主播的话术水平直接影响直播间商品的销售效果。在直播营销中，巧妙地设计主播营销话术至关重要。直播营销话术设计要点主要体现在：话术设计口语化，富有感染力；灵活运用话术，表达适度；话术配合情绪表达；语速、语调适中。

例如，直播预告："明天上午8点，母亲节活动来啦！一定要锁定××直播间，福利已经为你们准备好啦！转发并关注直播间，抽出100位幸运儿平分一万元现金红包！"说明直播主题、直播时间、直播中的利益点，引导用户进入直播间。

（三）直播执行

直播营销的第三个环节是直播执行。直播执行，即直播开播。为了达到已经设定好的直播营销目的，直播运营团队需要尽可能按照直播营销方案，将直播开场、互动、收尾三个环节顺畅地推进，并确保直播顺利完成。

1.开场环节。直播活动开场的目的是让用户了解直播的内容、形式和组织者等信息，给用户留下良好的第一印象，以便用户判断该直播是否具有可看性。开场环节的用户主要来自前期宣传所吸引的粉丝、在直播平台随意浏览的网友，为了更好地留住这些用户，要做好直播活动的开场设计。常见的直播开场主要有以下6种：

（1）直白介绍：主播进行自我介绍、主办公司简介、话题介绍、大约时长说明等，让观众清楚了解直播相关内容。

（2）提出问题：如提出您期待的产品颜色有哪些等问题，营造观众参与感，同时让主播更快了解本次观众的基本情况，如他们的喜好、所在地区以及期待。

（3）抛出数据：数据是最有说服力的，可将本次直播的关键数据提前提炼出来，直观展现，令观众信服。

（4）故事开场：讲故事的形式容易让不同年龄段、不同教育层次的观众产生共鸣、产生兴趣，以更好地开展接下来的环节。

（5）道具开场：利用企业产品、团队吉祥物、热门卡通人物、旗帜与标语、场景工具等来辅助开场。

（6）借助热点：特别是借助热门事件和词汇，来拉近与观众之间的心理距离。

2.互动环节。除了选择合适的开场方式外，直播中还需要与观众互动，以提高直播整体效果。互动由发起方和奖励两个要素组成，发起方决定了互动的参与形式与玩法，奖励则直接影响互动的效果。常见的互动方式有弹幕互动、剧情参与、发红包、礼物赠送、发起任务。

3.收尾环节。除了开场设计、直播互动，还需要注意有效收尾。该环节通过向用户表示感谢，并预告下场直播的内容，引导用户关注直播间，将普通用户转化为直播间的忠实粉丝；引导用户在其他平台上分享本场直播或本场直播中推荐的商品。

（四）后期传播

直播的第四个环节是后期传播。直播结束并不意味着营销结束，还可以进行二次传播，扩大直播效果。需要明确后期传播目标、传播形式，选择合适的媒体平台，继续传播，让其抵达未观看直播的用户，使直播效果最优化。

（五）效果总结

直播营销的第五个环节是效果总结。直播后期传播完成后，直播运营团队需要进行复盘。一方面进行直播数据统计，并与直播前的营销目的进行对比，判断直播营销效果；另一方面进行讨论，总结本场直播的经验与教训，做好团队经验备份。

直播营销复盘包括回顾目标、描述过程、分析原因、提炼经验、编写文档等基本步骤。内容包括直播间数据分析和直播经验总结两个部分。常用的直播数据有用户画像数据、人气数据、互动数据、转化数据。

思维拓展

随着行业的快速发展，2020年5月11日，人力资源社会保障部职业技能鉴定中心发布了《关于对拟发布新职业信息进行公示的公告》，正式将互联网营销师列入中国新十大职业，成为国家认证的新兴职业，自此，"电商主播""带货达人"成为正式工种，有了正式称谓。公告指出，互联网营销师是指在数字化信息平台上，运用网络的交互性与传播公信力，对企业产品进行多平台营销推广的人员。主要工作任务有：

1.研究数字化平台的用户定位和运营方式；

2.接受企业委托，对企业资质和产品质量等信息进行审核；

3.选定相关产品，设计策划营销方案，制定佣金结算方式；

4.搭建数字化营销场景，通过直播或短视频等形式对产品进行多平台营销推广；

5.提升自身传播影响力，加强用户群体活跃度，提高用户对产品从关注到购买的转化率；

6.签订销售订单，结算销售货款；

7.负责协调产品的售后服务；

8.采集分析销售数据，对企业或产品提出优化性建议。

2021年，人社部、中央网信办、国家广播电视总局共同发布互联网营销师国家职业技能标准，这一职业已发展分化出包括选品员、视频创推员、直播销售员、平台管理员在内的四大职业工种。

任务实施

为黑龙江的某种农特产品制作短视频进行营销。

步骤一：明确实训目的。

了解短视频平台的特征，制作一款内容精良的短视频并进行推广。

步骤二：选择新媒体营销产品。

通过小组讨论确定黑龙江的某种农特产品作为短视频营销对象。

步骤三：确定短视频营销选题。

小组讨论确定选题，选题要有新颖性，有创意。

步骤四：策划短视频营销内容。

小组讨论，策划短视频营销内容。

步骤五：制作拍摄脚本。

利用分镜头脚本策划方式制作视频拍摄脚本。

步骤六：进行拍摄。

小组合作，通过不同方式进行拍摄。

步骤七：发布运行。

将作品发布至短视频平台，通过各种方式进行推广，一周后，观察数据变化并进行分析。

步骤八：形成实训报告。

形成完整的短视频营销策划方案，提交实训报告。

任务测评

一、单项题

1. (   ) 是别人想到创作者时的第一印象，也是创作者想给别人留下的认知。

A.内容定位   B.脚本设计

C.IP定位   D.用户定位

2. (   ) 是用户对短视频形成第一印象的重要影响因素，是短视频内容最直接的反映形式，也是吸引用户关注和点击短视频的敲门砖，激发用户看完短视频的兴趣，形成认同感，增加评论数量，提高短视频的完播率和互动率，达到良好传播的效果。

A.关键词   B.标题

C.文案   D.话题

二、多项选择题

1. 直播营销的第二个工作环节是策划筹备，以下不属于该环节的行为有 (   )。

A.制定目标   B.开场设计

C.方案编写　　　　　　　　　　　　　D.后期传播

2.短视频商业变现的形式有（　　　）。

A.广告变现　　　　　　　　　　　　　B.电商变现

C.直播带货　　　　　　　　　　　　　D.渠道分成

三、简答题

1.如何做好短视频内容定位？

2.直播营销推广的渠道有哪些？

任务四　　巧用社群营销

任务描述

网络社交平台的普及和发展，使网络营销与运营逐渐走向平台化、互动化、社群化、体验化和社交化，为社群营销与运营提供了宽广的发展天地。个人和群体通过网络平台、网络服务聚集特征相似的目标用户，为其创造长期沟通渠道，创建基于社群成员的商业生态，不仅能够满足用户不同层次的个人需求，还可以通过社群口碑将品牌和产品推广出去，从而循环往复获得逐渐扩大的营销优势。

那么如何进行社群营销呢？请为黑龙江某款农产品开展社群营销设计简单方案。

知识准备

一、社群营销认知

（一）社群

1.社群的含义。

社群以社交文化为基础，指一群志趣相同的人集合在一起，拥有稳定的群体结构、一致的群体意识、一致的成员行为规范和持续的互动关系，同时社群的成员之间能够保持分工协作，具有一致行动的能力。

社群的作用就是通过线上线下的高频互动把本来跟企业没有任何关系的用户转化成弱关系用户，把本来是弱关系的用户转化成强关系、强链接的用户。

2.社群的构成元素。

社群的构成要素包括同好、结构、价值、运营等。

（1）同好。同好是指具有共同的价值观、爱好、兴趣。同好可以是对某件事产生共同的认知，能够一起行动，它是社群成立的基本前提。同好分为很多类型，比如对科技、技术感兴趣的同好，对情感、自我感兴趣的同好，对运动、体育感兴趣的同好，对阅读、旅行感兴趣的同好等。每一个不同的同好类型，都可能形成一个与之对应的社群。

（2）结构。根据同好建立的社群非常多，但是可以真正存活下来并完善运营的社群却很少。影响一个社群成功运营的重要因素就是社群的结构。一个成熟的社群，不仅要有发起人、社群成员，而且必须细分出管理人员、组织人员，制定完整的社群原则和规范，控制社群的秩序和社群成员的质量，同时为社群成员提供必要的联系平台，以便加深成员之间的联系。

（3）价值。一个能够持续发展的社群，必须要为社群成员创造价值。很多社群在最初虽然可以吸引同好人群，也进行了完善的管理，但由于无法持续为成员输出价值，结果造成成员流失或社群日渐沉寂。为了让成员可以通过社群得到价值、产生价值，社群内必须要有持续的输出，能够引导群内成员互相分享，培养社群内的领袖人物，分享不同层次、不同领域的价值，激励社群内的普通成员，壮大社群的整体力量。

（4）运营。运营决定着社群是否可以长期持续地发展下去。一个保持活跃、具有凝聚力的社群，群内的每一位成员通常都会有很强的归属感，能够自发地发扬主人翁精神，自主维护社群的成长和发展。要做到这一点，群主就必须对社群进行运营，比如规范成员加入准则，用群规控制成员的行为，有一定的奖惩措施，让每一位成员都能够珍惜社群。群主还要经常在群内进行讨论和分享，保证群内有话题、有任务，可以根据实际情况进行分工，保证成员有收获、有感悟。此外，为了增加群内成员之间的联系，还可以组织一些线上或线下活动，通过活动加深成员之间的感情，增强社群的整体凝聚力。

3.常见的社群类型。

常见的社群类型有产品型社群、兴趣型社群、品牌型社群、知识型社群、工具型社群等。

（1）产品型社群。优秀的产品能直接带来庞大的用户、粉丝群体，基于这个群体往往还可以开展更多业务，实现利润的增加。目前，产品型社群已经有了一些成功的实践，如小米产品社群。小米有着实体经营的产品，但又采用颠覆传统的产品销售方式，其利用线上社群的影响力和传播力，充分激发粉丝的参与度和活跃度，最终带来线下销售量的增长。小米在搭建社群之前把用户定位于"发烧友"的圈子，通过小米社区、论坛、微博等寻找目标人群，将目标人群聚集在一起形成社群，并向忠实用户预售工程机，用户向客服反映问题，工程师根据用户反馈对产品进行改进。收到工程机的忠实用户会通过社区、微信、微博、论坛晒单等方式来预先宣传。

（2）兴趣型社群。兴趣型社群就是基于兴趣而创建的社群。兴趣相像的人通过网络进行互动交流，寻找到一群彼此兴趣相投的伙伴，实现人与人之间的自由聚合。兴趣型社群种类繁多，各有各的优势，如美食类社群、时尚消费类社群等。无论是哪种兴趣型社群，都蕴含着巨大的商业价值。

（3）品牌型社群。品牌型社群是一种新的品牌营销模式，强调品牌与消费者之间的关系。品牌型社群是产品型社群的一种延伸，是消费者以品牌为联系纽带，围绕品牌形成的组织。品牌型社群有其独特的作用和价值，消费者可以通过参与品牌型社群来分享知识、获取情感和物质等方面的资源，甚至通过多种方式来构建和表达自我，如参与品牌型社群活动、展示自己喜爱的品牌、发布与品牌相关的广告。品牌型社群成员基于对品牌的特殊感情和认知，认为这种品牌的价值观符合他们的人生观和价值观，从而产生心理上的共鸣。

（4）知识型社群。从狭义上讲，知识型社群是指通过互动机制（如讨论区、留言板、聊天室、公告栏等）共同创造知识、分享知识的社群。知识型社群是兴趣型社群的一种延伸，强调群成员更乐于分享自己的经验知识和成果。群成员之间相互交流和学习，并从中得到肯定和尊重。由于群成员在社群活动中自发地交换意见和观念，因此知识型社群里的成员经常会出现思想上的激烈碰撞。

（5）工具型社群。工具型社群是基于社群应用平台的社群，如微博、微信、头条、钉钉等。如今，社群已经渗透到人们的工作、学习、生活中，成为一种普遍的日常状态。在这一趋势下，社群成了加强实时沟通的一种灵活、方便的工具。

（二）社群营销

1.社群营销的含义。

在社群和社群经济发展的基础上自然而然产生了社群营销，它是指商家或企业为满足用户需求通过微博、微信、社区等各种社群推销自身产品或服务，而形成的一种商业形态。它主要依赖于社群关系，通过社群成员之间的多向互动交流，让信息和数据以平等互换的方式进行营销。社群中的每一个成员都能够成为信息的主动传播者，他们可以进行各种信息的分享与交流，通过互动的方式创建生态环境更加健康的社群，并使社群朝着稳定的方向发展，从而吸引更多具有相同兴趣、价值、主张和爱好的人员，扩大社群规模，最终优化社群营销效果。

2.社群营销的特点。

（1）传播速度快。在传统营销中，企业做促销或者推广，以线下活动居多，比如商场打折、广场促销，用抽奖或领取奖品的方式吸引用户参与活动。社群营销是直接在自己的社群平台发布相关的产品信息，社群中的用户基本都是自己的客户，他们参与是为了得到最新的产品，效果比传统营销好。假设群内有 500 个人，一个人的朋友圈有 100 个人，每个人转发一次产品文章，该文章的曝光量就为 5 万次，可见社群的优势之一是传播速度快、范围广。

（2）费用低。社群营销通过微信、QQ、微博等社群平台进行产品宣传。只要通过合理的营销手段，就可以尽情地展示商品，粉丝便能快速地获得商品的信息，社群营销平台几乎不收取额外的费用。

（3）营销精准。社群营销是基于圈子、人脉的营销模式。社群有稳定的群体结构和较一致的群体意识；群成员有一致的行为规范、持续的互动关系；群成员间分工协作，具有一致行动的能力，营销针对性极强，每一个人都是精准用户。

（4）沟通畅快。当群成员购买的产品或服务出现问题时，商家可第一时间通过社群来解决，一方面反应迅速，容易获得群成员认可，另一方面也会让其他群成员看到商家的服务，从而获得更多关注。

（5）沉淀用户粉丝。社群营销把用过产品的人的联系方式都沉淀到微信群或其他的社交工具中，当有新的产品推出时，随时推广，这些群成员都有可能再次购买。

3.社群营销的条件。

建立社群并不难，但要让社群成功运营，需要具备以下条件。

（1）精准定位社群。社群是由一群有共同兴趣、认知、价值观的成员组成的，社群成员在某方面的特点越相似，就越容易建立起互相之间的感情联系。因此在建立社群之前，必须先做好社群定位，明确社群要吸引哪一类的人群。比如，小米手机的社群，吸引的是追求科技与前卫的人群；逻辑思维的社群，吸引的是具有独立和思考标签的人群；豆瓣的社群，吸引的是追求文艺和情怀的人群。当社群有了精准定位之后，才能推出契合粉丝兴趣的活动和内容，不断强化社群的兴趣标签，给社群用户带来共鸣。

一般来说，社群定位要基于社群的类型和企业的性质，保证社群既能满足成员特定的价值需求，又能为社群运营人员带来回报，形成良好的自运行经济系统。

为了更好地进行社群的定位，在建立社群之前，运营者要明确建立社群的目的。每一个社群可能有不同的价值，但其目的大多比较类似，如销售产品、提供服务、拓展人脉、打造品牌、提升影响力等。确定了建立社群的目的，可以更方便地进行社群定位。

（2）吸引精准用户。企业要想进行精准的营销，就必须拥有精准的用户，因此任何营销推广的前提都是对精准用户的细致分析，了解目标用户的消费观念、地域分布、工作收入、年龄范围、兴趣爱好和工作环境等。

（3）维护用户活跃度。社群成员之间的在线沟通大多通过微信、QQ等社交群，也可以用微信公众号、自建App或网站。对于社群运营而言，能否建立更加紧密的成员关系直接影响到社群最终的发展，因此社群活跃度也是衡量社群价值的一个重要指标。

（4）打造社群口碑。口碑是社群非常好的宣传工具，社群口碑与品牌口碑一样，都必须依靠好产品、好内容、好服务的支撑，并经过不断的积累和沉淀才能逐渐形成。一个社群要打造良好的口碑影响力，必须先从基础做起，抓好社群服务，为成员提供价值，然后逐渐形成口碑，带动会员自发传播并扩大社群，逐渐建立以社群为基础的圈子，这样社群才能真正得到扩大和发展。

二、社群构建与运营

进行社群运营需要先建立一个完整的社群，因此要聚集一群有共同兴趣、认知和价值观的用户。在拥有同好的基础上，再进一步完善社群的结构，进行合理的管理和运营，同时保证社群有持续的输出能力，能够不断为成员创造价值，建立成员之间坚实的感情联系和信任关系，形成自运转、自循环的经济系统，才能让社群持续壮大，并且复制分化出更多的社群。

社群运营的具体步骤为：

第一步，确立社群愿景；

第二步，设置社群门槛；

第三步，制定社群规则；

第四步，组织社群活动；

第五步，发放社群福利。

（一）确立社群愿景

社群运营者建立一个社群的时候，一定要想明白一件事情：这个群搭建起来是做什么的？因为要把大家聚集到一起做一件事情，一定是需要一个理由的，没有这个理由，人不会来；没有这个理由，就算人来了心也不会齐。确立社群愿景就是确立群内成员一起做事的理由。这个理由必须是所有群员都知晓的，以保证群的整体发展。

（二）设置社群门槛

建群的时候，要设置入群门槛。一个群在入群阶段设置的筛选门槛越高，这个群加入后流失率反而越低。如果不设任何门槛，当新成员不断涌入群内时，单个成员的质量就无法得到保证。当社群发展到一定程度之后，可以视运营的节奏，再进行二次调整。

常见的初始门槛设置方法：

1.特殊邀请制：群主或者管理员邀约，如采用邀请码；

2.付费入群制：这是最直接的一种方式，交纳一定金额之后方可入会；

3.身份条件制：实行严格审核机制，如必须要求企业董事长和总经理同意才可加入；

4.高额资产制：拍照或者实名验证；

5.产品购买制：购买一定额度的产品才可加入。

（三）制定社群规则

社群规则是指群员的日常操行法则。群规的建立需要群策群力，初期运营时可由群主建立规则，后期再根据运营的情况逐渐丰富。群规的形成，最好是经过群员的讨论，并达成一致后再去执行，这样比较容易遵守；如果推出来的群规，大家都不遵守，将会使群主失去威信，不利于社群管理和维护。

常见的社群规则类型有：

1.命名规则。

所有新的入群成员，按照规则命名自己的昵称，如"城市+真实姓名+从事行业"。

2.言行规则。

群成员应该积极参与本群内的话题讨论，发表观点，拒绝一些形式的人身攻击。

3.任务规则。

所有成员需要在特定的时间内完成特定的任务，未如期完成的将接受惩罚，如一个内容分享的社群，要求每个群员在每节课后一周内，写一篇新的体会发布在群内，如果超期需要发10元红包。

4.惩罚规则。

所有成员均不可以越界的规定，如发布恶意广告者将被群主直接从群内清退。

5.分享规则。

分享行为可以促进社群信息的传递，加强社群成员之间的互动，提高社群的质量。可以根据社群的组成结构和人员分工制定社群分享规则，一般有灵魂人物分享、嘉宾分享、内容成员分享、总结分享几种方法。灵魂人物分享主要适用于金字塔结构的社群，由有威望的社群灵魂人物进行分享；嘉宾分享是邀请社群外的其他专家或红人进行分享，要求社群具有足够的吸引力或资金；内容成员分享是依靠社群成员进行信息的分享，这种分享方式对社群成员的能力要求较高；总结分享是发动社群中的每个成员分享自己的经验或学习所得，以促进社群成员的共同进步。

6.淘汰规则。

社群淘汰规则主要针对两种人群：一是社群"捣乱者"；二是群内参与活动少、贡献小的人。常见的淘汰规则有人员定额制、犯规剔除制、积分淘汰制等。

（四）组织社群活动

社群活动是群内活跃气氛的重要方式，也是群员的权益所在，如果一个群内长期没有活动和交流，群内成员之间会变得陌生，没有归属感。常见的活动方式：

1.内容分享会。

一种常见的组织方式就是由群主提前协调群员，规划每周一两个主题，邀请不同群员或者外来大咖分享，在约定的时间邀请群员一起交流讨论，这样就有了"集体创作"的感觉，同时固定的分享会让群员产生身份认同感，找到自我存在的价值。

一般来说，在进行社群分享时，需要提前做好相应准备。

（1）明确分享模式。分享模式有语音分享、微信私密分享、纯文字分享、视频和音频分享等。

（2）确定分享内容。为了保证分享质量，在进行社群分享之前，应该确定分享内容，特别是对于没有经验的新手分享者而言，确定内容和流程必不可少。

（3）提前通知。在确定分享时间后，应该在社群内提前反复通知分享信息，以保证更多社群成员能够参与进来。

（4）分享暖场。在分享活动开始前的一段时间里，最好由分享主持人对分享活动进行暖场，营造一种良好的分享氛围，同时对分享内容和分享嘉宾进行介绍，引导成员提前做好倾听准备。

（5）分享控制。为了保证分享活动的秩序，在分享活动开始之前，应该制定相关的分享规则，约束社群成员的行为，比如分享期间禁止聊天等。在分享过程中，如果出现干扰嘉宾分享，讨论与分享话题不符的内容等情况，控制人员应该及时处理，维护好分享秩序。

（6）分享互动。在分享过程中，如果嘉宾设计了与成员互动的环节，主持人应该积极进行引导，避免冷场。

（7）提供福利。为了提高社群成员的积极性，在分享结束后，可以设计一些福利环节，为表现出彩的成员赠送一些福利，吸引社群成员的下一次参与。

（8）分享宣传。在分享期间或分享结束后，分享者可以引导社群成员对分享情况进行宣传，社群运营方也应该总结分享内容，在各种社交媒体平台进行分享传播，打造社群的口碑，增强社群的整体影响力。

2.活跃氛围。

在社群交流活动开始之前，最好有一个预告和暖场阶段。预告是为了告知社群成员活动的相关信息，如时间、讨论人员、主题、流程等，以便邀请更多成员参与活动。暖场是为了保持活动的热度，让活动在开场时有一个热烈的氛围。

可由群主发送一个随机红包，接下来抢到红包金额最高的人，继续发红包，连续三轮之后终止，这样可以增加群员间的乐趣，活跃氛围，同时还有一个好处是可以把一些潜水的群员找出来。红包不能随意发，否则无法收到理想的效果。发红包最好有一个理由，频繁发红包不仅无法激发成员的积极性，还容易使社群沦为一个红包群。一般来说，在新人入群、活跃气氛、宣布喜讯、发布广告、节日祝贺等情况下，可以适当发红包。此外，发红包最好选择合适的时间段，工作时间段发的红包引起的关注度相对要低一些。

3.签到打卡。

社群打卡是指社群成员为了养成一种良好的习惯，或培养良好的行为而采取的一种方式，它可以监督并激励社群成员完成某项计划。因此，打卡型社群通常具有激励成员不断进步的作用。一般来说，为了保证社群成员能够坚持打卡，积极实现个人计划，主要可以从以下方面设置社群规则：

（1）押金规则。设置押金积分制度，规定入群成员需要缴纳一定的押金，在完成目标后退还押金，未退还的押金则作为奖金，奖励给表现优秀的成员。在判断完成程度时，可以设置积分制度，设置积分加减项目，同时积分也可以作为成员等级的评判标准。

（2）监督规则。监督规则是指管理人员对社群打卡情况进行统计、管理和监督。管理人员可以通过消息或通知发布打卡情况，这一方面可以激励未打卡的成员积极进行打卡，另一方面已打卡成员通过打卡公布情况，可以产生自己的付出"被看到"的感觉，从而激发持续打卡的信心。

（3）激励规则。为持续打卡、表现优秀的成员设置特殊的奖励。奖励可以是多种形式的，如物质、精神、荣誉等，也可以根据打卡成员的个性、特色、职业等为其设置专门的奖项，体现个性化，激励社群成员的积极性。

（4）淘汰规则。设置淘汰制度，对于打卡完成得不好的社群成员予以淘汰。

为了保持社群成员持续打卡的积极性，建议总结每一次的打卡情况，定期或者不定期对规则进行优化和升级，增加体验感更好的规则，删除效果不好的规则，保持持续的新鲜度。

例如一个阅读的社群，大家每天互相监督是否认真完成阅读，要求每个群员在晚上9点之前上传1张自己今天的阅读照片，然后群员一起评论交流，一方面可以增加群员的归属感，另一方面可以增加群员相互的认同感和自身的存在感。

4.发放社群福利。

在社群的运营过程中需要思考群员的长期收益和短期收益，根据群目标和群员入群动机，设定好群内各个时期的福利，和群员一同成长。这些福利可能是让他们分享获得的收益，也可能是让他们觉得学习到很多知识，获得了持续性的成长，甚至是认识了好朋友，找到同类人的归属感。

社群福利是激发社群活跃度的一个有效工具。一般来说，不同的社群通常会采取不同的福利制度，或者是多种福利形式的结合使用。

（1）物质福利。物质福利是对表现好的成员提供物质奖励，奖品一般为实用物品，或者具有社群个性化特色的代表性物品。

（2）现金福利。现金福利是向表现好的成员提供现金奖励，多为奖金的形式。

（3）学习福利。学习福利是向表现好的成员提供学习类课程服务，比如可以免费参与培训、免费报读课程等。

（4）荣誉福利。荣誉福利是向表现好的成员提供相应的荣誉奖励，比如颁发奖状、证书，或设置特定的头衔、称号等。荣誉福利若设置得合理，可以有效地提高社群成员的积极性。

（5）虚拟福利。虚拟福利是向表现好的成员提供暂时虚拟的奖励，比如积分，当成员积分达到一定程度时，就可以领取相应的奖励。

5.社群线下活动。

在O2O时代，线上、线下相结合才是顺应潮流的营销方式，社群运营也不例外。线上交流虽然限制更少，更轻松自由，但线下交流更有质量，也更容易加深感情。一个社群中的成员，在从线上走到线下的过程中，有助于黏合社群，增强社群成员的参与感，以真实的场景打破地域的隔阂，让虚拟环境中的人与人之间的情感连接更紧密、更真实。线下活动可以集中发挥社群中意见领袖的作用，消除社群内部信息不对称的现象，吸引更多的社群新人参与进来，增强其归属感和认同感。线下活动也是一场公关营销，它为公关传播提供素材，为营销提供机会，是品牌提高知名度和美誉度的常用手段。线下活动如果办得火爆，还可以反哺线上社群。

社群的线下活动一般强调要有意义、有创意，例如采用分享会、宣讲会、交流会、展销会等形式将社群成员组织到一起，围绕共同话题、共同爱好进行线下交流，实现思想碰撞，拉近社群成员距离。

三、社群运营技巧

（一）社群角色及运营技巧

1.明确社群结构。

（1）社群创建者。社群创建者是社群的初始创建人，一般为具有人格魅力、专业技能、出众能力的一些人，具有一些吸引用户加入社群的特质，能够对社群的定位、成长、发展等具有长远的考虑。

（2）社群管理者。社群管理者是社群发展的基石，对社群的发展与维护起着至关重要的作用。社群管理者需要具备良好的自控能力、责任心、耐心、决策力、大局观，要以身作则、淡定从容、赏罚分明，能够帮助并团结社群成员，解决社群中发生的各种问题。

（3）社群参与者。社群参与者是组成社群的主要成员，根据二八定律，社群参与者要有20%的高势能人群和中势能人群，80%的普通人群。高势能人群是社群中某个专业领域的人才，能够吸引中势能或更低势能的人群加入社群并参与社群活动，属于社群参与者中的领导型人群；中势能人群具有一定的上升空间，能够通过学习提升自己的能力；普通人群是社群参与者中的大部分人群，主要起着活跃社群气氛、调节社群氛围的作用，他们在社群中有较大的提升空间，是社群最基础的人员。

一个健康的社群应该包含不同势能的人群，通过丰富的势能人群整合社群能量，促进社群成员的进步与提升。当社群发展到一定规模后还能吸引其他企业或第三方平台参与合作，给社群带来更大的经济效益。

（4）社群开拓者。社群开拓者是社群的核心发展力量，要求具备良好的挖掘社群潜能的能力，良好的交流、沟通与谈判能力，能够在不同的平台中通过宣传与推广宣扬社群品牌，为社群注入新鲜血液，并促成社群的各种商业合作。

（5）社群分化者。社群分化者是社群大规模扩张的基础，他们一般具有非常强的学习能力，能够深刻理解社群文化并参与社群的建设。社群分化者是社群复制的关键性人员，一般是从社群的老成员中精挑细选出来的。

（6）社群合作者。社群与合作者的关系可以是资源的互换、经验的分享、财力的支持等，但要求合作者之间彼此认同，理念相符，同时具有等同的资源，以便双方互惠互利。

（7）社群付费者。社群运营并不是完全免费的，时间、资源、人员成本等累积起来是相当大的支出，因此社群运营要有愿意为社群付费的社群付费者的支持。社群可以通过社群产品购买、社群活动赞助等吸引付费者。

2.运营技巧。

运营者的工作就是填补角色的缺失。例如，社群刚开始的时候，没有组织者，运营者就是组织者；后来没人发言，运营者就是KOL；群内发言人多了，但是总围绕一个观点，运营者就可以担任"挑战者"提出反对意见；发现讨论很热烈，各种观点意见均有，运营者只要做围观者即可。

（二）提高社群活跃度的技巧

1.初始成员的严格筛选。

社群在建立之初，就要严格筛选初始会员，争取找到的第一批种子用户就有共同的连接点，而不是找到一群人之后，再去培养群友的共同爱好。这样不仅费时费力，往往效果也不太好，最终导致社群的活跃度大大降低。

2.强大和富有责任心的管理团队。

一个活跃而有价值的社群，离不开持续运营。而持续运营的输出，背后往往是一批强大和富有责任心的管理团队在支撑。这个管理团队，既包括一个强大的核心领袖，也包括富有责任心的助手团队。

3.合理的活动安排与产出。

一个群如果需要保持足够的活跃度，需要官方安排各项活动，充分调动群友的积极性，增强成员的参与感。除此之外，活动的安排，最好有一定的价值产出。这种价值产出，就是这个社群的沉淀，会影响群内更多成员。

4.社群文化的建设。

单独靠个别人的维护，或社群规则的约束，这样的社群是维护不好的。社群管理的最佳状态是社群内部产生了独有的文化，所有的成员都会在文化框架下，做出最合适的选择。而社群文化也促进了社群成员的凝聚力和向心力，让整个社群的活跃度和团结度更高。

5.线上线下的打通。

由于移动互联网的普及，社交更加方便。如果要增进成员之间的亲近感与认同感，线下活动是必不可少的环节。

四、社群营销变现

社群变现是社群商业化运营发展的终极目标，也是社群形成商业闭环的关键环节。社群变现就是将社群的凝聚力、向心力、购买力等无形资产转化成运营者所想要的价值。比如，微信公众号运营者通过社群对公众号的内容进行二次传播，提高图文的浏览量和点击率；电商行业从业者通过社群实现商品的售卖；某个领域的专家运用社群成功树立了自己的个人IP，或者建立起付费咨询社群获取盈利。

（一）社群变现形式

1.产品变现。

产品变现是社群变现的方式之一。产品变现就是把社群作为产品的一个销售渠道或者平台，通过社群进行产品销售。对于社群运营者来说，社群只是一种工具，现在比较流行的母婴社群、美妆社群等都希望能通过社群销售产品，这种社群运营的模式就是产品变现。能够通过社群成功进行产品销售，除了依靠社群成员对社群的信任外，也离不开产品的品质及性价比。

2.会员费变现。

有些社群必须支付一定的费用才能加入、参与活动、享受服务等。收取会员费是社群主流变现形式之一，这类社群主要通过为社群成员提供持续的服务和高价值内容输出，让社群成员对社群产生黏性，进而产生持续消费。采用付费制的社群在运营过程中最关键的是能够持续性地输出高质量内容与优质服务，社群内成员必须享有社群外成员所享受不到的权益。以某读书会社群为例，加入会员可以每年免费收听、观看50本书的完整内容分享，而作为普通用户只能收听、观看免费资源及每次分享的部分资源。

3.广告变现。

社群自带媒体属性，因此也是很好的广告投放渠道。社群的广告形式需要与社群自身的媒体属性相符，才能达到预期目的。在社群投放广告时，切勿只追求表面的送达效果，否则群成员会认为你的广告是垃圾信息而过滤掉。对于社群来说，运营和互动是非常重要的，投放广告前要确保社群有良好的运营基础和精准的群成员匹配，将广告作为群内容和活动推送给群成员，将广告与内容合二为一。

直接通过社群发布广告，最常见的就是在论坛等形式的社群中发布Banner广告、文字链广告以及微信、QQ的社群信息流广告等。

4.用户赞赏变现。

2015年3月，微信上线赞赏功能，用以鼓励优秀原创自媒体。微博、知乎、简书等平台都开设了赞赏或类似功能。根据微信披露的数据，自媒体账号每天在微信平台上收到超过2 000万元的赞赏金额。不过用户打赏也存在缺点：一是非强制性，用户可以先阅读后赞赏，赞赏金额较为"随机"；二是金额有限，微信公众号平台规定每个账号每天收到的赞赏金额不能超过5万元。

5.产品众筹变现。

众筹是社群经济中常见的商业模式，社群最大的特点就是拥有广泛的粉丝群体。通过众筹，社群中有想法的粉丝参与进来，提高了社群的价值，可以帮助社群粉丝实现利益的最大化，帮助社群粉丝的项目和产品众筹到位。

（二）社群变现要素

社群经济正在蓬勃发展时，许多企业和个人逐渐意识到利用社群经济可以实现其商业目的。通过社群营销可以实现产品的口碑传播、品牌扩散、用户满意度提升以及产品销量的提升，企业都迫不及待地希望建立自己的社群营销体系。对于希望通过社群实现商业变现的企业和个人而言，在建立社群的营销体系前需要明白以下几个问题：

第一，目标用户的需求是什么？

第二，企业通过哪些方式能够满足用户的需求？

第三，目标用户为何加入你的社群？

第四，用户进入社群后能得到什么样的满足？

明确了以上四个问题之后，作为社群的创建者就能够清楚如何向用户证明这个社群是能够帮助用户满足需求的。

1.提供满足用户需求的产品。

需求决定一切。欲实现社群变现，要先从用户最基本的需求开始，将用户的需求转化成一系列有规划的内容产品。例如，针对某高校的一个考研社群，用户的需求就是了解这个院校研究生考试的应试策略，那么该社群对这个院校以往考试的试题进行研究并制作出相应的攻略内容就满足了用户的需求。

2.进行等价交换。

如果社群满足了用户的需求，社群运营者可以考虑等价交换。还以考研社群为例，社群工作人员将制作出来的考研攻略提供给用户，就可以要求用户付费获取或者邀请目标用户加入社群。

3.了解用户特性。

社群运营者不仅要为用户提供相应的产品或服务，还要为用户创造价值。如果想让他们成为社群的粉丝，甚至社群的忠诚粉丝，就需要对用户进行深入了解。一个社群有人加入，有人离开，是非常正常的现象。有些人进入社群之后会不断地为社群作出贡献，积极参与社群活动。作为运营者需要从社群中不断发现这些人，并重点关注这些人的需求和特性。如果社群中有成员离开了，尤其是重要的成员，社群运营者也需要了解他们退出的真实原因，避免以后出现类似的事情。

4.打造核心内容。

人们喜欢把自己购买的优秀商品分享给身边的人，而身边的人对熟人的推荐会比较信任，也会考虑购买此商品。因此，对社群运营者而言，如果想将自己的社群运营到社群成员愿意给其他人分享的阶段，就要不断地在社群中输出有价值的内容，打造社群成员愿意分享的核心内容。

5.营造社群平等的关系。

社群的组建者、运营者与社群成员之间是平等的。对于社群变现来说，必须把握以下两点：

首先，让用户对社群产生信任。如果社群中的成员对于社群运营者时刻保持警惕，那么社群永远都不会做大、做强。产生信任的很重要的条件之一是，作为一名社群领导者，应该在情感上与社群中的每个人保持密切联系。

其次，倾听社群成员的声音。如果社群组建者、运营者能够认真倾听社群成员的声音，并对他们进行正确的引导与疏导，得到社群成员的认同，那么社群成员就会尊重社群组建者、运营者，倾听社群的声音，与组建者、运营者一起合作来扩大社群的影响力。

6.让用户进行口碑宣传。

用户口碑是强大的销售工具，社群成员是社群产品、服务的最终受益者，他们的正面声音往往是最能体现社群价值的声音。当用户愿意将社群推荐给身边的人时，社群无疑已经帮助用户满足了他的需求。社群组建者、运营者要积极发现这些成员，用他们的故事为自己的社群宣传，吸引更多的目标用户加入社群。社群成员的声音不仅有助于传播社群，还可以帮助社群更好地成交。

社群运营者必须明白，通过社群与用户建立长期关系是实现社群商业变现的核心要素。社群的坚决拥护者喜欢他们所在的社群，会去购买社群里推荐的商品，甚至持续购买，成为忠诚顾客；同时，他们不只自己会买，还会向家人、朋友积极推荐品牌，成为社群成长过程中的社群价值传播者。

思维拓展

意见领袖（KOL）的特征

意见领袖（KOL）是在团队中构成信息和影响的重要来源，是能左右多数人态度倾向的少数人。在消费行为学中，KOL特指为他人过滤、解释或提供信息的人，这种人因为持续关注程度高而对某类产品或服务有更多的知识和经验。

意见领袖往往具有以下几个方面的特征：

1.与被影响者一般处于平等关系而非上下级关系。意见领袖往往是我们生活中所熟悉的人，如亲友、邻居、同事等。正因为他们是人们所了解和信赖的人，他们的意见和观点也就更有说服力。

2.意见领袖并不集中于特定的群体或阶层，而是均匀地分布于社会上任何群体和阶层中。

3.意见领袖的影响力一般分为"单一型"和"综合型"。在现代都市社会中，意见领袖以"单一型"为主，即一个人只要在某个特定领域很精通或在周围人中享有一定声望，他们在这个领域便可扮演意见领袖角色，而在其他不熟悉的领域，他们则可能是一般的被影响者。在传统社会或农村社会中，意见领袖一般以"综合型"为主，例如有声望的家族对当地社会往往有普遍的影响。

4.意见领袖社交范围广，拥有较多的信息渠道，对大众传播的接触频度高、接触量大。

5.意见领袖常常关注那些身边的事件和新闻，并适时发表自己的观点。

任务实施

为黑龙江某款农产品开展社群营销。

步骤一：明确实训目的。

熟悉社群营销工具，掌握提高社群活跃度的方法及技巧。

步骤二：选择社群营销产品。

通过小组讨论确定黑龙江的某种农特产品作为社群营销对象。

步骤三：建立社群。

小组讨论建立营销农产品社群。

步骤四：策划社群营销内容。

小组讨论，策划农产品社群营销内容、活动等。

步骤五：形成实训报告。

形成完整的社群营销策划方案，提交实训报告。

任务测评

一、单项选择题

1.社群的分类包括（　　）。

①产品型社群；②兴趣型社群；③品牌型社群；④公司型社群；⑤知识型社群；⑥工具型社群。

A.②③④⑤⑥　　　　　　　　　　　　B.①②③⑤⑥

C.①②③④⑤⑥　　　　　　　　　　　D.③④⑤⑥

2.因为大家有共同的爱好、手艺、兴趣所建立的社群是（　　）。

A.产品社群　　　　　　　　　　　　　B.兴趣社群

C.品牌社群　　　　　　　　　　　　　D.情感社群

二、多项选择题

1.以下（　　　）属于常见社群。

A.著名艺人的后援团　　　　　　　　　B.驴友群

C.亲人群　　　　　　　　　　　　　　D.朋友群

E.同事群　　　　　　　　　　　　　　F.同学群

2.以下关于社群线下活动的描述正确的有（　　　　）。

A.线下活动可以拉近社群成员之间的距离

B.线下活动可以增强社群成员的归属感

C.社群线下活动必须以营销为目的

D.社群线下活动是对社群文化、理念的巩固

三、简答题

1.社群营销对于企业有什么意义？

2.社群营销变现方式有哪几种？

思政园地

如何做好舆情的管控和引导工作

舆情监管工作主要是规避舆情风险，维护企业品牌形象。为了做好舆情管控和引导的工作，我们可以从以下几个方面着手：

一、建立舆情监控工作机制

做好舆情监测是防范舆情风险的前提条件，为了做到第一时间了解到舆情动向，可以组建网络舆情监测小组，舆情管家可以帮我们快速准确全面地收集到互联网上的信息，并且会通过邮件等形式发送报告给用户，监测小组可以负责对网络信息进行筛选，进一步分析。

二、开展舆情风险应对培训，提高舆情风险应对能力

思想认识到位，舆情风险应对得当，是防范舆情风险的有力保证。为了提高基层干部应对舆情风险的能力，应加强舆情工作的培训学习工作，把防范舆情风险作为一项必修课程，定期或不定期地组织开展防范舆情风险培训学习，通过培训学习，有效地提高大家的思想认识和防范舆情风险的能力。

三、制订舆情应急预案，建立舆情预警机制

企业应该制订舆情应急预案，建立舆情预警机制，强化三项措施：一是加强领导，明确责任。二是做好舆情风险排查，及时掌握舆情隐患。坚持开展舆情风险排查工作，对工作中可能引发负面舆情的敏感、热点案件或事件进行深入的排查，及时掌握舆情隐患，做到情况明确，底子清楚，及时做好宣传化解工作，提前做好舆情处置预案，把隐患消除在萌芽之中。三是制定应对处置措施，做好舆情风险应对工作。认真对待舆情所反映的问题，对舆情所述事情在调查核实的基础上及时做好正面回应，并建立舆情上报制度，确保舆情处置工作在企业的领导下有序地开展。

项目实训

黑龙江省是农业大省，有着丰富的农业资源和巨大的农村市场潜力，随着人流、物流、资金流进一步向农村地区延伸，乡村振兴的潜能正被不断激发。随着一大批有地域特色的主导产业持续壮大，一大批有影响力的本地品牌不断形成，蓬勃发展的农村电商，将为推动黑龙江农业农村现代化提供新动能。请你为黑龙江的某种农特产品开展直播营销策划。

项目考核

1.考核方式：过程考核。

2.考核内容与评价标准见表5-4至表5-6。

表5-4　　　　　　　　　　　　　学生自评表

姓名：　　　　　　　　　时间：　　　　　　　　任务小组：

评价内容	评价标准				自评
	优 （86～100分）	良 （76～85分）	中 （61～75分）	差 （60分以下）	
工作态度（20%）	出勤饱满 态度认真	出勤良好 比较认真	出勤一般 态度一般	出勤差 态度差	
自主探究能力（30%）	有强烈的探究欲，不断地发现问题，分析问题，寻找解决问题的办法，自主完成任务	有探究欲，能提出问题，分析问题，基本自主完成任务	有探究欲，能提出问题，在老师帮助下基本完成任务	探究欲不强，懒于思考，懒于动手，不能完成任务	
小组交流能力（20%）	积极主动进行组内或组间同学交流讨论、能够条理清晰、正确展示自己的方案、任务成果，达成共识	能够进行组内或组间同学交流讨论，展示自己的方案、任务成果	能够完成基本小组间的交流，基本完成任务	不能够完成基本小组间的交流，不能完成基本任务	
分工合作能力（30%）	在小组分工合作下，各尽其责，出色完成任务，并通过小组讨论交流得到新建议和想法	在小组分工合作下，完成任务	在老师指导下分工合作，完成任务	小组内缺乏分工，出现一人包办现象，没有体现分工合作	
合计					

表5-5 　　　　　　　　　　**任务小组成员互评表**

姓名： 　　　　　　　　 时间： 　　　　　　　　 任务小组：

序号	考核标准	分值	组员1	组员2	组员3	组员4	组员5
1	积极参与任务，认真搜集资料，提出建议，与小组成员团结合作，对小组贡献突出	12					
2	参与任务，能搜集资料，与小组成员团结合作，对小组贡献较突出	8					
3	参与任务，基本能与小组成员合作	6					
4	参与任务，不能与小组成员合作	4					
5	合计						

表5-6 　　　　　　　　　　**任务评价表**

考核内容	评价标准	自评（20%）	互评（30%）	师评（50%）
1.能够完全掌握网络调查问卷编制方法，调查问卷内容完整，格式符合标准；有详细操作过程记录和分析，并能提出较新的建议	优秀			
2.能够掌握网络调查问卷编制方法，调查问卷内容完整，格式符合标准；有详细操作过程记录和分析	良好			
3.能够基本掌握网络调查问卷编制方法，调查问卷内容完整，格式基本符合标准；有操作过程记录和分析	中等			
4.编制调查问卷内容基本完整，格式基本符合标准；有操作过程记录和分析	及格			
5.编制调查问卷内容不完整，格式不符合标准；无操作过程记录和分析	不及格			
合计				

项目六　制订网络营销策划方案

随着互联网技术的快速发展，网络营销在企业的营销战略中已成为不可或缺的一部分。而对于企业来说，一个好的网络营销策划方案能够帮助企业快速提升品牌知名度，吸引更多的潜在客户，并增加销售收入。网络营销策划是网站推广、网络销售的主要手段，具有对客户服务的支持、对线下产品销售的促进、对公司品牌拓展的帮助等网络营销表现。

学习目标

知识目标：

1.了解网络营销策划的概念、类型、基本原则和策略；

2.熟悉网络营销策划方案的要素和结构，以及撰写网络营销策划方案的技巧；

3.掌握网络推广策划、品牌营销策划、节日营销策划的方法。

能力目标：

1.能够根据企业具体的网络营销目标策划网络营销方案的能力；

2.具有撰写网络营销策划方案的能力；

3.能够根据营销策划方案制订合适的实施行动计划的能力。

素养目标：

1.具备敏锐的市场洞察力和逻辑思维分析能力；

2.具备良好的文案撰写及语言表达能力；

3.培养学生的创新能力和求真务实的工作态度。

思维导图

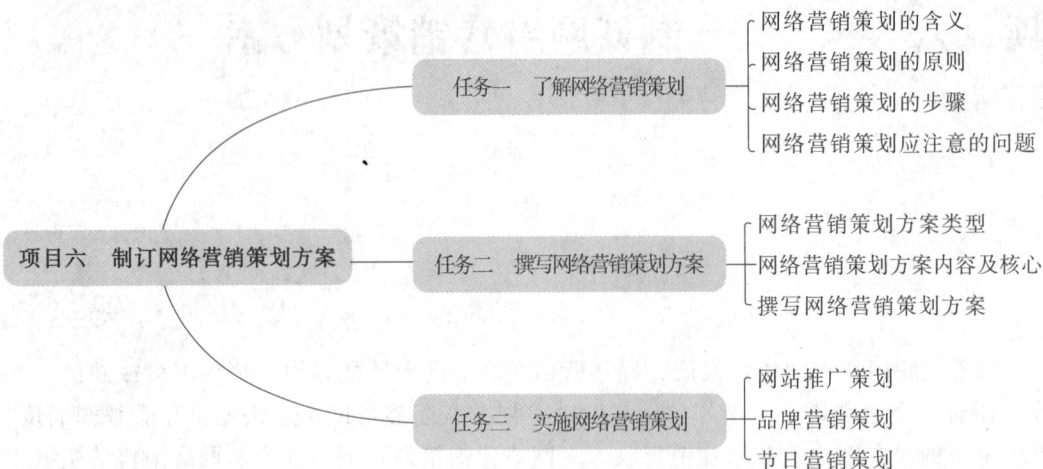

项目六 制订网络营销策划方案

- 任务一 了解网络营销策划
  - 网络营销策划的含义
  - 网络营销策划的原则
  - 网络营销策划的步骤
  - 网络营销策划应注意的问题
- 任务二 撰写网络营销策划方案
  - 网络营销策划方案类型
  - 网络营销策划方案内容及核心
  - 撰写网络营销策划方案
- 任务三 实施网络营销策划
  - 网站推广策划
  - 品牌营销策划
  - 节日营销策划

任务一　　了解网络营销策划

任务描述

当今社会，互联网发展迅速，在新的经济环境之下，很多企业都在寻求新的发展方向，营销策划对于任何一家企业的发展来说都至关重要，营销策划就像是一本成功说明书，给企业指明发展的路径和方向。常言道"谋而后动"，做事情应先订好计划然后行动。对于企业来说，制订合理的计划，然后进行细分，一步步完成是企业发展的前提。同样，企业要想在营销活动中获得良好的营销效果，首先就需要根据企业的营销目标制订一份比较系统的网络营销策划方案。

知识准备

一、网络营销策划的含义

网络营销策划是指在特定的网络营销环境和条件下为达到一定的营销目标而制订综合性的、具体的网络营销方案及活动计划。或者说网络营销策划就是为了达成特定的网络营销目标而进行的策略思考和方案规划的过程。

（一）网络营销策划分类

网络营销策划是一个大概念，它其实需要分解成很多模块和内容。一般来说，网络营销策划可分为网络营销盈利模式策划、网络营销项目策划、网络营销平台策划、网络推广策划、网络营销运营系统策划五种类型，本书中网络营销策划主要特指网络推广策划。

1.网络营销盈利模式策划：主要解决通过什么途径来赚钱的问题。

2.网络营销项目策划：这个加上盈利模式策划就相当于是一份商业计划书，主要解决我们是谁，我们做什么，我们的核心优势，我们靠什么赚钱，我们的目标是什么，我们应该怎样实现目标等一些宏观层面的问题。同时需要将具体的行动编制成甘特图，也就是行进路线和进度控制。

3.网络营销平台策划：即策划建设网站，是自行建设还是借助第三方平台来做，需要与网站营销盈利模式相匹配。具体来说，可以从结构逻辑、视觉、功能、内容、技术等方面对网站进行规划。

4.网络推广策划：主要解决网站如何推广，品牌产品如何推广，怎么吸引目标客户，通过什么手段来传播推广，有什么具体的操作细节和技巧，怎么去执行等问题。

5.网络营销运营系统策划：从系统上说，网络营销策划主要包括上述几个模块，而在具体网络营销运营过程中，我们要动态平衡，专题策划。比如，某网站的销售力差、转化率低，那就形成以转化率为核心的网站销售力策划，但是这其实已经被包含在网站平台策划中了。而网络推广策划中就可以形成单一传播形式的策划，如软文策划、网络广告策划、SEO策划、论坛推广策划，也可形成以主题为核心的阶段性整合传播策划，将各种网络传播管道集中利用。另外，在网络营销运营过程中，数据分析是一个非常重要的模块，可理解为"为了达成提升公司网络营销效率的目标，而进行网络营销数据统计、分析、比对、解构和总结"的网络营销数据分析策划。

（二）网络营销策划分层

网络营销策划大致可分为三层：信息应用层、战术营销层、战略营销层，具体包括如下内容：

1.信息应用层。

这是最简单、最基本的一层。在这个层次上，企业主要通过Internet发布信息，并充分利用网络优势，与外界进行双向沟通。在这个应用层中，不需要企业对信息技术有太高的要求，只需要最基本的使用。比如：通过发E-mail与消费者进行沟通、交流，定期给客户发各种产品信息邮件、产品推荐邮件、电子刊物等，加强与顾客的联系；建立企业主页，将一些有关企业及其产品、服务的介绍放在上面，辅以精美的图文，供访问者浏览；通过专用数据专线上网。

2.战术营销层。

（1）网络营销调研。企业利用Internet在线调研可以轻松地完成大量复杂的调研工作，能够充分满足各种统计数据的要求，提高营销调研的质量。

（2）网上销售。这是网络营销最具诱惑力的地方之一。数以千计的企业在网上安营扎寨，销售产品种类繁多。而实际中，这个企业也许仅仅就是一台电脑，没有厂房，没有员工，没有办公大楼。他们是网上的"虚拟巨商"，却又是如此的真实。网上销售与传统的商业销售的实物流程相分离，是一种信息时代的营销手段。

（3）营销战术系统。主要包括一些用于管理库存的子系统，用于宣传产品、链接网站的子系统及用于答复用户意见、反馈信息的子系统。决策者们利用网上的这一系统分析工具，进行着各种各样的决策活动。

3.战略营销层。

这个层次建立在战术营销层基础上，将整个企业营销组织、营销计划、营销理念等完全融入网络，依靠网络制定方针，开展战略部署，实现战略转移，缔结战略同盟等战略决策。

二、网络营销策划的原则

（一）系统性原则

网络营销是以网络为工具的系统性的企业经营流动，它是在网络环境下对市场营销的信息流、商流、制造流、物流、资金流和服务流进行治理的。

（二）立异性原则

网络为顾客对不同企业的产品和服务所带来的效用和价值进行比较带来了极大的便利。在个性化消费需求日益显著的网络营销环境中，通过立异，创造与顾客的个性化需求相适应的产品特色和服务特色，是提高产品或服务带来效用和价值的关键。

（三）操纵性原则

网络营销策划的第一个结果是形成网络营销策划方案。网络营销策划方案必须具有可操纵性，否则毫无价值可言。这种可操纵性，表现为在网络营销策划方案中，策划者根据企业网络营销的目标和环境前提，就企业在未来的网络营销活动中做什么、何时做、何地做、何人做、如何做等题目进行了周密的部署、具体的阐述和详细的安排。

（四）经济性原则

网络营销策划必须以经济效益为核心。网络营销策划不仅本身消耗一定的资源，而且通过网络营销策划方案的实施，还会改变企业经营资源的配置状态和利用效率。网络营销策划的经济效益，是策划所带来的经济收益与策划和方案实施成本之间的比率。

（五）创新性原则

创新，在于一种价值提升的创意。现在的网络营销环境更是一个创意大爆发的时代，没有创意，企业在这个网络环境下就无法得到良性的发展，甚至无法生存。

三、网络营销策划的步骤

通过营销定位明确营销目标、明确目标用户、明确目标用户的特征、明确目标用户集中的平台、针对用户特点展示产品亮点。

（一）明确网络营销策划的目的

策划是为了实现营销目标的计划，首先，策划者应明确网络营销策划的目的，明确营销目标和方向，并且按照这个目标设计出具体明确的行动方案。明确网络营销策划目的是对网络营销目标的一个总体描述。每个企业做网络营销推广时，都有不同阶段的目的，例如：有的企业为了提升品牌形象而进行营销策划活动；有的是为了提高企业订单率做精准的推广；有的为了回馈老客户做营销活动宣传。每个企业的出发点不同，目的不同，那么制订的推广方案也不一样。所以在做网络营销策划方案之前，一定需要明确你的营销策划目的是什么。网络营销方案的制订将以网络营销目标为指导，还应详细说明达到这些目标的时间期限。

（二）信息收集和分析

信息是网络营销策划的基础，收集高质量、有价值的信息，如竞争对手的网络营销现状、潜在消费者群的特征习惯，并进行整理分析是网络营销策划成功的依据。因此，在网络营销策划过程中应该把信息情报放在首要位置，做好信息收集、分析及反馈的工作。这样，才能正确评估完成企业营销目标的可能性和现实性，并制订有效的网络营销策划方案。

（三）制订并推出网络营销策划方案

事实上，制订网络营销策划方案贯穿网络营销策划的全过程，当企业提出营销目标及面临的问题后，营销者心中就开始形成各种方法和策略，然后通过信息收集、分析，对网络营销策划方案进行实时调整和修正。

（四）网络营销策划方案实施及效果测评

网络营销策划方案推出后一定要贯彻到位，并在方案实施后，运用特定的标准及方法对其效果进行检测和评估。适时充实或调整策划方案可以不断完善企业的网络营销活动，以达到最佳效果。

四、网络营销策划应注意的问题

（一）关注客户需求

网络营销策划服务的基本出发点是为了满足顾客需求，企业站点设计的共同特点之一就是便于顾客使用，这使顾客能够直接向企业反馈信息。顾客们能告诉企业某种产品是适应市场需求的，或他们要求产品做哪些具体的改进等。很多企业发现顾客直接反馈系统能激发工作人员最好的创意，促使产品质量提高。供应商、零售商、顾客应是整个营销过程的重要参与角色，由此可形成一个互动的系统。

（二）循序渐进

应将每一种服务和产品的营销都视为一个多步骤、循序渐进的过程，而不是一蹴而就的事。这要求每天都要对站点进行不断的改进，比如更换图形、修补破损的链接，改正拼写错误等。从这些小事做起，使站点精益求精。由此，顾客也会赞赏企业所做的这些持续的努力。

（三）密切注意变化

企业设立站点的最初的一个原因就是要减少电话服务。但顾客仍然可能会打电话，就一个技术细节或比较棘手的问题咨询技术服务部门。顾客经过吸取网站的信息，对服务的要求与以前相比已变得大不相同了——他们对产品的知识基础、信息需求的水平都大大提高了。企业要适应各种需求的增长，无疑也应不断地积累、增长自身的知识。

（四）灵活性

网络媒体允许企业不断地完善和扩展它的内容，可以一步一步地扩展，而不必也不可能一下子就尽善尽美，有很大的灵活性。

（五）应急支持计划

应将开发、运送、培训的部门都纳入网络顾客服务支持小组。如果他们都不知道网络服务是怎样运用的，就无法通过网络工具帮助顾客。同时还要考虑到某种灾难性事件发生的可能性：如果每天有 10 000 个顾客要利用站点获得帮助，可是有一天系统突然出现故障，这就需要所有企业都要保证有一个应急的支持系统，支持在线数据库分析系统或其他解决问题的方法。

（六）做先知

随着科学技术的发展、网民数量的激增，网络在人们的日常生活中扮演着越来越重要的角色；同时，网络营销推广也凭借其诸多优点正在逐渐成为最重要、最有效的营销推广方式。随着网络影响的进一步扩大，人们对于网络营销理解的进一步加深，以及越来越多网络营销推广成功案例的出现，人们已经开始意识到网络营销的诸多优点并越来越多地通过网络进行营销推广。

（七）经验

1.活动和节日营销往往效果奇佳。活动和节日不仅大家都有空，而且极其乐于去接受别人的引导。在活动和节日中，受众对你的排斥性往往大幅度降低。因此，不要忽视活动和节日推广的黄金日期，并利用其帮助企业完成品牌的推广和营销活动。

2.眼球效应，引起受众兴趣。企业让产品的推广能够抓住受众的眼球，这样有两大好处，第一就是有口碑，第二就有流量。这一点非常重要。一个聪明的网络营销者往往会花精力去策划，去制造眼球效应。比如写软文，一篇精彩的软文或者策划能够带来多少点击，为活动页面带来多少流量，企业都要花精力去注意，软文更倾向于企业品牌形象的塑造，而不是直接针对产品销售。

3.咨询式营销。每位销售人员都希望能与顾客建立长久的合作关系，咨询式销售可能是一种更为适合的方法。这种销售方法注重了解客户的需求和利益，通过提供定制化的建议和解决方案，帮助顾客实现他们的目标，并在销售过程中提供价值。这种方式不仅仅是推销产品或服务，更是试图了解潜在客户的情况、需求和痛点，以便提供量身定制的解决方案来满足他们的需求。

4.推广策划与网络热点结合。所谓与网络热点结合，就是站在巨人的肩膀上。网络热点的魅力在于可以迅速地让你的推广具备潮流感，快速吸引受众的眼球，并可以达到传播和分享的目的。关注热点的人多了，就会有人关注与热点结合的品牌和企业。

5.想办法让别人主动找你。你要想办法让别人找你，无论是推广任何东西。别人主动找你和你去找别人效果不一样，别人主动找你往往你就更具优势，订单成功率更高。要让别人主动找你，那就要展示自己与众不同的特色的地方，让别人产生信赖从而去找你。

思维拓展

创新思维

亚默尔是一名犹太人，就职于一家水果店，因工作认真且勤奋，很快就被提拔为店长。水果店非常多，为了"干掉"竞争对手，亚默尔策划了多场营销活动，使店铺逐渐成为当地的热门店铺。一天，仓库失火，有20箱香蕉被烤得皮上生了许多小黑点。亚默尔最初对这批香蕉进行了打折，但营销的结果不理想。后来他想了一个办法，把这些香蕉做成烤香蕉，最终赚了一笔钱。

在商业竞争日益激烈的社会中，创新思维成为企业成功的关键。犹太人仅仅是通过简单的改造，将水果变得更加美观，就使得其销售量得到了极大提升。这个故事给我们展示了一种创新思维，让我们学会用更加开放的眼界和更加灵活的思维去看待问题，发现问题，以及解决问题。

任务实施

步骤一：分组复习所学知识点。

全班5~6人为一组，设1名组长，由组长带领本组同学对"网络营销策划"的知识点进行复习。

步骤二：知识掌握情况检验，以小组为单位研究在网络营销策划方案设计过程中的基本步骤。

1.网络营销策划方案设计内容。

网络营销策划方案首先应明确策划的出发点和依据，即明确企业的网络营销目标，以及在特定的网络营销环境下企业所面临的优势、劣势、机会和威胁（即SWOT分析）。其次在确定策划的出发点和依据的基础上，对网络市场进行细分，选择网络营销的目标市场，进行网络营销定位。最后对各种具体的网络营销策略进行设计和集成。

2.明确组织任务和愿景。

网络营销策划方案，要明确或界定企业的任务和愿景。任务和愿景对企业的决策行为和经营活动起着鼓舞和指导作用。企业的任务是企业所特有的，也包括企业的总体目标、经营范围以及关于未来管理行动的总的指导方针。它通常以任务报告书的形式被确定下来。

3.确定组织的网络营销目标。

任务和远景界定了企业的基本目标，而网络营销目标和计划的制订将以这些基本目标为指导。表述合理的企业网络营销目标，应当对具体的营销目的进行陈述，如"利润比上年增长10%""品牌知名度达到前30"等等。网络营销目标还应详细说明达到这些成就的时间期限。

4.进行SWOT分析。

SWOT分析即评估企业内部环境的优势（Strengths）与劣势（Weaknesses），评估企业外部环境的机会（Opportunities）与威胁（Threats）。作为一种战略策划工具，SWOT分析有助于以批评的眼光审时度势，正确评估公司完成其基本任务的可能性和现实性，而且有助于正确地设置网络营销目标并制订旨在充分利用网络营销机会、实现这些目标的网络营销计划（如图6-1所示）。

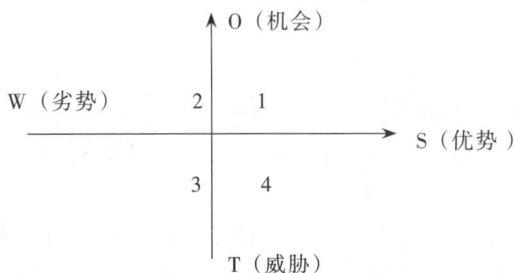

图6-1 SWOT分析象限图

（1）优势（S）：优势分析主要是分析本企业或产品在成本、营销手段、品牌影响力及产品本身等方面有什么长处和竞争点。

（2）劣势（W）：劣势分析主要是分析企业或产品本身有哪些弱势的地方，竞争对手是否避免了这点，以及他们做得好的原因。还要分析受众反馈的不足之处，总结自己失败的原因，因为有些问题可能是企业自身难以注意到的。

（3）机会（O）：机会分析主要是分析企业内部所规划的机会在哪里，短期目标如何实现，中期目标如何实现，长期目标要依靠什么；分析企业外部有什么发展机会，包括人们观点的变革、产品的更新换代、新的营销手段的出现、销售渠道的拓宽等是否能为网络营销策划提供机会。

（4）威胁（T）：威胁分析主要是分析哪些因素不利于企业的发展或产品的营销，这些因素包括最新的行业发展、国家政策、经济形势以及来自竞争对手的威胁，然后分析这些不利因素是否出现，如果出现则寻求规避方法。

第一象限对应SO战略，表明企业所处的外部环境机会多、威胁少，同时企业在市场中也具有较强的竞争优势，此时企业应该采取积极主动的营销策略，如集中资金与人员重点拓展某项业务或扩展产品线，加大营销策划的投入等。

第二象限对应WO战略，表明企业所处的外部环境中的机会多于威胁，但企业在市场竞争中不具备竞争优势，此时企业应该采取相对保守的营销策略，如与其他企业合作进行营销推广，规避自身弱点，将劣势转化为优势。

第三象限对应WT战略，表明企业所处的外部环境和内部环境都较为恶劣，此时企业应该暂时退出市场，保持观望状态。

第四象限对应ST战略，表明企业所处的外部环境较恶劣，但在市场竞争中处于优势地位，此时企业应该采取分散战略，如通过多元化经营战略来分散风险，或与其他企业合作来增强抗风险的能力。

5.网络营销定位。

为了更好地满足网上消费者的需求，增加企业在网上市场的竞争优势和获利机会，从事网络营销的企业必须做好网络营销定位。网络营销定位是网络营销策划的战略制高点，营销定位失误，必然全盘皆输。只有抓准定位才有利于网络营销总体战略的制定。

6.网络营销平台的设计。

这里所说的平台，是指由人、设备、程序和活动规则的相互作用形成的能够完成的一定功能的系统。完整的网络营销活动需要五种基本的平台：信息平台、制造平台、交易平台、物流平台和服务平台。

7.网络营销组合策略。

这是网络营销策划中的主体部分，它包括网上产品策略的设计、网上价格策略的设计、网上价格渠道的设计、网上促销策略的设计以及开展网络公共关系。

8.方案实施，效果测评。

方案一经确定，就应全面贯彻实施，不得任意更改。好的方案要有强有力的行动来落实，否则会由于贯彻不到位而前功尽弃。另外，任何方案在实施过程中都可能与现实情况不相适应，因此，方案贯彻的情况必须不断向决策者进行反馈，决策者也应根据反馈的情况及时对方案不足之处进行调整。这就需要在方案实施后，运用特定的标准及方法对其效果进行检测和评估。通过实施效果的检测和评估，适时充实策划方案或调整策略，使策划活动逐步完善，进入良性运转的状态。

任务测评

一、单项选择题

1.在网络营销策划分层中，（　　　）层次上，企业主要通过Internet来发布信息，并充分利用网络优势，与外界进行双向沟通。

    A.信息应用层   B.战术营销层   C.战略营销层

    2.网络营销策划必须以经济效益为核心。网络营销策划不仅本身消耗一定的资源，而且通过网络营销策划方案的实施，改变企业经营资源的配置状态和利用效率。这里体现的是网络营销策划的（   ）。

    A.系统性原则   B.操纵性原则

    C.经济性原则   D.创新性原则

二、多项选择题

    1.网络营销策划可分为（   ）。

    A.网络营销盈利模式策划   B.网络营销项目策划

    C.网络营销平台策划   D.网络推广策划

    E.网络营销运营系统策划

    2.网络营销策划战术营销层中包括（   ）。

    A.网络营销调研   B.网上销售

    C.营销战术系统   D.营销理念

三、简答题

    1.网络营销策划的原则是什么？

    2.网络营销策划步骤包括哪些？

任务二　撰写网络营销策划方案

任务描述

随着科技的不断进步，手机已经成为我们日常生活不可或缺的一部分。时代在发展，消费者对手机的需求也在不断变化。例如，以前人们关注手机的通话功能，而现在人们更注重手机的娱乐和社交功能。手机的性能不断提升，功能也不断增加，新款手机的推出速度越来越快，各个品牌的手机不断推陈出新，价格也越来越亲民，消费者更换手机的频率也不断提升。

面对激烈的手机市场竞争，某手机品牌公司想通过网络营销的方式推广其产品，你作为公司网络营销专员，如何针对企业的产品做出一份手机推广的网络营销策划方案呢？

知识准备

一、网络营销策划方案类型

网络营销策划方案是指具有电子商务网络营销的专业知识，可以为传统企业或网络企业提供网络营销项目策划咨询、网络营销策略方法、电子商务实施步骤等服务建议和方案，或代为施行以求达到预期目的的人进行网络商务活动的计划书。

网络营销目标与传统营销目标相同，即确定开展网络营销后达到的预期目的，以及制定相应步骤，组织有关部门和人员参与。在制订网络营销方案时，必须考虑到与企业的经营战略目标是否一致，与企业的经营方针是否吻合，与现有的营销策略是否产生冲突。这就要求在制订方案时必须有企业战略决策层、策略管理层和业务操作层的相关人员参与讨论。一般来说，网络营销策划方案有如下几种类型：

（一）销售型

销售型网络营销目标是指为企业拓宽网络销售渠道，借助网上的交互性、直接性、实时性和全球性为顾客提供方便快捷的网上销售服务。许多传统的零售店都在网上设立销售点，如北京图书大厦的网上销售站点。

（二）服务型

服务型网络营销目标主要是为顾客提供网上联机服务。顾客通过网上服务人员可以远距离进行咨询和售后服务。大部分信息技术型公司都建立了此类站点。

（三）品牌型

品牌型网络营销目标主要在网上建立企业的品牌形象，加强与顾客的直接联系和沟通，增加顾客的品牌忠诚度，配合企业现行营销目标的实现，并为企业的后续发展打下基础。大部分企业站点属于此类型。

（四）提升型

提升型网络营销目标主要通过网络营销替代传统营销手段，全面降低营销费用，提高营销效率，优化营销管理和提高企业竞争力。如戴尔、海尔等站点属于此类型。

（五）混合型

混合型网络营销目标力图同时达到上述目标中的若干种。如亚马逊通过设立网上书店作为其主要销售业务站点，同时创立世界著名的网站品牌，并利用新型营销方式提升企业竞争力。它既是销售型，又是品牌型，同时还属于提升型。

二、网络营销策划方案内容及核心

（一）网络营销策划方案内容

1. 对企业网络营销现状进行分析和总结，以确定企业网络营销过程中存在的问题。

2. 了解企业的投入和期望回报，确认网络营销的目标。

3. 分析企业的竞争对手，以实施行之有效的竞争策略。分析竞争对手的网站，包括网站功能、网站界面、网站内容、用户体验、业务流程等，得出其竞争优势以及不足。企业在实施网络营销的过程中就应该扬长避短。

4. 分析企业的网站，总结网站的优势和劣势。分析企业网站主要包括网站功能、网站界面、网站内容、用户体验、业务流程等方面的内容。

5. 制定网络营销战略步骤、实施流程、具体操作，让网络营销实施有序。

6. 对网站不足的地方进行优化。包括用户界面的优化、业务流程的优化、功能优化、搜索引擎优化。用户界面优化跟功能优化的目的是有更好的用户体验，业务流程优化的目的是简化用户的操作，搜索引擎优化的目的是让企业在搜索引擎中获得好的排名。

7. 网站运营，让网站健康发展。网站运营的主要工作包括网站日常维护、网站流量分析、网站故障的排除等。网站运营的目标是为企业网络营销提供一个安全、稳定、方便的平台。

8. 网站推广，让更多的潜在客户访问网站。网站推广的主要工作包括搜索引擎竞价排名的实施、网络广告的投放、企业黄页推广、门户网站推广、软文推广、Blog推广、E-mail推广等。

9.对网络营销实施进行跟踪和营销效果的评估。分析企业的广告投放效果、网站推广效果，分析网站客户，发掘新需求。

10.指导和培训企业员工。从实际出发，对企业员工进行网络营销专业培训，以提高员工的工作效率。

（二）网络营销方案核心

目前最广泛的网络营销方案包括企业网站建设、品牌网络广告投放、搜索引擎优化、B2C、B2B、电子邮件、论坛推广、网络活动、网络媒体投放等，同时在微博营销、网络事件营销、网络整合营销、视频营销等策略上也有显著的进展。网络营销方案扩展示意图如图6-2所示。

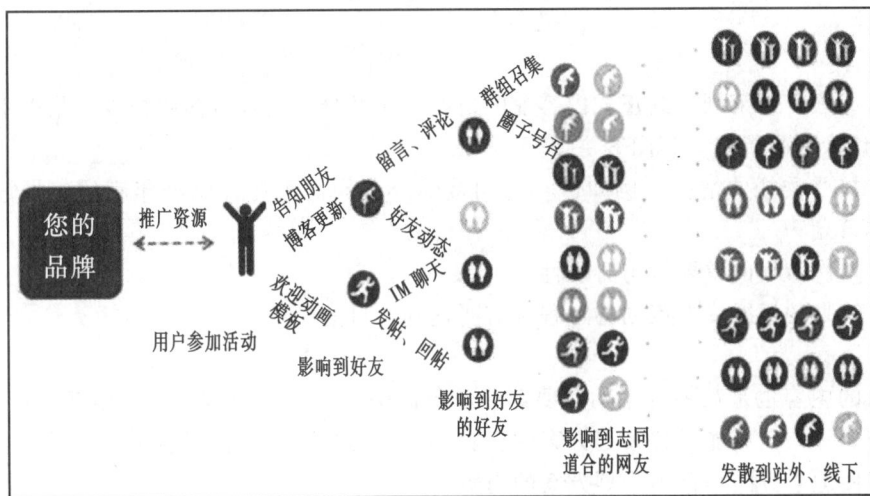

图6-2 网络营销方案扩展图

1.战略整体规划：包括市场分析、竞争分析、受众分析、品牌与产品分析、独特销售主张提炼、创意策略制定、整体运营步骤规划以及投入和预期设定。

2.营销型网站：包括网站结构、视觉风格、网站栏目、页面布局、网站功能、关键字策划、网站SEO以及设计与开发。

3.传播内容规划：包括品牌形象文案策划、产品销售概念策划、产品销售文案策划、招商文案策划、产品口碑文案策划、新闻资讯内容策划以及各种广告文字策划。

4.整合传播推广：包括SEO排名优化、博客营销、微博营销、论坛营销、知识营销、口碑营销、新闻软文营销、视频营销、事件营销、公关活动等传播方式。

5.数据监控运营：包括网站排名监控、传播数据分析、网站访问数量统计分析、访问人群分析、咨询统计分析、网页浏览深度统计分析以及热门关键字访问统计分析。

三、撰写网络营销策划方案

网络营销策划方案一般没有固定的格式，需要根据营销策划活动的内容与编制要求进行具体设置。但策划书的构成与策划过程的顺序应该是一致的。一般来说，企业的网络营销策划方案大致包括如下几个部分。

（一）网络营销策划方案结构

1.封面。

一般来说，网络营销策划方案的封面应提供以下几方面的信息：

（1）网络营销策划方案的名称：这也是网络营销策划方案的主题，如《××品牌节日营销策划方案》。

（2）客户名称：如果是接受客户委托的策划项目，一般还要在封面标注《××公司××网络营销策划方案（书）》。

（3）策划机构或策划人的名称：如果策划人属于组织机构，一般要用全称，至于策划小组成员和主要分工是否标出来，要根据具体情况而定。

（4）策划完成日期及适用时间段：策划完成的日期应该按完整规范的格式标注，如"2023年4月23日"；适用的起止时间也要写清楚，如"2023年3月1日至2023年5月31日"。

2.前言。

前言或序言是策划方案正式内容前的情况说明部分，内容应简明扼要，最多不要超过500字，让人一目了然。其内容主要是：

（1）接受委托的情况，例如，××公司接受××公司的委托，就××年度的广告宣传计划进行具体策划；

（2）本次策划的重要性与必要性。

（3）策划的概况，即策划的过程及需要达到的目的。

3.目录。

目录的内容也是策划方案的重要部分。封面引人注目，前言使人开始感兴趣，那么，目录就需要让人读后能了解策划方案的全貌。目录具有与标题相同的作用，同时也应使阅读者能方便地查寻网络营销策划方案的内容。

4.摘要。

阅读者应能够通过摘要大致理解策划内容的要点。摘要的撰写同样要求简明扼要，篇幅不能过长，一般控制在一页纸内。另外，摘要不是简单地把策划内容予以列举，而是要单独成一个系统，因此其遣词造句等都要仔细斟酌，要起到窥一斑而见全豹的效果。

5.正文。

正文是网络营销策划方案中最重要的部分，具体包括以下几方面内容。

（1）营销策划的目的。营销策划目的部分主要是对本次营销策划所要实现的目标进行全面描述，它是本次营销策划活动的原因和动力。

（2）市场状况分析

①宏观环境分析。着重对与本次营销活动相关的宏观环境进行分析，包括政治、经济、文化、法律、科技等。

②产品分析。主要分析本产品的优势、劣势，在同类产品中的竞争力，在消费者心目中的地位，在市场上的销售力等。

③竞争者分析。分析本企业主要竞争者的有关情况，包括竞争产品的优势、劣势，竞争产品营销状况，竞争企业整体情况等。

以上市场状况的分析是在市场调研取得第一手资料的基础上进行的。

（3）市场机会与问题分析。营销策划方案是对市场机会的把握和策略的运用，因此分析市场机会就成了营销策划的关键。只要找准了市场机会，策划就成功了一半。

① 营销现状分析。对企业产品的现行营销状况进行具体分析，找出营销中存在的具体问题点，并深入分析其原因。

② 市场机会分析。根据前面提出的问题，分析企业及产品在市场中的机会点，为营销策划方案的出台做准备。

（4）确定具体营销方案。针对营销中问题点和机会点的分析，提出达到营销目标的具体行销方案。行销方案主要由市场定位和4P's组合两部分组成，具体体现两个主要问题：

① 本产品的市场定位是什么？

② 本产品的4P's组合具体是怎样的？具体的产品方案、价格方案、分销方案和促销方案是怎样的？

6.预算。

预算部分记载的是整个营销策划方案推进过程中的费用投入，包括营销过程中的总费用、阶段费用、项目费用等，科学合理的预算原则是以较少投入获得最优效果。用列表的形式标出营销费用的方法也是经常被运用的，其优点是醒目易读。

7.进度表。

进度表把策划活动起止全部过程拟成时间表，将具体到何日何时要做什么都标注清楚，作为策划进行过程中的控制与检查。进度表应尽量简化，在一张纸上拟出。

8.人员分配及场地。

人员分配及场地内容应说明具体营销策划活动中各个人员负责的具体事项及所需物品和场地的落实情况。

9.结束语。

结束语在整个策划书中主要起到与前言的呼应作用，使策划书有一个圆满的结束，不致使人感到太突然。

10.附录。

附录的作用在于提供策划客观性的证明。因此，凡是有助于阅读者对策划内容理解、信任的资料都可以考虑列入附录。附录的另一种形式是提供原始资料，如消费者问卷的样本、座谈会原始照片等图像资料。附录也要标明顺序，以便阅读者查找。

（二）撰写技巧

要想写出一份出色的网络营销策划方案，仅仅掌握其书写结构还是不够的。细节决定成败，只有在撰写过程中注意一些细节性问题，才能使策划方案更具有实效性，主要体现在以下三个方面。

1.结构完整，层次清晰。

网络营销策划方案是综合性最强的一种营销方案。正因为如此，有些企业的策划人会觉得无从下手、没有头绪，但是对于熟悉网络营销的人来说，可以将其概括为：环境分析、战略制定、执行落实。当然，各部分所涉及的具体理论与内容还是相当丰富的。对于网络营销理论有一个整体上的把握，可以使我们的思路清晰，从而有效地开展工作。

2.主线明确，战略统领。

网络营销策划方案围绕一条主线展开分析，这也就是网络营销策划的目标。例如，企业欲推广其 App，在初期主要以提升 App 的访问量为主要目标，那么，整个网络营销策划内容要以此为核心，App 内容的目标则是便于用户使用，推广目标则是尽可能多地让用户知晓并养成使用 App 的习惯，采用的方式即通过官方渠道、免费渠道引流，或是付费渠道进行裂变的方式，以最快的速度将信息传递给用户，达到 App 营销推广的目的。

3.图表丰富，分析深入。

图表的表达方式可以使网络营销文案简明扼要，而且分析透彻，同时可以让文案的语言精练到最简化的程度。

任务实施

步骤一：分组复习所学知识点。

全班 5~6 人为一组，设 1 名组长，由组长带领本组同学对"撰写网络营销策划方案"的知识点进行复习。

步骤二：知识掌握情况检验，以小组为单位拟订一份手机网络营销策划方案。

××手机网络营销策划方案

一、前言

互联网已经越来越多地影响我们的生活，通过互联网进行宣传，成为企业营销策划方案的重中之重。虽然公司有自己的网站，在国际上算是一家知名的手机企业，但知名度却比不上老牌手机生产企业。而且其销售方式更多的是和电信运营商进行捆绑销售，这样不利于品牌的推广。因此怎样利用网络营销的方式，推广企业品牌，使之成为大众熟悉、喜爱的品牌，提升××手机的销量是我们营销的目标。

二、公司概况

××公司创立于 2000 年，位于深圳市，是一家行业领先的手机生产厂商。主要生产智能手机，拥有研发中心及数十条强大的生产线，拥有自主研发的品牌手机，并获得多项国家专利。在手机市场的市场份额中占有一席之地。

三、网络营销环境分析

（一）宏观环境分析

根据国际数据公司（IDC）近期发布的手机季度跟踪报告，2023 年第一季度，中国智能手机市场出货量约 6 544 万台，中国手机市场需求也并未出现明显的反弹，消费者仍然受到经济低迷、消费信心等因素的影响。而换机周期不断拉长，越来越多的消费者已经形成固定思维——手机已经不需要经常更换，使用 3~4 年越来越普遍。而厂商也纷纷宣传自家产品保证 48 个月不卡顿，默认换机周期的延长。另外，今年整个行业积极推广的大内存和存储组合，无疑也将进一步延长未来消费者换机周期。

（二）产品分析

作为一家以生产智能手机为主的手机生产企业。主要产品包括：

A 系列：折叠屏手机，适合预算充足的商务人士。

B 系列：顶级旗舰系列，配置最高，价格也最高。

C 系列：中高端系列，手机外观颜值高、造型时尚，主打拍照性能和美颜功能，适合年轻用户群体。

D系列：中端系列，具有一定的性价比。

E系列：中低端产品，主打千元左右的入门机型。

（三）行业竞争状况分析

根据IDC中国季度手机市场跟踪报告中市场调研信息来看，2022年中国智能手机市场的总出货量约为2.86亿部，同比下降高达13.2%并且创下了有史以来的最大降幅，同时全年出货量不足3亿部，还要追溯到10年之前。而在具体厂商分布上，vivo凭借18.6%的市场份额荣登榜首。荣耀以18.1%的市场份额紧随其后位居次席，同时也是五大主流品牌中唯一较2021年出货量有所增加的手机厂商。OPPO、苹果位列三、四位，小米则以13.7%的市场份额排名第五。而其他手机厂商总计只有16%的市场份额，其中包括因众所周知的原因被迫让出市场的华为。2022年智能手机市场进一步萎缩的主要原因是：近年来智能手机产品的整体设计、配置功能进入瓶颈期；旧款机型的使用寿命延长；各大手机厂商新品的吸引力不再。加之全球经济形势的不明朗，消费意愿降低，用户对于智能手机乃至其他电子数码类产品的消费意愿均有所下降。2023年中国前五大智能手机厂商市场份额、同比增幅见表6-1。

表6-1　　　　　　　　**2023年中国前五大智能手机厂商市场份额、同比增幅**

厂商	2023年第一季度市场份额	2022年第一季度市场份额	同比增幅
1.OPPO	19.6%	19.0%	−8.8%
2.Apple	17.6%	16.7%	−7.0%
3.vivo	17.3%	17.9%	−14.9%
4.Honor	16.0%	18.2%	−22.8%
5.Xiaomi	13.0%	14.9%	−22.9%
其他	16.5%	13.3%	10.2%
合计	100.0%	100.0%	−11.8%

资料来源：IDC中国季度手机市场跟踪报告。

（四）消费者市场和购买行为分析

库润数据发布了《2022年手机用户洞察微报告》（以下简称"报告"），报告以详细数据为基准，了解当前手机用户对国产手机品牌与进口品牌的态度。手机品牌认知度方面，国产认知度TOP3分别是华为（94.5%）、小米（87.0%）和OPPO（78.5%）；进口品牌认知度TOP3分别是苹果（87.5%）、三星（75.6%）以及诺基亚（51%）。换机品牌选择方面，华为的选择率高达40%，其次是苹果18.4%、小米11%、OPPO8.9%和vivo8.7%；总体来看，换机意向偏向于国产手机。在未来选择方面，报告数据显示，七成的消费者表示自己更倾向国产手机，而选择进口品牌的用户仅为6.4%。

1.分析目前消费者的痛点。

价格过高：随着智能手机市场的饱和，价格逐渐成为消费者的主要考虑因素之一。

电池寿命短：许多消费者对于智能手机电池寿命持续关注，希望手机能够拥有更加持久的续航表现。

安全问题：随着数字化生活的发展，个人隐私越来越需要保护，消费者对于智能手机安全性的要求也越来越高。

易用性问题：消费者对于智能手机易用性的要求越来越高，尤其是对于年龄较大或是新手用户而言。

2.对消费者需求分析。

功能需求：消费者希望拥有更多、更好的功能，如高像素相机、更流畅的性能、更强的安全性、更好的游戏体验等。

品牌需求：消费者对于品牌的认可度越来越高，品牌的影响力越来越大，很多消费者会在购买手机时考虑品牌的知名度和口碑。

外观需求：消费者对于手机外观的要求也越来越高，更注重美观、轻薄、便携等方面的体验。

价格需求：随着智能手机市场的逐渐饱和，消费者对于价格的要求也越来越高，许多消费者更注重性价比。

（五）SWOT分析

SWOT分析中，优劣势分析主要是着眼于企业自身的实力及其与竞争对手的比较，而机会和威胁分析将注意力放在外部环境的变化及对企业的可能影响上。通过SWOT分析，可以帮助企业把资源和行动聚集在自己的强项和有最多机会的地方。

优势（S）：企业拥有先进的设备和工艺专利；具有较强的创新能力；高素质的员工，高效率的团队；最大的智能手机生产商；Android系统智能手机生产商，在国内拥有良好的分销渠道；采用了全新的5G技术，可以为用户带来更快的下载速度和更加流畅的网络体验；精美的外观设计。

劣势（W）：和运营商有一定的合作，但是知名度不高；中低端智能手机领域发展不够；没有自己的销售网络，售后服务做得不到位，企业形象不甚理想。

机会（O）：互联网的高速发展，为网络营销提供了实现的平台；智能手机的迅猛发展带来更多的潜在客户。

威胁（T）：新兴的市场竞争对手多，实施低成本战略，进行成本竞争，推出超低价手机；大部分收入都依靠各个运营商的销售。

四、网络营销策划方案

（一）网络营销目标

根据以上分析，我们可以看出对于一个企业来说，创造利润是最终目标，所以销售是非常重要的。因此制定了两个目标，即销售目标和品牌推广目标。

销售目标主要是为××公司产品拓宽销售网络，借助网上的交互性、直接性、实时性和全球性为顾客提供方便快捷的网上销售点，凭借互联网形式多样的方式向消费者传递着各种有利的信息，利用网络销售成本低等特点，为企业创造利润。

品牌推广目标主要是在网上树立起自己的品牌形象，利用各种互联网上的资源，宣传××品牌的有利形象，加深消费者对公司品牌的印象，建立顾客的品牌知名度，为企业的后续发展打下扎实的基础。同时配合企业现行的销售目标，提高销售收入。

（二）网络营销战略

以市场营销的手段，以强有力的广告宣传攻势顺利拓展市场，为产品准确定位，突出产品特色，采取差异化营销策略。以产品主要消费群体为产品的营销重点，建立起点广面宽的销售渠道，不断拓宽销售区域等。我们将以网络市场为主要突破点，并不断巩固老的市场，创造新的成绩。将××公司定位成一家具有创新精神的互联网企业，而不仅仅是一家手机制造企业；产品消费群体以青年学生以及年轻的白领为主；希望将××的产品打造成时尚和个性的代名词。

（三）网络营销实施策略

在营销手法上，我们采用传统的4P营销手法，即产品（Product）、价格（Price）、渠道（Place）和促销（Promotion）。因为××公司还处于一个企业发展的上升阶段，应该以满足市场需求为主要目标，拓宽市场，提高销售量。

1.产品和价格策略。

××手机目前主要定位于中高端市场，应用一些高端的硬件配置，以使手机的性能排在同类产品的前列，因此手机的价格也就相对较高，在6 000～8 000元。但是随着工艺的提高以及技术的发展，价格也就慢慢降低。××公司根据消费者需求，开发适合低端消费者的产品，在保持质量和工艺不变的情况下降低手机的硬件配置，以拉低价格区间，价格在2 000～3 000元，能够满足不同消费群体的需要。同时××公司也正在计划推出新品智能手机。

2.渠道与促销策略。

我们主要分为网站建设和产品推广两部分。

（1）网站建设。

××公司的网站虽然简洁，但能够较好地满足用户的信息需求。通过网站，能吸引一些潜在的客户，增强网络营销的有效性，所以可以借助企业官方网站来进行营销推广。

（2）产品推广方案。

①提供免费服务：消费者购买手机后除了可以免费领取1次手机壳、免费贴膜2次之外，还可以享受免费的手机清洁保养服务，包括内存清理、全面检测、软件升级、手机清洁（不拆机）。

②E-mail策略。你可以通过给一些注册用户发送E-mail，把最近的一些动态信息通过邮件让用户了解。并通过一些实际利益让用户把邮件转发给好友，只要满足某些条件，该用户就能获得××公司提供的奖品或一些其他东西。

建立完善的客户系统，每隔一段时间向用户发送新闻邮件，随时保持和用户的联系，用户可以向公司反映一些问题，公司帮助他们解决问题。这可以与客户保持联系、建立信任。这是发展品牌和建立长期关系的最好方法之一。

③网络广告策略。网络广告是常用的网络营销方法之一。主要价值表现在品牌形象、产品促销等方面。

网幅广告：网幅广告是网络广告的最主要也是最基本的形式之一。××公司可以在一些导航网站，门户网站上发布标志广告，通过发布一些促销信息、最近产品信息等吸引用户点击，增加产品的知名度，吸引潜在用户。

关键词广告：关键词广告的载体是搜索引擎，目前主要有百度的竞价排名。我们可以在百度购买关键词。通过关键词广告，如××品牌、××手机等，可以自由控制广告的预算，降低制作成本，提高投放效率，可以吸引潜在用户直达任何一个期望的目的网页，广告的效果便于统计。

④交互链接。建立网络联盟或网上伙伴关系，就是将企业自己的网站与他人的网站关

联起来，以吸引更多的网络顾客。××可以和网易、新浪等门户式网站结成合作伙伴联盟，相互提供网站链接地址，也可以采用站内搜索的方式，相互提供搜索内容。

3.客户关系管理策略。

（1）建立消费者个人信息数据库

为用户建立起完善的个人信息数据库系统，以便随时了解用户的动态信息和用户的诉求。一个完整有效的个人数据库对企业来说至关重要。你可以把公司的最新产品信息传递给用户，以引发用户的好奇心，并去消费这个产品。

（2）定期与顾客保持联系

你可以通过电话或邮件随时和客户保持联系，增加互动。询问他们对现有产品的使用感受、优缺点等，以及心目中理想产品的要求，让自己更加了解消费者。

五、方案实施计划

（一）具体行动方案

根据以上网络营销策略，我们推出了一个具体的线上活动方案，主要是在企业的官方微博中发布新产品的信息，以此宣传企业品牌和新产品，主要针对的是大学生群体和刚参加工作的职场人。之所以选择他们，主要是因为这类人群是微博的主要用户群体，他们思想前卫追求时尚，同时他们对价格的敏感度较高。具体方案如下：

1.活动主题。

"新品发布，乐享生活"

2.活动时间。

从××年××月××日开始到××年××月××日截止。

3.线上活动内容。

活动参与形式：本次主要采用微博活动，点击"关注"并"转发"一条带有"活动规则""活动奖品""抽奖时间"的微博并@微博抽奖平台，均有机会参加抽奖，100%的中奖机会。网页端和移动端都可以参与活动参加抽奖。

宣传方式：同时在各大网站上发布网络广告；和合作网站合作，使他们配合此次活动。让这次活动得到大范围的传播，使更多人参加。

奖品设置：

奖项	奖品	名额
一等奖	××手机（价值在5 000元左右）	2名
二等奖	××手机（价值在4 000元左右）	5名
三等奖	××手机（价值在3 000元左右）	10名
优秀奖	××网站荣誉会员（价值在100元左右）	参加活动的所有人

（二）策划方案各项费用预算及效果

本次线上活动的具体预算及效果如下：

1.网上活动费用、网络广告费用及其他支出（包括奖品费用，人员支出等），预计为××万元。

2.本次活动预计会有××人参加，从而达到提升品牌知名度的目的。

3.利用口碑效应，使这次活动从线上传到线下，提升线下的销售量。

4.通过线上活动，可以得到大量的用户信息，构建更加完整的数据库，可以将其发展为潜在消费者。

（三）方案调整

市场是变化的，消费者的需求和消费行为是变化的，所以网络营销方案也需要根据变动以应对突发情况，如：

1. 可以根据用户的参与度调整预算，适当地增加或者减少。

2. 根据参与人数的多少，可以适当地增加或减少奖品。

3. 可以根据活动的影响，适当地调整方案，增加后继的活动以保持持续的影响。

任务测评

一、单项选择题

1. 市场分析、竞争分析、受众分析、品牌与产品分析、独特销售主张提炼、创意策略制定、整体运营步骤规划、投入和预期设定等内容是针对（　　）展开的。

A. 战略整体规划　　　　　　　　　　B. 营销型网站

C. 营销战术系统　　　　　　　　　　D. 营销理念

2. 为企业拓宽网络销售，借助网上的交互性、直接性、实时性和全球性为顾客提供方便快捷的网上销售点，属于（　　）网络营销目标。

A. 销售型　　　　　　　　　　　　　B. 服务型

C. 品牌型　　　　　　　　　　　　　D. 提升型

E. 混合型

二、多项选择题

1. 网络营销方案核心内容包括（　　）。

A. 战略整体规划　　　　　　　　　　B. 营销型网站

C. 传播内容规划　　　　　　　　　　D. 整合传播推广

E. 数据监控运营

2. 整合传播推广包括（　　）。

A. SEO 排名优化　　　　　　　　　　B. 博客营销

C. 品牌形象文案策划　　　　　　　　D. 知识营销

E. 事件营销

三、简答题

1. 网络营销方案内容包括哪些？

2. 网络营销策划方案结构包括哪些？

任务三　　　　　　　　　　实施网络营销策划

任务描述

某公司是一家集设计、制造、销售、服务于一体的综合性饰品制造企业，其主要针对女性消费市场，公司的某品牌饰品款式、设计风格主要面向追求时尚潮流、浪漫、优雅和富有青春气息的现代饰品时尚爱好者，同时产品也具有简约实用、款式新颖、物美价廉的特点。企业需要建立一个网站来展示企业的形象和产品特点，在满足网站基本功能的需求之外更偏向于网站的设计，烘托出企业品牌的良好形象，同时强调品牌特色和服务，注重网站中用户的体验度，让用户产生好感，进而提升用户对网站的黏性。

作为公司的网络营销人员，制订网站的推广计划由你来负责。面对这样的一个任务，应该如何开展网站建设及推广工作呢？

知识准备

一、网站推广策划

（一）网站推广常用方法

网站推广是企业电子商务发展的客观需要，是提高网站客户量、访问量、交易量的重要途径，也是企业营销活动的重要组成部分。企业网站是企业与顾客之间信息沟通的主要通道，也是企业开展网络营销必不可少的前提条件。建立一个独立的网站，拥有以公司名称或商标命名的域名，并将公司的简介、产品信息、销售及售后服务等信息发布在网站中，以供用户访问。网站推广是网站建设之后最重要的一个环节，也是能让更多的人访问网站的最重要的影响因素，网站的推广策划得好就能很好地提升企业知名度，并能让网站最大限度发挥作用，以使网站真正成为企业运营的得力工具。因此一个网站如果没有被很好地推广应用，也发挥不了它的作用。网站推广就是以互联网为基础，借助平台和网络媒体的交互性来辅助营销目标实现的一种营销方式。

网站推广是一个持久性的工作，而且由于每个网站所属行业都有所不同，所以网站推广所采取的方式也是不一样的，但其最终目的都是让用户在搜索引擎中可以找到网站。每个网站的建设过程都可分为：网站策划期、网站建立初期、网站增长期和网站稳定期四个阶段，在不同阶段的推广方式也不同。

1.网站策划期。

在网站策划期，这个阶段要制订一个行之有效的网站总体策划方案，包括从网站的结构、功能、服务、内容和推广等方面进行客户分析和精细化方案制订；网站的开发设计流程及其管理控制，同时要时刻关注网站优化设计目标的贯彻实施情况；网站测试和发布准备工作。特别是针对搜索引擎的优化工作，在网站设计阶段就应考虑到推广的实际需要、会面临的各种问题，然后做出必要的优化设计，只有提前做好各项准备，才能便于网站推广效果最大化。

2.网站建立初期。

到了网站发展初期，可以根据策划方案推进常规网站推广方法的实施，包括外部链接建设、网站内容高质量有规律更新，目的是尽快提升网站访问量，获得尽可能多的用户访问和了解。可以将网站登录到国内各大搜索引擎和分类目录上，为下一步利用搜索引擎做推广、利用网址目录和分类目录扩大网站宣传推广做准备，可以和同行合作伙伴建立友链，进行相互推广曝光，增加网站排名权重，达到合作共赢。另外，可以和有一定影响力的媒体和行业相关网站合作，投放、发布一些带有营销指向性的广告软文，增加网站的曝光率，有效提升企业品牌和产品宣传力度，获取更高的网站排名和更多的网站流量。

3.网站增长期。

当网站经历了发展初期，有了一定的流量之后，我们就需要想办法去保持，甚至提升网站的访问量增长速度，让品牌影响力得到进一步的提升。同时可以根据效果分析、网站监测分析效果和不足，制定和实施更有效、针对性更强的推广方法，利用网络营销工具进行分析并重视网站推广效果的管理。

4.网站稳定期。

网站发展进入稳定期的时候，也要保持用户数量的相对稳定和增长，加强网站内部运营管理和控制工作，达到提升品牌影响力和综合竞争力的目的，为网站进入下一轮增长做准备。

（二）常见的推广方式

1.搜索引擎推广。这是提高网站自然排名的一种方法，通过优化网站结构、内容和关键词等，提高网站在搜索引擎中的排名，吸引更多的有价值的流量。

2.资源合作推广。主要是通过与其他权重高的网站交换链接，或者是付费购买友链，来增加网站的权重，从而可以获得一个比较好的排名，提高曝光度和增加流量。

3.电子邮件推广。通过向目标受众发送电子邮件，提供优惠、促销或有价值的信息，吸引他们访问网站。

4.分类信息推广。分类信息又称为分类广告或主动式广告，也就是根据人们的主观需要，按照信息内容的行业或信息类型、信息范围归类的信息表现形式。网络分类信息是一种全新的网络信息服务形式，它聚合了海量的个人信息和大量的商家信息，为用户提供实用的信息。

5.网络广告推广。网络广告是常用的网络营销推广策略之一，在网络品牌、产品促销、网站推广等方面均有明显作用及效果。一般来说，网络广告的常见形式包括：Banner广告、关键词广告、分类广告、赞助式广告、E-mail广告等。

至于选择何种网络推广方式，需要结合自身的产品、服务，以及需求、目的，综合判断哪一种推广形式最适合自己，并且能够最快达到目的。

（三）网站推广的注意事项

1.设定明确的目标。在开始推广之前，你需要设定明确的目标，例如想要增加网站的流量、提高转化率等。这可以帮助你更好地制定推广策略和衡量推广效果。

2.考虑用户的需求。了解目标受众的需求和兴趣是推广的关键。你需要通过市场调研、用户反馈等方式了解他们的需求和痛点，以便在推广中提供最有价值的内容和服务。

3.选好网站推广的渠道。在进行网站推广的时候，要认清自己的产品定位与目标客户，再去选择恰当的网站推广渠道。只有找到了适合自身发展的网站推广渠道，才有可能以尽可能小的投资，获得尽可能大的回报。

4.优化网站结构和内容。优化网站结构和内容可以帮助提升网站的SEO排名和用户体验，从而提高网站的流量和转化率。可以通过优化标题、描述、关键词等方式来优化网站内容，也可以通过提高网站反应速度、设计友好的导航等方式来提升用户体验。

5.评估推广效果。你可以通过网站分析工具、用户反馈等方式来评估推广效果。如：搜索引擎的收录和排名状况、获得其他网站链接的数量、网站的访问量和注册用户数量。

通过数据分析来评估推广平台、方法的优势和劣势，长时间积累，就可以获得较好的推广效果。

6. 合理控制推广成本。在推广过程中，需要合理控制推广成本，避免因过度投入而导致收益不足。可以通过预算控制、分析投入回报率等方式来控制推广成本。

思维拓展

网络营销、网络推广和网站推广

网络推广和网络营销是不同的概念：网络营销侧重于营销层面，更注重实施网络营销后是否会产生实际的经济效益。网络推广侧重于推广这个词，通过互联网推广产品或服务，可以提高产品或服务的曝光率，通过推广给企业带来网站流量、访问量、注册量等，目的是扩大被推广对象的知名度和影响力。网络推广是网络营销的核心工作。网站推广是网络营销的重要组成部分，因为网站是网络营销的主体，所以很多网络推广都包括网站推广。这三个概念容易混清是因为网络推广活动贯穿于网站的生命周期，在网站策划、建设、推广、反馈等网站存在的一系列环节中都涉及了网络推广活动；而网络推广是网络营销不可缺少的环节。

二、品牌营销策划

在中国制造业蓬勃发展的背景下，品牌价值日益成为影响企业在市场上能否获得竞争优势的重要因素。《中国制造2025》提出中国于2025年进入世界制造业强国行列的发展规划，实现从中国制造向中国创造、从中国速度向中国质量、从中国产品向中国品牌的转变。品牌日益成为企业经营优势的载体，企业必须保护和维持其品牌的独特性，不断提高品牌的知名度和美誉度，创建优势品牌。知名品牌是企业声誉、信用、形象的集中体现，其中凝聚了企业的产品研发投入、市场营销投入、内部管理投入等。因此，对于企业而言，良好的品牌是其立足市场，获得消费者认可的前提与保障。所以品牌营销策划是企业希望改造环境、征服顾客的一种准备付诸实践的主观意识行为。品牌营销策划的目的是要为企业的品牌营销活动提供一个科学的指导方案，使品牌营销活动更具有效率，以便成功地塑造和传播品牌的形象，最终产生品牌价值。

（一）品牌及相关概念

1994年，著名营销学家、被誉为"现代营销学之父"的菲利普·科特勒对品牌的概念进行了新的界定："品牌是销售者向购买者长期提供的一组特定的特点、利益和服务。品牌至少包含以下六个方面的内容：属性、利益、价值、文化、个性以及用户。"这个定义较全面、完整地阐述了品牌概念的内涵。而现代品牌概念，是一个以消费者为中心的概念，没有消费者，就没有品牌。简而言之，品牌就是消费者所体验的总和。品牌是一种能产生溢价和增值的无形资产。

与品牌相关的概念还有品牌名称、品牌标志和商标。品牌名称是指品牌中可以用语言发音来表达的部分，如联想、海尔、统一、华为等；品牌标志是指品牌中可以被认出、易于记忆但不能用言语称谓的部分——包括符号、图案或明显的色彩或字体，又称"品标"。品牌标志与品牌名称都是构成完整的品牌概念的要素。如可口可乐是红色的、百事可乐是蓝色的，麦当劳的金色拱门M等。品牌标志自身能够创造品牌认知、品牌联想和消费者的品牌偏好，进而影响品牌体现的品质与顾客的品牌忠诚度。商标则是经过注册登记受法律保护的品牌中的一部分，企业的产品品牌经过必要的法律注册程序成为商标后，企业获得品牌名称和品牌标识的专用权。它不仅仅是一个商品的标志，更重要的是作为企业的一种形象而存在。

（二）品牌定位

品牌定位的理论来源于"定位之父"、全球顶级营销大师杰克·特劳特首创的战略定位理论。品牌定位是企业在市场定位和产品定位的基础上，对特定的品牌在文化取向及个性差异上的商业性决策。它是建立一个与目标市场有关的品牌形象的过程和结果，即为某个特定品牌确定适当的市场位置，使商品在消费者心中占领一个特殊的地位，以确保当某种需要突然产生时，人们会先想到这一品牌。比如在炎热的夏天突然口渴时，人们会立刻想到雪碧的"透心凉，心飞扬"。总之，品牌定位重点聚焦品牌和目标受众的相关性以及与竞争对手的差异性，其目的是将产品转化为品牌，以利于目标受众的正确认知。

常见的品牌定位的方法有以下几种：

1.品质定位。

品质定位就是以产品优良的或独特的品质作为诉求内容，如"好品质""天然出品"等，以面向那些主要注重产品品质的消费者。适合这种定位的产品往往实用性很强，必须经得起市场考验，才能赢得消费者的信赖。例如苹果公司通过设计独特的产品和提供优质的售后服务，建立了与众不同的品牌形象和忠诚度。企业诉求制造产品的高水准技术和工艺也是品质定位的主要内容，体现出"工欲善其事，必先利其器"的思想，如乐百氏纯净水的"27层净化"让消费者至今记忆深刻。

2.类别定位。

类别定位是根据产品的品类，建立品牌联想，在消费者心中植入品牌等同于某类产品的印象，已成为该类产品的代名词或领导品牌，当消费者有了这类特定需求时就会联想到品牌，如小红书——全世界的好物分享平台；唯品会——专门做特卖的网站；喜之郎——果冻布丁喜之郎。

3.群体定位。

品牌明确提出以某类特定消费群体为对象，专门为其提供产品和服务，突出品牌的专一性。分析消费群体，除性别、年龄、收入、婚姻状况外，还需敏锐地洞察挖掘消费者的特别需求。比如海澜之家——男人的衣柜，海澜之家以男人为目标客户，聚焦生产男装，因此将其定位为男人的衣柜。

4.功效定位。

突出产品的特色功能和特别效果，成为品牌标签，和消费需求进行关联，在众多品牌中脱颖而出。比如功能定位是通过突出产品独特的功效和使用价值，即消费者使用该产品所能得到的好处和利益点来定位。如洗发水领域，飘柔承诺柔顺，海飞丝承诺去头屑；"累了，困了，喝红牛"正是利用红牛快速补充能量、消除疲劳的功效，将红牛定位为能量功能饮料。

5.档次定位。

根据品牌在消费者心中的价值高低，可将品牌分为不同的档次，带来不同的使用体验和心理感受。品牌价值是产品质量、消费者心理感受、价值观、品牌文化的综合反映，高档品牌，提供高品质的产品，以及丰富的文化价值和情感价值，带给消费者精神层面的尊贵感与优越感，产品和服务体验必须保持相应水准。正因为档次定位综合反映品牌价值，不同品质、价位的产品不宜使用同一品牌。如果企业要推出不同价位、品质的系列产品，应采用品牌多元化策略，以免使整体品牌形象受低质产品影响而遭到破坏。

6.区域定位。

我国幅员辽阔，一个省的面积、人口，甚至比有些国家还大、还多。初创品牌可能辐射不到全国市场，那么区域定位既是务实之选，也是明智之举。占据区域市场，形成较高的市场占有率和品牌忠诚度，提高品牌消费频次，同样能够获得品牌价值增长与良好经营收益，比如哈尔滨的红肠。

7.情感定位。

情感定位是将人类的爱情、关怀、牵挂、思念、温暖、怀旧等情感内涵融入品牌，使顾客在购买、使用产品的过程中获得这些情感体验，从而唤起顾客内心深处的认同和共鸣，用品牌直接或间接地冲击消费者的情感体验，最终收获消费者对品牌的喜爱和忠诚。比如自然堂的广告语"你本来就很美"。

8.文化定位。

将文化内涵融入品牌，使品牌在文化层面形成品牌差异，提高品牌品位，使品牌形象独具特色。产品的功能和属性容易被模仿，而品牌文化却很难被复制，以民族精神为代表的历史文化为载体，本民族的民族精神和历史文化渗透进产品品牌，消费者认同民族精神，从而接受该品牌。比如水井坊定位为"中国白酒第一坊"，将品牌可追溯的悠久历史上升为一种酒文化，实现了成功定位。

9.跟随定位。

如果行业的行业领导者处于非常强势的地位，那么跟随定位也许是一个不错的选择。跟随定位就是一个品牌可以靠近和追随行业领导者，会给消费者一种和行业领导者同一个阵营，持有相同理念，享有同等品质产品的感觉。比如青花郎被定位为"中国两大酱香白酒之一"。

10.对比定位。

对比定位是指通过与竞争对手的客观比较来确定自己的定位，也可称为排挤竞争对手的定位。在该定位中，企业设法改变竞争者在消费者心目中的现有形象，找出其缺点或弱点，并用自己的品牌进行对比，从而确立自己的地位。例如：如农夫山泉通过天然水与纯净水的客观比较，确定天然水优于纯净水的事实，宣布停产纯净水，只出品天然水，鲜明地亮出自己的定位，从而树立了专业的健康品牌形象。

（三）品牌推广策划

在市场竞争日益激烈的情况下，品牌推广变得越来越重要。品牌推广是企业长期战略中至关重要的一部分。一个成功的品牌不仅是产品或服务的代表，更是消费者对企业的信任和忠诚的象征。要想成功打造品牌，需要有明确的品牌推广策略，品牌的推广过程需要经过一系列的步骤，包括市场调研、目标定位、品牌定位、推广策略制定、推广执行等多个环节。

1.市场调研。

市场调研是品牌推广的第一步，需要对所处的市场进行深入的调查和研究，了解目标消费者的需求、喜好、购买习惯等信息，掌握市场的发展趋势和竞争情况。市场调研可以通过多种方式进行，如采访调查、问卷调查、网上调查等。通过市场调研，可以有效地把握市场需求和竞争情况，为品牌推广提供有力的支持和指导。

2.目标定位。

目标定位是品牌推广的关键步骤，通过对目标消费者的精准定位，确定品牌的市场定位和推广策略。目标定位需要考虑多方面的因素，如消费者年龄、性别、收入水平、地理位置、购买行为等，以确保推广策略更贴合目标消费者的需求。

3.品牌定位。

品牌定位是品牌推广的基础，是品牌传播的核心内容。品牌定位需要从品牌的特点、品牌的优势和弱势、品牌的风格、品牌形象设计、品牌价位设计及品牌的服务、品牌的目标市场等多个方面进行考虑，确保品牌的特点、优势和目标市场符合目标消费者的需求和喜好。比如在进行品牌产品营销时可以通过高价经典款和平价实惠款的定位，去细分产品，从而提高转化率。花西子品牌，它的品牌定位是国风美妆系列，因为产品的包装设计风格都给人非常古典国风的感觉，更贴近品牌定位。

4.推广策略制定。

推广策略制定是品牌推广的关键环节，需要根据品牌的定位和目标消费者的需求，制定相应的推广策略。推广策略可以包括广告、促销、微博推广、内容营销、视频推广、自媒体推广等多种方式，需要根据品牌的特点和目标市场进行有针对性的选择和实施。

5.推广执行。

推广执行是品牌推广的具体实施过程，需要根据推广策略，制订详细的推广计划和时间表，确保推广活动的顺利实施和执行效果。在推广执行过程中，需要不断地进行监测和评估，根据实际情况及时进行调整和优化。

三、节日营销策划

节日，是一种超级符号，不同的节日背后的意义有区别，不同的意义所引发的人们心中的情感有差异。例如元旦，引发人们对过往一年的回想和复盘，引发人们对新一年的期望和计划；母亲节，让人们想起含辛茹苦养大自己的母亲；高考，让高三的学子们，受到全国人民的关注。

（一）节日营销的含义

节日营销是非常时期的一种营销活动，也是有别于常规性营销的特殊营销活动，它指的是在节日期间，利用消费者的节日消费心理，综合运用网络广告、创意公演等营销手段，进行的品牌、产品的推介活动，旨在提升品牌形象，提高产品销售力。利用节日进行品牌营销，不仅能提升企业形象，也可以强化企业与消费者之间的黏性。通过和企业品牌相适应的节日，展现品牌的特质。紧抓品牌为消费者所提供的产品或服务，通过创意形式，来传达出产品或服务能解决消费者的什么痛点，这就是节日营销。

节日营销的目的和意义有三点：第一，文化营销传达品牌内涵，根据不同的节日，开展有针对性的文化营销；第二，互动营销增强品牌亲和力，了解目标群体的需求，设置一些投其所好的节日优惠，促进交易；第三，烘托节日气氛，捕捉人们的节日消费心理，实现节日营销。

思维拓展

节日营销案例

天猫：世界地球日，为环保续写slogan

当下，全社会都已经意识到保护环境、守护地球的重要性，环保已成为社会共识，如何从环保的角度切入，讲好品牌故事，也成了品牌与消费者、社会沟通的重要一环。世界地球日作为品牌贯彻环保理念的重要节点，想要获得消费者的认同，就需要寻找新的创意点。

2022年4月22日是世界地球日，天猫联合八大超级品牌联合推出了一部环保主题片，从日常生活切入，涉及节约用水、旧物利用、垃圾分类、节约能源等多方面，以一种轻松的叙事方式将环保议题日常化，建立起环保与普通消费者之间的关系，深化绿色生活方式的情感认同，达成品牌与消费者之间的共识，为品牌演绎环保理念、彰显环保价值找到了一个新的表达方式。

华为&搜狐新闻：借势"程序员节"，诠释职业的群体价值

众所周知，医生、护士、教师等为大家熟知的职业都有自己的节日，而程序员则是近10年内才出现的新工种，他们每天与数据打交道，外行人很难对这个职业有更深刻的理解。"程序员节"就是在这样的背景下诞生的。

华为和搜狐新闻共同发布短片《萤火担当》，讲述了关于"时代力量"和"担当"的内容，呈现了一系列程序员在职业生涯中勇于担当的故事。通过这些节前宣传造势，很好地打造了程序员节。在理工男、高薪、呆板、严谨等刻板印象之下，该短片生动地向我们诠释了程序员这个职业的"群体价值"，让更多人看到职业背后的故事。

资料来源：营销战略家. 节日共鸣触发品牌认同——盘点那些别出心裁的节日营销案例［EB/OL］.［2022-09-15］. https：//baijiahao.baidu.com/s？id=1744012846091940773&wfr=spider&for=pc.

（二）节日营销策划方法

1.节日营销策划的策略组合。

在节日营销策划实践中，要在产品、价格、渠道和促销的选择上达到科学有序。首先，在产品线的选择上，要明晰：哪些产品是节日营销的核心产品？哪些产品是节日营销的重点产品？哪些产品是节日营销的辅助产品？这样，企业就可以在资源、促销力度、人员安排、产品供应等方面做到合理配置，保证节日营销的平稳进行。

其次，在节日价格的调整上，企业要形成多层次地对于节日消费者的吸引，这种吸引可能是价格促销带来的，也可能是合适的礼品价格带来的，也有可能是价格带来的品质认知。

再次，渠道的选择也非常重要。节日里其实都是商机，所以找到最符合自己企业的营销商机才最为重要。在哪些渠道做节日促销，企业要有一个清晰的全面的规划，要清楚自己区域的节日营销到底如何进行，在哪些渠道发力，在哪些终端发力。

最后，节日里的营销价格调整是最为核心的促销策略，有的采取折扣，有的采取赠券，有的采取满多少减多少。总体上，节日里的产品价格都在降价，所以，需要做什么样的促销，企业也要认真地衡量。

2.营销氛围的节日化。

节日营销氛围的营造主要有以下几个方面：主题化、价值化、差异化。主题化要求企业节日营销要具备突出的节日主题；价值化要求企业的产品或者产品组合能够满足消费者对于节日消费的价值的实现；差异化要求在节日营销手段上多创新。

3.节日促销形式多样。

促销活动要给消费者耳目一新的感觉，就必须有个好的促销主题。因此，节日的促销主题设计要有冲击力，让消费者看后记忆深刻，还要有吸引力，让消费者产生兴趣，紧扣节日本身，突出节日气氛和主题，让人们将对节日的关注转移到品牌上来。尽管在促销方式上大同小异，但优惠始终是吸引消费者进行购物的重要因素，商家可以利用优惠券、跨店满减、专属折扣、买一赠一等方式促进消费者的购物欲望。还可以打造节日专属产品礼盒，迎合消费者讲究实惠的心理。

在进行节日营销时，可以参考营销日历及营销建议，见表6-2。

表6-2　　　　　　　　　　全年营销日历及营销建议一览表

月份	营销建议	关键词及话题
1月	新年氛围浓厚，新的一年寄托新的愿望，企业可以在社交平台策划"愿望清单""新年计划""回顾企业品牌故事"等主题活动，容易引发用户共鸣，提升用户参与度	元旦、春节、春运、年味、团圆、旅游……
2月	2月即将迎来"立春"节气，伴随着情人节的到来，元宵节的团团圆圆，企业可以借势特定元素打造"氛围"营销，将传统节日与品牌文化结合起来传播	元宵节、浪漫、春天、春游、表白、龙抬头……
3月	营销内容可围绕"女性"展开，以关爱女性、尊重女性等主题为女性发声，配合多样营销活动，借此传达女性态度	妇女节、女神、女性、关爱、3·15国际消费者权益日……
4月	初春好时节，是品牌破圈的好时机，春季露营、郊游，传达品牌所倡导的美好生活，新品上新、清明寄托哀思等都是营销主题	愚人节、清明节、踏青、露营、郊游……
5月	一个充满敬意与爱意的月份，劳动节侧重促销热点；青年节传递青年价值；母亲节侧重亲情类情感营销，都可作为企业人文关怀的关键切入点	劳动节、小长假、出游、青年节、母亲节、母爱、520……
6月	围绕儿童节的"童真"基调，加上高考和毕业季的场景烘托，可以主打夏日、青春等相关的元素，此外还有年中大促和父亲节感恩回馈等购物主题的营销活动	儿童节、童趣、端午节、粽子、父亲节、父爱、高考……
7月	针对毕业季的来临，营销内容可以围绕盛夏、青春、毕业等话题开展；延续夏日主题，品牌方也可以结合消暑话题，进行宣传输出	致敬、盛夏、暑假、毕业季……

续表

月份	营销建议	关键词及话题
8月	可以展开以"秋天"为主题的系列策划,季节交替时节,"养生"话题也非常火热。七夕作为传统情人节,氛围感和国风营销是重点	立秋、七夕、情侣、养生……
9月	秋高气爽,初秋是整个九月的主题与氛围,开学季与教师节紧密相连,随后迎来了中秋小长假,也是这个月的重要营销节点,可以围绕"团圆""牵挂""相聚"等关键词营销,与用户建立情感联系。重要营销热点在于立秋和七夕	中秋、月饼、开学季、教师节……
10月	国庆长假会带动一波线上线下流量的小高潮,同时10月底正式进入双十一预售时段,营销重点主要在线上渠道,各大品牌方需要抓住这波流量,可主打国庆回馈、十一放"价"主题,以限时折扣,吸引新老顾客,刺激消费	国庆、小长假、双十一、预售、定金……
11月	对电商行业来说是一年营销的重中之重,对于企业来说,是借势宣传、节日促销的最佳时机	万圣节、双十一、大促、初冬、温暖……
12月	冬日氛围感成为营销的关键,也是线下门店营销的重点	圣诞节、双十二、跨年、冬至……

任务实施

步骤一:分组复习所学知识点。

全班5~6人为一组,设1名组长,由组长带领本组同学对"实施网络营销策划"的知识点进行复习。

步骤二:知识掌握情况检验,以任务描述为背景,以小组为单位研究并制订网站策划和推广方案的内容基本步骤。

1.网站推广的目标。

企业通过××网站的推出,希望加大品牌的宣传,以此树立品牌形象,利用网站将企业中的各类潮流饰品款式通过网站页面进行展示,以此提升××企业知名度、美誉度和忠诚度。由此初步确定网站推广目标如下:在网站发布6个月时,预计网站每天独立访问量达到5 000人左右,注册用户达到1 500人左右;在网站发布1年后预计网站每天独立访问量8 000人左右,注册用户达到3 000人左右。

2.网站建设设计阶段。

从企业网站的域名着手,选择符合企业品牌的域名。在网站策划中明确该网站的定位是品牌型网站。该企业网站作为企业对外宣传行业动态信息、企业品牌和开展网上互动服务的重要窗口，同时也是企业文化建设的一个重要载体。所以在这个阶段需要完成网站的设计和布局，需要确定网站的整体风格，包括颜色、字体、导航和页面布局。

（1）首页的Banner设计：设计原则是清晰明了、内容准确、主次分明。Banner的呈现往往带给人们对于网页的第一印象，优质的Banner设计往往会给人良好的第一印象。

（2）首页导航设计：导航设计采用多元化，具有视觉冲击力，简洁的导航通常易于用户访问。

（3）网站图标优化：如采用浮动方式将企业的二维码、QQ、联系电话进行展示。

（4）合理的网站结构：展现用户所需要了解的信息和企业的形象定位。

3.网站发布初期推广方法。

在网站初期，SEO优化是非常重要的。如果你的网站能够在搜索引擎上排名靠前，就能够吸引更多的访客。SEO优化需要从网站内部和外部两个方面进行。从网站内部来说，主要是要优化网站内容和结构，包括网站的页面标题、meta标签、网站的结构等。从网站外部来说，主要是建立高质量的链接，让其他网站对你的网站有更多的信任和认可，进而提高你的网站排名，可以选择如百度等搜索引擎广告、微信微博等社交媒体广告、网站流量交换等方法。

4.网站增长期的推广方法。

当网站有一定访问量之后，为继续保持网站访问量的增长和品牌影响力提升，要在行业网站投放网络广告（包括计划投放广告的网站及栏目选择、广告形式等），在若干相关专业电子刊物投放广告；与部分合作伙伴进行资源互换。

5.网站稳定期的推广方法。

网站发展进入稳定期之后，企业已经拥有了一定的知名度、固定的客户和网站访问量。但是我们仍需要采用那些更好的推广方法，如我们可以另外建设一个与企业核心产品相关的行业信息类网站来进行辅助推广等。

6.网站效果跟踪和分析。

做网站推广需要具备数据分析能力，要对每一次、每个阶段的推广效果进行持续跟踪与分析。从数据分析中得出哪些渠道、哪个时段推广效果不是很好，要及时做出处理；反之，对于推广效果比较好的渠道可以继续加大力度。

任务测评

一、单项选择题

1.在（　　），可以根据策划方案推进常规网站推广方法的实施，包括外部链接建设、网站内容高质量有规律更新，目的是尽快提升网站访问量，获得尽可能多的用户访问和了解。

A.网站策划期　　　　　　　　　B.网站建立初期

C.网站增长期　　　　　　　　　D.网站稳定期

2.（　　）突出产品的特色功能和特别效果，成为品牌标签，和消费需求进行关联，在众多品牌中脱颖而出。

A.群体定位 　　　　　　　　B.类别定位

C.功效定位 　　　　　　　　D.档次定位

E.情感定位

二、多项选择题

1.常见的推广方式有（　　　）。

A.搜索引擎推广 　　　　　　B.资源合作推广

C.电子邮件推广 　　　　　　D.分类信息推广

E.网络广告推广

2.在节日营销中，6月份的营销主题和关键词有（　　　）。

A.儿童节 　　　　　　　　　B.父亲节

C.开学季 　　　　　　　　　D.母亲节

E.端午节

三、简答题

1.简述网站推广的注意事项。

2.品牌推广策划包括哪些环节？

3.节日营销策划的方法有哪些？

思政园地

文化自信驱动企业发展

随着我国综合国力日趋强盛，中国传统文化越来越得到世界的关注和重视，成为国家核心竞争力的重要因素之一。在此背景下，众多中国企业也植根于文化自信，打造专属的、独特的企业文化，塑造品牌新价值。良好的企业文化在传承优秀传统文化的同时，也为企业带来一定的凝聚、导向、激励作用，在文化竞争时代，更能为提升民族文化自信贡献一定的力量。很多中国企业在发展之路初期，就确立了"坚定文化自信，构筑东方文化认同"的企业责任，并将传统东方文化与企业文化结合，铺垫了一条独具特色的品牌发展之路。坚定文化自信，就离不开对文化的传承。尤其对于优秀企业来说，传承与发展中国文化将是企业实现长远发展的必经之路，是企业发展过程的重要一环。以企业的力量传承与创新传统文化，也将对民族文化的传播与发展作出有力贡献，对于文化自信的提升具有不可忽视的促进作用。在文化消费新时代，企业传承文化并进行自我转化，将是企业稳健发展的重要基石，也将是企业践行文化自信的灵魂战略。

项目实训

随着互联网的发展，很多土特产企业开始重视营销。农业电商正在步入快速发展的阶段。请围绕你的家乡特产撰写一份网络营销策划方案，以此来提升产品的认知度，提高销售量。

一、具体内容说明

1.结合土特产品进行市场分析、产品分析、消费者分析；

2.有针对性地制定具体的网络营销策略；

3.详细说明网络营销的实施计划和人员、预算等;

4.符合网络营销策划方案的撰写要求。

二、实训操作要求

以小组为单位,4人一组,进行合理分工,共同完成网络营销策划方案的撰写。

三、实训操作步骤

1.团队组建。

组别	人员
	组长: 成员:

2.分工合作。

成员	具体分工内容

3.策划准备。

(1)节日选择(任选其一:春节、清明节、端午节、中秋节、元旦)。

(2)产品选择(任选单种或多种)。说明选择的产品及理由。

4.策划方案的撰写。

(1)前言:本案策划的目的、整体计划概念。

(2)分析:市场环境分析、行业分析、竞争对手分析、消费趋势分析、未来发展趋势分析、政策分析。

(3)网络营销策略:营销手段选择、营销策略选择。

5.营销效果的预测和监控。

四、汇报点评

1.小组成员制作网络营销方案的PPT并进行汇报展示。

2.汇报后小组互评及教师点评。

项目考核

1.考核方式:过程考核。

2.考核内容与评价标准见表6-3至表6-5。

表6-3   学生自评表

姓名：   时间：   任务小组：

评价内容	评价标准				自评
	优 （86～100分）	良 （76～85分）	中 （61～75分）	差 （60分以下）	
工作态度 （20%）	出勤饱满 态度认真	出勤良好 比较认真	出勤一般 态度一般	出勤差 态度差	
自主探究能力（30%）	有强烈的探究欲，不断地发现问题，分析问题，寻找解决问题的办法，自主完成实训任务	有探究欲，能提出问题，分析问题，基本自主完成实训任务	有探究欲，能提出问题，在老师帮助下基本完成实训任务	探究欲不强，懒于思考，懒于动手，不能完成实训任务	
小组交流能力（20%）	积极主动进行组内或组间同学交流讨论、能够条理清晰、正确展示自己的方案、实训任务成果，达成共识	能够进行组内或组间同学交流讨论，展示自己的方案、实训任务成果	能够完成基本小组间的交流，基本完成实训任务	不能够完成基本小组间的交流，不能完成基本实训任务	
分工合作能力（30%）	在小组分工合作下，各尽其责，出色完成实训任务，并通过小组的讨论交流得到新的建议和想法	在小组分工合作下，完成实训任务	在老师指导下分工合作，完成实训任务	小组内缺乏分工，出现一人包办现象，没有体现分工合作	
合计					

表6-4   任务小组成员互评表

姓名：   时间：   任务小组：

序号	考核标准	分值	组员1	组员2	组员3	组员4	组员5
1	积极参与实训任务，认真搜集资料，提出建议，与小组成员团结合作，对小组贡献突出	12					
2	参与实训任务，能搜集资料，与小组成员团结合作，对小组贡献较突出	8					
3	参与实训任务，基本能与小组成员合作	6					
4	参与实训任务，不能与小组成员合作	4					
5	合计						

表6-5 　　　　　　　　　　　　　　　**任务评价表**

考核内容	评价标准	自评（20%）	互评（30%）	师评（50%）
1.市场分析、消费者分析精确，营销战略、战术规划成功，营销手段选择十分合理有效，营销效果分析精确，营销策略和手段在10个以上	优秀			
2.市场分析、消费者分析准确，营销战略、战术规划正确，营销手段选择合理有效，营销效果分析准确，营销策略和手段有8~9个	良好			
3.市场分析、消费者分析基本到位，营销战略、战术规划准确，营销手段选择较合理有效，营销效果分析较到位，营销策略和手段有6~7个	中等			
4.市场分析、消费者分析基本到位，营销战略、战术规划合理，营销手段选择较合理，营销效果基本合格，营销策略和手段有5个	及格			
5.市场分析、消费者分析不到位，营销战略、战术规划不成功，营销手段选择不合理有效，营销效果分析不准确，营销策略和手段在5个以下	不及格			
合计				

主要参考文献

［1］邱碧珍，张娜．网络营销与推广［M］．武汉：华中科技大学出版社，2021.

［2］肖进．网络营销与推广［M］．北京：机械工业出版社，2023.

［3］何毓颖，李圆圆．网络推广实务（微课版）［M］．北京：人民邮电出版社，2022.

［4］毛琬月．网络媒介运营与推广［M］．武汉：武汉理工大学出版社，2022.

［5］吴彦艳．网络营销与推广［M］．北京：电子工业出版社，2022.

［6］吴振彩，徐捷．从零开始学网络营销和推广［M］．2版．北京：清华大学出版社，2022.

［7］杨韵．网络营销：定位、推广与策划（微课版）［M］．北京：人民邮电出版社，2021.

［8］华迎．新媒体营销：营销方式+推广技巧+案例实训［M］．北京：人民邮电出版社，2021.

［9］何晓兵．网络营销基础与实务［M］．2版．北京：人民邮电出版社，2021.

［10］陈德人．网络营销与策划：理论、案例与实训（微课版）［M］．2版．北京：人民邮电出版社，2022.

［11］严志华，贾丽．新媒体营销与运营（微课版）［M］．2版．北京：人民邮电出版社，2023.

［12］李东进，秦勇，陈爽．网络营销理论、工具与方法（微课版）［M］．2版．北京：人民邮电出版社，2021.

［13］刘喜敏，梁娟娟．网络营销［M］．7版．大连：大连理工大学出版社，2022.

［14］林海．新媒体营销［M］．2版．北京：高等教育出版社，2021.

［15］方玲玉．网络营销实务［M］．2版．北京：高等教育出版社，2020.

［16］黄文莉．网络营销实务［M］．北京：机械工业出版社，2020.

［17］郭黎，王庆春．网络营销（微课版）［M］．2版．北京：人民邮电出版社，2023.

［18］田玲．网络营销策划与推广（慕课版）［M］．北京：人民邮电出版社，2021.

［19］马莉婷．网络营销理论与实践［M］．2版．北京：北京理工大学出版社，2021.

［20］惠亚爱，乔晓娟，谢荣．网络营销推广与策划［M］．北京：人民邮电出版

社，2021.

　　［21］郑雪玲，陈薇．新媒体营销［M］．大连：大连理工大学出版社，2022.

　　［22］丁明华，李敏．网络营销实务［M］．北京：北京理工大学出版社，2021.

　　［23］李巧丹，焦利勤，李福艳．短视频与直播电商运营［M］．大连：大连理工大学出版社，2023.

　　［24］薛长青，金晗．消费者行为分析［M］．4 版．大连：大连理工大学出版社，2023.